Philosophie

Ursprünglicher Titel: *Philosophy, From Morality to Metaphysics: Adventures in Wisdom and Reality*

Herausgeber: James Evans
Redaktion: Emily Angus
Layout von Matt Windsor

Produktion der deutschsprachigen Ausgabe:
iMport/eXport, Emden
Aus dem Englischen übersetzt von Linda Peters, Norden; Anne Döbel, Aurich; Thomas Guirten, Rijswijk (für iMport/eXport)
Redaktion der deutschsprachigen Ausgabe: Jost Söhler und Anika Seemann, Emden (für iMport/eXport)

Printed in China

ISBN: 978-94-6359-811-8

Philosophie

von Platons Himmel bis
Zenons Paradoxon

MICHAEL PICARD

Librero

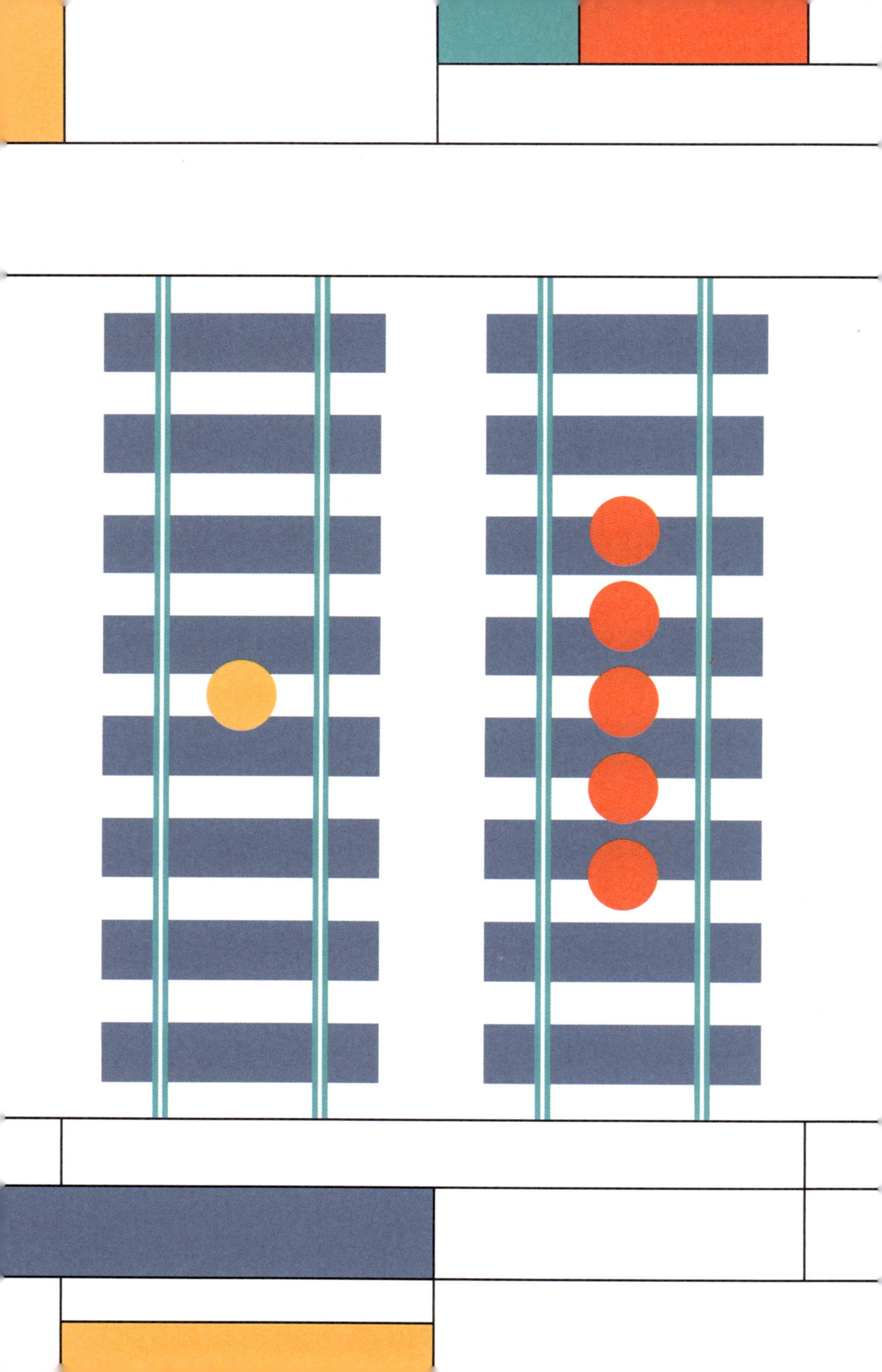

Inhalt

Was ist Philosophie?

Philosophie, von alters her die Königin der Wissenschaften, hat seit ihrer Glanzzeit einen Rückschritt erlebt. Der Aufschwung der modernen wissenschaftlichen Methoden hat ihr, wie mit einem Kaiserschnitt, die Geburt ihrer unabhängigen Kinder, der Wissenschaften, abgerungen, die eine nach der anderen aus ihrem königlichen Schoß geglitten sind: erst die Physik und mit ihr die Physiologie, dann die Chemie, später gefolgt von den Sozial- und Humanwissenschaften Psychologie, Ökonomie, Soziologie etc. Ironischerweise wird die Philosophie heutzutage als unfruchtbar angesehen, genau wie die ironische alte „Hebamme", Sokrates selbst.

Im Laufe der Jahrhunderte verdingte sich die Philosophie so manches Mal als Dienerin der Wissenschaften und gab hier eine umständliche Verdeutlichung, verrichtete dort einige rhetorische Dienste und fristete so eine marginale Existenz. Nach vernichtender und puritanischer Selbstkritik, gefolgt von Wahnvorstellungen metaphysischen Ausmaßes, fand sie fintenreichere und hoffnungsvollere Formen der Selbstkritik. Um die metaphysische Krone wieder auf ihr Haupt zu setzen, spielten sich düstere Intrigen ab. Aber die Versuche führten ins Nichts und endeten in einem narzisstischen Fiasko. Es wird erzählt, dass sie die Zeit in einem Heim für betagte Beatniks absaß, wo sie sich in existenzieller Grübelei verzehrte. Als sie zuletzt gesehen wurde, hatte sie die Form einer alten Mähre angenommen und man führte sie in die „Wüsteneien" von Quines Ontologie, wo sie nur von Worten lebend verhungert sein soll.

Sich den Kopf zerbrechen ist eine gute Übung

Aber trotz ihrer Voreingenommenheit ist die Philosophie nicht gestorben. Ihre Fragen sind niemals nur die elitärer Denker gewesen. Die großen Probleme des Seins sind niemals verschwunden und nagen weiterhin an ihren Eingeweiden. Die Durchschnittsperson mit Haus, Job und Auto fragt sich doch auch, was das alles soll und die Fragen armer Schlucker sind die gleichen, nur viel dringender. Die dicken Wälzer der Gelehrten erreichen die fragenden Massen nicht; ihre Bücher sind allzu schwierig. Ja, es gibt das *Philosophie-Magazin*. Aber nötig ist ein Philosophiebuch mit wohldosierten Mysterien, handhabbaren Geheimnissen, hübschen Rätseln, die man in einer Toilettenpause lösen kann. Vonnöten ist ein Buch, das kein Buch ist. Die Lösung halten Sie in Ihren Händen.

Die Philosophie malt ihre Grautöne in bunten Farben

Dieses Unbuch bietet eine fantasiereiche, aber keine vollständige Reise durch das enorme Reich der Philosophie. Der Ton ist informativ, aber vor allem nicht dogmatisch. Sie finden in allen Kapiteln interaktive Übungen und kritische Anmerkungen, um Sie dazu anzuregen, selbst über die behandelten Dilemmas nachzudenken.

Eine Betonung des farbenfrohen Erbes der Philosophie und der Gebrauch von Rätseln und Erzählungen soll die manchmal technische Thematik auflockern.

Auf den folgenden Seiten wird zuerst eine Übersicht über die Hauptrubriken der Philosophie gegeben. Diese Übersicht, völlig entgegen der Konventionen, nimmt an, dass die Philosophie auf gutem Fuße mit allen anderen Fachgebieten steht und diese mit einschließt. Weit davon entfernt, ein abgelegenes und unzugängliches Gebiet für den spezialisierten Philosophen abzugrenzen, wird hier ein weiter Bogen gespannt und es werden Fragen gestellt, die für diverse Wissenschaften von Interesse sind. Dies nicht um wiederum königliche Vermutungen der entthronten Königin fortzuspinnen, sondern nur um Verbindungen interdisziplinären Austausches offenzuhalten und Orientierungspunkte zu zitieren, die den Lesern schon bekannt sein könnten. Es ist der großzügige Geist der kooperativen Toleranz – keine herrschsüchtigen Anmaßungen – der die Philosophie als gleichberechtigt mit allem menschlichen Wissen darstellt.

Philosophie

Buchstäblich: die Liebe zur Weisheit – oder: das Studium von Wirklichkeit, Kenntnis und Werten

Thema	**Hauptrubriken der Philosophie** und die wichtigsten Unterteilungen	**Berührungspunkte** (zeigen Berührungspunkte trotz der Hauptunterteilungen)
Wirklichkeit Sein, Gott, Natur, Wesen, Ursächlichkeit, Zeit, Raum, Selbst, Identität, Freiheit, Unendlichkeit, Anzahl, Notwendigkeit, Möglichkeit, Entstehen, Funktion, Tatsache, Wahrheit	Metaphysik: Ein Zweig der Philosophie, der sich mit allem Wirklichen oder scheinbar Wirklichem beschäftigt. Ontologie: Das Studium des Seins (von ón, griechisch für „sein") Beispielthemen: Wer wir wirklich sind. Was wir wirklich sind. Was es gibt. Was ist endgültig? Wie viel trage ich selbst zu meiner Erfahrung der Wirklichkeit bei? Wird Ordnung durch Geist oder Naturgesetze bestimmt? Nach dieser weitgefassten Definition ist Physik Teil der Metaphysik, nur unterschieden durch ihre wissenschaftliche Erkenntnistheorie (ihre Methoden). Global fallen hierunter auch die Sozialwissenschaften als Studium gesellschaftlicher Strukturen.	Sofern Werte und Wissen nicht real sind, sind sie Illusionen. Notwendigkeit macht Sicherheit möglich. Absicht und Personalität sind ebenso metaphysische wie ethische Konzepte. Erlaubnis ist ethische Möglichkeit.

Thema	Hauptrubriken der Philosophie und die wesentlichen Unterteilungen	Berührungspunkte (zeigen Berührungspunkte trotz der Hauptunterteilungen)
Wissen Wahrheit, Methode, Zweifel, Sicherheit, Wahrnehmung, Erkenntnis, Fehler, Vorurteil, Paradoxon, Intuition	Erkenntnistheorie: Ein Zweig der Philosophie, der sich mit den Bedingungen und der Art von Wissen beschäftigt. Logik: Die Wissenschaft der Folgerung; die Kunst der Argumentation. Wie man vernünftig urteilt. Beispielthemen: Was kann ich wissen? Was soll ich glauben? Wie kann ich mir sicher sein? Ist sehen glauben? Wie kann Unsicherheit verringert werden? Nach dieser weitgefassten Definition gehören wissenschaftliche Methoden ebenso zur Erkenntnistheorie wie kognitive Neurowissenschaften. Die Soziologie des Wissens ist eine weitere empirische Herangehensweise der Erkenntnistheorie.	Sofern man Wirklichkeit oder Werte nicht kennt, sind sie nutzlose Theorie. Logische Fragen der Metaphysik: Wahrheit, Form, Notwendigkeit, Menge, Unendlichkeit. Moralisches Folgern schließt sowohl Logik als auch ethische Werte mit ein.
Werte Richtig, falsch, gut, böse, Tugend, Absicht, Würde, Gesundheit, Glück, Schönheit, das Erhabene, das Heilige, Geld, Vorsicht.	Wertetheorie: ein Zweig der Philosophie, der alle Fragen bezüglich der Werte enthält; umfasst die Ästhetik (die Theorie der Kunst und Schönheit), ist aber nicht auf sie beschränkt. Ethik und Moral: umfasst politische (Freiheit, Gerechtigkeit, Gleichheit, Gemeinschaft) sowie geistige Werte (Glaube, das Heilige, Frömmigkeit, Rechtschaffenheit), ist aber nicht darauf beschränkt. Beispielthemen: Wofür leben? Wie leben? Was wollen Menschen? Was ist erlaubt? Was ist verpflichtend? Was ist am Besten? Was kann ich beitragen? Was darf ich hoffen? Nach dieser weitgefassten Definition entstehen philosophische Fragen auch in der Wirtschaft, im Gesundheitswesen, der Politik und der Spiritualität.	Sofern Philosophie keine Werte hat, sollte sie nicht angewandt werden. Verantwortung ist ethische Notwendigkeit. Wahrheit ist ein Wert. Glaube ist ein Anspruch auf Wissen. Weisheit (was ist zu wissen) ist der Gipfel der Erkenntnistheorie. Freiheit ist eine metaphysische Frage, aber auch eine moralische, politische und spirituelle.

Kapitel 1

Erkenntnis-theorie

Erkenntnistheorie behandelt Art und Bedingungen des menschlichen Wissens: was ist das und wie können wir es erwerben? Eine der kniffligsten Fragen ist die, wie echtes Wissen von einfachem Scheinwissen, das viel simpler und populärer ist, verlässlich zu unterscheiden ist. In diesem Kapitel untersuchen wir Wahrnehmung, Illusion, Vorurteil und Zweifel und betrachten einige der großen antiken, modernen und zeitgenössischen Gelehrten der Erkenntnistheorie. Eine klassische Definition von Wissen, als begründeter wahrer Glaube, wird untersucht und mit Gegenbeispielen angefochten. Außerdem werden allerlei Rätsel und Aufgaben das Wissen betreffend kurz vorgestellt.

Wissen als begründeter wahrer Glaube

„An den Toren des Wissens hält der Skeptiker Wache; bevor wir die Hochburg betreten können, müssen wir uns seinen Herausforderungen stellen."
– **Annas und Barnes** (1985)

Abklopfen von Wissen

Wissen ist unbestreitbar essenziell für den philosophischen Betrieb. Es ist das Thema des Hauptzweigs der Philosophie, bekannt als Erkenntnistheorie oder Epistemologie, ein Fachgebiet, das seinen Namen dem griechischen Wort für Wissen (*episteme*) verdankt. Aber alle Zweige sind miteinander verflochten; keiner der anderen wäre ohne die Epistemologie auch nur im Geringsten brauchbar. Es macht keinen Sinn Behauptungen darüber aufzustellen, was Wirklichkeit oder was wertvoll ist, ohne sich auf Wissen zu beziehen. Wirklichkeit und Werte mögen sein wie sie sind; wenn wir kein Wissen über sie besitzen, ist alle Theorie nur Eitelkeit. Wissen ist ein Tor zur Hochburg der Philosophie.

Und trotzdem verbringen manche Philosophen ihr ganzes Leben außerhalb dieser Mauern und nicht jeder ruft um Einlass. Einige belächeln die Referenzen derer, die hineingehen. Diese selbsternannten Wächter an den Toren des Wissens werden fragen: Warum? Bist du sicher? Wie kannst du es wissen? Könnte es nicht anders sein? Obwohl lästig, haben diese Skeptiker einen heilsamen Einfluss: sie verhindern das Eindringen des Dogmatismus in die ideale Stadt. Sie beweisen auch etwas anderes: Obwohl Wissen ein Weg in die Festung der Philosophie sein kann, floriert die Philosophie doch auch außerhalb ihrer eigenen Tore. Philosophie existiert als Frage, als ein Was-wäre-wenn, bevor sie eine Antwort findet und sich um das Wissen bewirbt.

Dieses Kapitel über Wissen verspricht selbst keines. Was Sie hier finden werden, ist eine Ansammlung von Zweifeln, Irrtümern, Illusionen, Vorurteilen und einige zweifelhafte aber lehrreiche Geschichten, die ein oder andere Theorie, sogar einige Mythen und Legenden. Aristoteles sagte, dass Philosophie immer mit Staunen beginne und nichts ruft so viel Staunen

ÜBUNG

Wissen ist begründeter wahrer Glaube, aber diese drei Bedingungen wurden auch als unnötig für das Wissen abgelehnt. Können Sie Beispiele von Wissen nennen, das:

nicht Glaube ist
nicht wahr ist
und/oder ***nicht*** begründet ist?

Diese Theorie wurde auch aus einer anderen Perspektive angezweifelt. So wurden z. B. Gegenbeispiele vorgestellt, in denen begründeter wahrer Glaube nicht dem Wissen gleichkommt. Versuchen Sie sich einige Gegenbeispiele auszudenken bevor Sie Gettier (S. 26-27) lesen.

hervor wie ein kleiner Zweifel … außer vielleicht ein großer Zweifel. Hier finden Sie manchen großen Zweifel, aber auch einige Wissensansprüche. Aber sogar diese werden Sie für sich selbst testen müssen, bevor sie sicher wissen können, dass sie Ihnen, so wie Schlüssel, Tore öffnen.

Eine erste Vermutung von Wissen

Betrachten wir die Hauptelemente unserer vorläufigen Definition – Wissen ist begründeter wahrer Glaube – zunächst ein wenig genauer:

Glaube – Zuerst einmal, Wissen ist eine Art Glaube. Manchmal sagt man: „Ich glaube es nicht nur, ich weiß es.“ – Als ob Wissen den Glauben überflüssig mache. Aber der Glaube verschwindet nicht, wenn das Wissen erscheint, es sei denn, es ist ein falscher Glaube, der durch das Wissen ersetzt wird. Dann ist der Ersatz der wahre Glaube. Der Punkt ist, dass sie als Individuum nichts wissen können, außer sie glauben es.

Wahrheit – Um einen Satz zu wissen, muss man ihn also glauben. Doch Glaube allein ist nicht ausreichend. Zuerst einmal muss der Satz wahr sein. Aber was ist Wahrheit? Auf sokratische Weise fragen wir nicht nach Beispielen von Wahrheit, sondern nach einer Beschreibung der Natur der Wahrheit. Was bedeutet es, dass ein Satz wahr ist? Dies ist eine metaphysische Frage und doch von Bedeutung für die Erkenntnistheorie. Wir werden das später in diesem Kapitel (S. 40-43) genauer betrachten.

Begründung – Hier geht es um Beweise, nicht um Ausreden. Wenn Sie eine Wahrheit zufällig glauben, ist es kein Wissen. Wie Sie zu Wissen gelangen, ist Teil des Wissens. Begründung beinhaltet rationale Erklärungen, glaubwürdige Gründe, um einen Glauben zu akzeptieren oder zu verwerfen, eine erkenntnistheoretische Garantie. Experten sind Autoritäten; dennoch sollte nicht ihre Autorität, sondern ihre Expertise für Sie entscheidend sein. Expertise muss sich selbst erklären, auf ihre Schlussfolgerung hin begründen. Sonst ist es brutale Autorität oder abstruser Irrglaube. Für Platon war eine rationale Erklärung (ein *logos*) eine Last, so wie die erkenntnistheoretische Verantwortlichkeit für Experten.

ANTWORTEN

Praktische Fertigkeiten, oder verfahrenstechnisches Wissen. Wissen, wie man Fahrrad fährt, ist eine einfache und relevante Überzeugung des Radfahrens.
Verhaltensbezogenes Lernen, basierend auf klassischer Konditionierung. Dies unterstellt, dass Pawlows Hund weiß, dass die Glocke Futter bedeutet.
Bekanntschaft und Vertrautheit. Dies sind Formen des Wissens, die nur schwer auf Glaube, Wahrheit oder Begründung zu reduzieren sind.
Organisatorisches Wissen, wichtig in der Wissensökonomie. Vertreten in Teams, und Organisationskulturen. Kein Glaube, fragwürdige Begründung.
Wissen als Macht, wie in der Wissenssoziologie. Das Studium der Wissensansprüche als soziale Erscheinung betrifft für gewöhnlich Machtpolitik. Es gibt keine Wahrheitsvermutung. Kann auch als Kulturpraktiken bestehen (anstatt als Glaube).
Vorherrschende Weisheit, obwohl „Allgemeinwissen“ täuschen kann, falsches Allgemeinwissen ist möglich.

Profil

Sokrates

Sokrates war nicht der erste Philosoph. Als in Griechenland die Mythen ein Ende fanden, entstand die Philosophie als *logos* (rationale Erklärung) anstelle des veralteten Mythos (Geschichte oder der Erzählung). Thales, bekannt als früher griechischer Philosoph, sah Wasser als Ursprung der Welt. Für Anaximenes war es die Luft. Heraklit betrachtete Feuer als den Urbeginn. Er behauptete, dass nur die Veränderung konstant sei und wir niemals zweimal in denselben Fluss steigen können, denn „immer neue Wasser strömen“ über uns.

Die ersten Philosophen waren physikalische Metaphysiker. Später zogen gelehrte Sophisten (wörtlich: „Weise“) nach Athen, die Reichen und Mächtigen zu beraten. Sie unterrichteten Jugend in Tugend und Zielstrebigkeit. Redekunst und Rhetorik waren unverzichtbare Künste in den Palästen und der politischen Arena.

Moralische Autonomie als selbstständiges Denken

Sokrates wurde oft zu den Sophisten gerechnet, aber er passte nur schlecht in den Typus.

Er verlangte keine Bezahlung, interessierte sich weder für Geld noch für Macht und versuchte „der Argumentation zu folgen, wohin sie auch führte“. Nach Wissen strebend scheute er die Rhetorik, die das Publikum fehlleitete, den Geist betrügt und „das schwache Argument stärker erscheinen lässt“. Mit anderen Worten, Sokrates bediente sich der Ironie, aber nicht der Manipulation. Statt auf die Bezeichnung Sophist erhob Sokrates nur Anspruch auf den niederen Begriff Philosoph (Freund der Weisheit). Sokrates liebte die Weisheit, aber behauptete nicht sie zu besitzen. Alles was er wusste, so sagte er, sei, dass er nichts wusste. Er lud jeden dazu ein gemeinsam zu forschen. Aber die Suche selbst war die Entdeckung, selbst zu denken, moralische und epistemologische Fragen zu ergründen, nicht unbesehen Ideen aus zweiter Hand zu übernehmen.

Für Sokrates waren Wahrheit und Tugend dasselbe. Er meinte, dass niemals jemand mit Absicht Schlechtes täte, nur durch falsche Ansicht darüber, was gut und richtig ist. Indem wir selbst denken, nach moralischer Autonomie streben, beschränken wir unbeabsichtigt das Schlechte und machen unsere Seele so gut wie möglich. Allerdings können wir nicht selbstständig denken, wenn wir uns selbst nicht kennenlernen. Selbstkenntnis kann nicht unterrichtet werden, doch nur Selbstkenntnis garantiert Tugend. Das fundamentale Paradoxon des Sokrates ist dann auch: Tugend ist Wissen – Untugend ist Unwissenheit.

Philosophie als Mission

Ein junger Bewunderer Sokrates’ holte Rat beim Orakel von Delphi, Priesterin und Sprachrohr des Apollo. Er fragte, ob in Athen irgendjemand weiser sei als

Sokrates, worauf das Orakel mit nein antwortete. Dies erstaunte Sokrates, da er keinen Anspruch auf Weisheit erhob. Den Bestätigungsfehler (S.17) vermeidend testete er ernsthaft das Urteil des Gottes, fand viele, die Weisheit nur vorspiegelten, aber keine Weisen. Seine Nachforschungen waren für den Athener Jüngling lehrreich, aber auch eine Bloßstellung all der übereifrigen Epistemologen. Sokrates machte sich Feinde.

In Dialogen forderte Sokrates ein aktives Gewissen, das nach Wahrheit suche. Daher behauptet Comford, Sokrates hätte „die Seele entdeckt". Taylor, Burnet folgend, sagte, er habe das „Konzept der Seele" erfunden. Justinus der Märtyrer (2. Jahrhundert v. Chr.) sah Sokrates als Christ vor Christus und viele andere alte Philosophen (Platon, die Stoiker, die Skeptiker) beanspruchten Sokrates als ihren Vorgänger. Cicero sagte:„Alle Philosophen sehen sich selbst und möchten, dass auch andere sie als Nachfolger von Sokrates sehen." Trotz seiner erklärten Unwissenheit war Sokrates ein Kenner der Mathematik (s. Pythagoras, S. 88-89) und studierte die frühen griechischen Philosophen. Er begann jedoch ihre metaphysischen Aussagen nur als Mythen zu betrachten, Spekulationen außerhalb der Reichweite menschlichen Wissens. Anfänglich erwartet Sokrates viel von der Philosophie Anaxagoras', der behauptete, das nicht Wasser, Luft oder Feuer die Quelle des Kosmos sei, sondern der Geist. Sokrates war überzeugt, dass die Sichtweise richtig sei, denn nur der Geist könne alles in Ordnung bringen und versichern, dass alles seine wahre Funktion erfülle. Aber Anaxagoras' Buch (das nicht mehr existiert) enttäuschte ihn, da es erklärte, der Geist würde die Welt offenbar nur hervorbringen, bevor die gewöhnlichen materiellen Prinzipien die Dinge einrichteten, so wie wir sie nun sähen. Sokrates' Enttäuschung offenbart seine implizite Teleologie: Wenn das Ziel der Welt nicht bekannt ist, kann die Welt nicht verstanden werden.

Das Schicksal des Sokrates

Des Atheismus und Verderbens der Jugend beschuldigt, wurde Sokrates zum Tode verurteilt und starb, nachdem er Schierlingsgift getrunken hatte, als erster tragischer Held der Philosophie.

Kognitives Vorurteil

Der Idiot und der Wahnsinnige

Wir alle kennen das: Sie sind spät dran und haben es eilig, aber auf dem Weg zur Arbeit stecken Sie hinter einem trödelnden Idioten fest, der nicht ausweichen will. Wir alle kennen das: Sie fahren vernünftig, nach allen Regeln, und plötzlich kommt ein Wahnsinniger hinter Ihnen angerast, ungeduldig, aber ohne überholen zu können. Er klebt Ihnen also auf der Stoßstange. Noch so ein gefährlicher Verrückter. Immer hängen wir hinter einem Idioten und vor einem Wahnsinnigen. Der Fahrer vor uns ist der Idiot, wir sind niemals die Wahnsinnigen. Der Fahrer hinter uns ist ein Wahnsinniger, wir sind niemals die Idioten. Unsere Geschwindigkeit ist immer die korrekte.

Unter dem konstanten Geplapper des umtriebigen Geistes, beschäftigt mit den täglichen Unzulänglichkeiten, denken wir in stets überarbeiteten Erklärungen über das nach, was um uns herum geschieht. Wir erklären das Verhalten von Menschen dadurch, dass wir auf Ursachen zeigen (wir kommen mit Vorwürfen oder Ausreden), vielleicht nur in Gedanken. Psychologen haben untersucht, was Philosophen seit Langem bedauern – unsere Neigung falsch zu entscheiden, schlecht einzuschätzen, Ursachen zu verkennen. Der Geist ist ein tendenziöses Instrument und wer es ohne kompensierende Vorsorge gebraucht, ist stets in einer nachteiligen Position. Wir müssen unser gebrechliches Instrument gebrauchen, um unser gebrechliches Instrument zu reparieren – eine riskante Sache.

Was dachten Sie eigentlich?

So wie im oben genannten Beispiel machen wir anderen persönliche Vorwürfe, um deren Verhalten zu erklären (wir bezweifeln und missachten ihre Motive), rechtfertigen aber unser eigenes (die Pflicht ruft, es gilt eine Höchstgeschwindigkeit). Das zu häufige Zuschreiben persönlicher und interner Faktoren für das Verhalten anderer und das

WASONS SELEKTIONSAUFGABE

Stellen Sie sich vor, dass die unten stehende Illustration Karten darstellt, die auf einer Seite mit Zahlen und auf der anderen mit Buchstaben bedruckt sind. Ihre Aufgabe ist es zu bestätigen, ob die folgende Regel die vier Karten korrekt beschreibt oder nicht:

„Wenn auf der einen Seite ein Vokal steht, steht auf der anderen eine gerade Zahl."

Welche Karte oder Karten müssen Sie umdrehen, um zu bestätigen, ob diese Karten diese Regel erfüllen? Antworten Sie, bevor Sie die Lösung auf der nächsten Seite kontrollieren.

E **J** **7** **6**

DIE RICHTIGE ANTWORT VON WASONS SELEKTIONSAUFGABE

E	J	7	6

„Wenn auf der einen Seite ein Vokal steht, steht auf der anderen eine gerade Zahl.“ Sie haben wahrscheinlich die Vokalkarte E geraten. Gut. Aber haben Sie auch unter der 7 nachgesehen? Wenn dort ein Vokal steht, ist die Regel ungültig. Wenn Sie nicht nachsehen, können Sie die Regel nicht bestätigen. Vielleicht haben Sie auch die 6 geraten. Tatsächlich ist die Karte für eine Bestätigung der Regel nicht von Belang. Selbst wenn dort ein Konsonant stehen sollte, gilt die Regel noch stets. Drehen Sie die 6 um und beachten Sie den Bestätigungsfehler und auch den Trugschluss des bestätigten Sukzedens (s. Trugschlüsse erkennen, S. 132-133). Interessant ist, dass diese Aufgabe in konkreten sozialen Situationen besser gelingt als mit diesen abstrakten vorgeschriebenen Regeln. Die meisten Menschen lösen das folgende korrekt auf. Auf der einen Seite jeder Karte steht das Alter einer Person, auf der anderen das Getränk, das er/sie trinkt.

24	Bier	Cola	17

Bestätigen Sie: *„Wenn man Bier trinkt, muss man älter als 18 sein.“*

Bagatellisieren der für sie geltenden externen Bedingungen ist eine so allgemeine Neigung, dass es als der fundamentale Attributionsfehler und sogar Eckstein der wissenschaftlichen sozialen Psychologie bezeichnet wird. Zur Erklärung unseres eigenen Verhaltens weisen wir aus Eigeninteresse oft ein Vorurteil vor, so wie das Beispiel des Idioten und des Wahnsinnigen hinter dem Steuer illustriert. Positive Resultate schreiben wir unseren Tugenden, unserer Intelligenz oder unserer allgemeinen Kompetenz zu. Sind die Resultate negativ, verweisen wir auf die Umstände. Ich bestand den Test, weil ich so schlau bin. Ich bestand den Test nicht, aber er war schwierig oder unfair. Ein uralter Denkfehler in der moralischen Erklärung ist hiermit verwandt: wenn Dinge schief gehen, rechnen wir die Folgen den anderen an (wir verweisen auf deren Inkompetenz), aber entschuldigen uns selbst mit dem Hinweis auf unsere guten Absichten (Ich tat, was ich konnte!).

Spätere Untersuchungen zeigen, dass Alter und Kultur die Frequenz dieser Fehler beeinflussen. Global machen Menschen aus ostasiatischen Kulturen den fundamentalen Fehler seltener oder gar nicht. Japaner zeigen wenig Vorurteile aus Eigeninteresse. Diese Unterschiede können die Folge eines höheren Maßes an situativer Zuschreibung im Allgemeinen, oder sogar eines formbaren Selbstverständnisses sein. Bikulturelle Personen können sogar je nach Kontext den Zuschreibungsstil verändern.

Der östliche Zweifel

Klassischer östlicher Skeptizismus

Skeptizismus ist eine sehr alte Philosophie. Sobald Unsicherheit unterstellt wird oder Zweifel zum Prinzip erhoben wird, ist eine Form des Skeptizismus im Spiel. Skeptizismus ist entweder eine philosophische Haltung in der Erkenntnistheorie oder ein misstrauender Blick auf das ganze Projekt des Wissenserwerbs. Skeptizismus kann eine sehr antiphilosophische Philosophie sein. Große historische Aussagen kommen manchmal von außerhalb der eigentlichen Philosophie, von Dichtern, Mystikern und religiösen Denkern (ohne die die Philosophie um vieles ärmer wäre). Merkwürdigerweise ist der Zweifel auch den Gläubigen oft nicht fremd.

Klassischer chinesischer Skeptizismus

Die alte taoistische Philosophie in China distanzierte sich von allen absoluten Ansprüchen auf das Wissen. Das Tao („Weg") ist still und man kann es nicht in Worte fassen oder es sich in Gänze vorstellen. Die Wahrheit, die erkannt werden kann, ist nicht die ewige Wahrheit. Diese beiden Aussagen grenzen an offenen Skeptizismus und rügen alle eifernden erkenntnistheoretischen Optimisten.

„Er, der weiß, spricht nicht. Er, der spricht, weiß nicht."
– Laozi, *Daodejing, Kap. 79*

„Einst träumte Zhuang Zhou, dass er ein Schmetterling sei, ein flatternder Schmetterling, der sich wohl und glücklich fühlte und nichts wusste von Zhuang Zhou. Plötzlich wachte er auf: da war er wieder wirklich und wahrhaftig Zhuang Zhou. Nun weiß ich nicht, ob Zhuang Zhou geträumt hatte, dass er ein Schmetterling sei, oder ob der Schmetterling geträumt hat, dass er Zhuang Zhou sei, obwohl doch zwischen Zhuang Zhou und dem Schmetterling sicher ein Unterschied ist."
– Zhuangzi, *Die inneren Kapitel*

Klassische indische Unsicherheit

„Wer weiß die Dinge sicher? Wer wird es hier erklären?
Woraus wurde es geboren und woher kam diese Schöpfung?
Die Götter wurden nach der Schöpfung dieser Welt geboren:
Wer also kann wissen woraus sie entsprungen ist?"
– aus dem Schöpfungshymnus des *Rigveda*

Es gibt viele Schöpfungsmythen in den Hindu-Schriften, aber dieser ist ein wirkliches Schulterzucken. Hymnen driften behutsam in die Philosophie. Man beachte, dass „die Götter" nach der Schöpfung entstanden sind, also nicht als Schöpfer der

Welt begriffen werden können. Sie sind eher die Formgeber und Einrichter dieser Welt. Diese Hymne versucht zu begreifen, was über die manifeste Wirklichkeit hinausgeht und endet wohlweislich mit einem Fragezeichen.

Der Hinduismus ist im Allgemeinen keine skeptische Tradition. In seiner klassischen Vedanta-Form verkündet er nicht nur die Gesetze von Karma und Reinkarnation, sondern das Bestehen eines unitären Selbst. Da dieses Selbst (*Atma*) göttlich ist, scheint der Raum für Skepsis beschränkt. Trotzdem wird die Realisation unserer transzendentalen Identität als ein Erwachen, wie aus einem Traum, beschrieben. Nur ist diese Welt der Traum, aus dem Sie erwachen. Auch wenn der materielle Kosmos eine Illusion (*Maya*) ist, soll sie nicht verleugnet werden. Ein Traum besteht: er ist nur nicht, was er scheint.

Was Buddha niemals lehrte

„Ich habe nicht erklärt, dass die Welt ewig ist oder dass die Welt nicht ewig ist. Ich habe nicht erklärt, dass die Welt endlich ist oder dass die Welt unendlich ist. Ich habe nicht erklärt, dass Seele und Leib dasselbe sind oder dass Seele und Leib nicht dasselbe sind. Ich habe nicht erklärt, dass die erleuchtete Weisheit nach dem Tod besteht oder das die erleuchtete Weisheit nach dem Tod nicht besteht. Und warum habe ich dies alles nicht erklärt? Weil es weder von Nutzen ist, noch zu oberster Weisheit und Nirwana führt."

– Sutra 63 aus *Majjhima Nikaya*

Siddhartha Gautama der Buddha glaubte an ein vorheriges Leben und hatte eine ganz eigene komplette Vision. Aber er wies viele metaphysischen Probleme ab als eine Philosophie, die die Befreiung nicht fördert.

Doch betonte Buddha seinen Zweifel am Bestehen eines Selbst oder einer Seele. Wiedergeburt kann sich ereignen, ohne dass eine Seele von einem Leben ins nächste übergeht, so wie eine Kerze die andere entzünden kann. Wiedergeburt ist die Folge des letzten Gedankens im Sterben, nicht die Kontinuität des Selbst über den Tod hinaus. Strikt genommen, ist die buddhistische Auffassung eine Lehre der Wiedergeburt, kein Glaube an Reinkarnation oder „Seelenumzug", so wie er im Hinduismus und bei Platon vorkommt. Trotzdem können, sowohl nach dem Hinduismus, als auch nach dem Buddhismus Tod und Wiedergeburt durch Erleuchtung überwunden werden. Dieser Optimismus ist kein Skeptizismus.

GEDANKEN-EXPERIMENT

Kann man seine Seele wirklich spüren oder sich selbst innerlich lokalisieren?

Das Argument Buddhas gegen das Bestehen eines Selbst oder einer Seele ist eine Einladung. Schauen Sie nach innen – was finden Sie vor? Wahrscheinlich Gefühle, Gedanken. Erinnerungen, Intentionen, Motive und Bewusstsein. Aber finden sie inmitten all dessen auch Ihre Seele? Erscheint Ihr Selbst jemals als direktes Objekt ihres Wissens?

Philosophie

Profil

Platon

Platon kam aus einer vornehmen Athener Familie, geriet als Jüngling in den Einfluss von Sokrates und wurde sein Schüler. Nach Sokrates' Tod verließ Platon für einige Jahre Athen bevor er zurückkehrte, um eine offizielle Schule, die Akademie – Vorgänger der modernen Universitäten – zu gründen. Sein bedeutendster Schüler war Aristoteles (S. 64-65 und 90-91).

Sokrates' Prozess und sein Tod müssen Platon tief getroffen haben. Später schrieb er ausführlich über die Geschehnisse. Vieles, was wir über Sokrates wissen, kommt von Platon. Platons eigene Philosophie entstand allmählich und kann teils begriffen werden als seine Rechtfertigung für Leben und Mission des Sokrates'. Platons Welt hatte ihn enttäuscht und die Ideale, auf die Sokrates wies, waren nirgendwo im demokratischen System Athens oder im Verhalten der Mächtigen anzutreffen. Sokrates hatte gezeigt, dass Integrität möglich war. Aber deren Quellen waren innerlich, nicht in der vorherrschenden Weisheit oder der bestehenden Gesellschaft.

Sokrates hatte dem Übel widerstanden und schien unbeugsam, der Verführung unempfänglich. Er weigerte sich sogar dem Gefängnis und dem Urteil zu entfliehen, als dies möglich wurde. Welch unsichtbares Wissen besaß er, durch das er alle niederen Triebfedern überwinden und sich über die Politik des Reichtums und der Macht hinwegsetzen konnte? Was wusste Sokrates, um selbst im Angesicht des Todes rechtschaffen zu bleiben? Vielleicht ist die Welt nicht, was sie zu sein scheint.

Es steckt mehr dahinter

Das Problem „Wissen" wurde für Platon essenziell, aber die sichtbare Welt mit ihrem Unrecht und ihrer Korruption konnte nicht die Quelle dafür sein. Die Augen schenken uns Farben und Licht, aber es braucht mehr als nur die Sinne, um Objekte zu erkennen (so wie bei einfachen Wahrnehmungsurteilen wie: „Dies ist ein Buch."). Schon dafür benötigen wir den Geist, innerliche Intelligenz (*Nous*). In einem Dialog beschrieb Platon, wie Sokrates, nur durch das Stellen von Fragen, einen Jungen ohne mathematische Vorkenntnisse dazu bringt ein geometrisches Theorem zu beweisen. Niemand hatte dem Jungen jemals von dem Theorem erzählt; Sokrates stellt ihm nur Fragen. Wie kam das Wissen in den Jungen, wenn niemand anderes es in ihn hinein gestopft hatte? Sie können es selbst versuchen als Übung in sokratischem Dialog – „Nach inneren Diamanten graben" auf Seite 22-23.

Niveaus des Seins (Metaphysik)	Unsichtbar, unveränderlich, ewig, ideal		Unsichtbar, unveränderlich, ewig, ideal	
	Ethische Formen (das Gute)	Mathematische Formen	Physikalische Objekte	Vergängliche Schatten
Niveaus des Wissens (Erkenntnistheorie)	Intelligenz = intuitiver Verstand	Denken = Einsicht	Glaube = Vertrauen, Überzeugung	Einbilden = scheinen
	Dialektisch	Deduktiv	Wahre Meinung	Alltagswirklichkeit
	WISSEN		**MEINUNG**	

Höhlenforschung mit Platon

Platons Wissenstheorie und seine metaphysischen Auffassungen werden in seinem berühmten Höhlengleichnis vorgestellt. Danach ist unser Leben, wie das von in einer Höhle festgeketteten Gefangenen, die nur die Schatten sehen, die ein Feuer hinter ihnen an die Höhlenwand wirft. Wenn wir befreit und aus der Höhle hinausgeführt werden, sehen wir die Objekte selbst. Wir sehen die Originale, während wir vorher nur die Kopien sehen konnten.

Langsam lernen wir die Himmelskörper zu sehen, die Mathematik und die Harmonie der Sphären. Das gibt uns Einsichten in die ewigen Wahrheiten außerhalb der stofflichen Welt.

Diese berühmte Allegorie fasst in Erzählform die technischen Aspekte von Platons Erkenntnistheorie und Metaphysik zusammen. Er präsentiert sie auf einer durchbrochenen Linie.

Metaphysisch gesehen teilt Platon die Wirklichkeit in zwei. Auf der einen Seite gibt es die stoffliche Welt (die, wie Heraklit sagte, konstant in Bewegung ist), die uns durch die Sinne geschenkt ist. Auf der anderen Seite ein konstantes ideales Gebiet, das nur durch den Verstand zu begreifen ist („Platons Himmel"). Für Platon ist die soziale und natürliche Welt (die einzige Wirklichkeit, die die meisten Menschen jemals kennen werden) nur einen Illusion, wie ein Traum. Über unserem stofflichen Firmament existiert ein anderes Reich, in dem die idealen Formen der Gerechtigkeit, Wahrheit und Schönheit verweilen – ein Ort, an den auch unser Geist gelangen kann und wo er Verwandtschaft und Geborgenheit erfahren kann. Der Philosoph befreit sich von den Ketten der sozialen Konventionen und des populären Geschmacks und steigt auf aus der Grotte unserer Welt.

Die Pflicht hinab zu steigen: sich den Regeln zu beugen

Wie sehr der Geist auch mit den idealen Formen der höheren Wirklichkeit verwandt sein mag, der befreite Philosoph muss trotzdem in der sozialen Welt seiner Sicht auf das Gute Gestalt geben. So wie Sokrates wird der wahre Philosoph nicht in erhobener Meditation isoliert außerhalb der Grotte bleiben, sondern diese Werte zurück in die Welt bringen.

Übung 1

Nach inneren Diamanten graben

DIE AUFGABE:

Zeichnen Sie ein kleines Viereck auf ein leeres unliniertes Papier, irgendwo in die Mitte des Blattes. Angenommen die Länge jeder Seite ist 1 Einheit. Ihre Aufgabe ist es nun einfach ein neues Viereck zu konstruieren, das die doppelte Fläche des ursprünglichen hat.

DIE METHODE:

Wie man berichtet, legte Sokrates dieses Problem einem ungebildeten Sklaven vor und führte den Jungen nur durch das Stellen von Fragen zum Erfolg. Das heißt, Sokrates gab dem Knaben keine neuen Informationen oder Instruktionen. Trotzdem gelang es dem Jungen, stimuliert durch die richtigen Fragen, eine korrekte Lösung zu finden und ein Viereck mit der doppelten Fläche des Originals zu konstruieren. Können Sie es auch?

Hier sind einige Fragen, die Ihnen weiter helfen. Die Leistung des Jungen führte Platon zu einer bemerkenswerten Schlussfolgerung und Ihre eigene Leistung liefert vielleicht zusätzliche Bestätigung. Während Sie, geführt von den folgenden sokratischen Fragen, an der Lösung arbeiten, stellen Sie sich selbst die Frage, was Platons bemerkenswerte Schlussfolgerung gewesen sein könnte.

1. Wir hatten uns darauf geeinigt, die Länge einer Seite des ursprünglichen Vierecks 1 Einheit zu nennen. Also stellen wir uns zu Beginn eine einfache Frage: Was ist die Fläche des ursprünglichen Vierecks? Wie lautet die Formel zur Berechnung der Fläche eines Vierecks auf der Grundlage der Seitenlängen? Wie viele „Viereckseinheiten“ beinhaltet das ursprüngliche Viereck?

2. Denken Sie daran, dass wir, sobald Sie die Anzahl der Viereckseinheiten des ursprünglichen Vierecks kennen, ein Viereck benötigen, welches die doppelte Fläche umfasst. Dies sollte Sie dazu befähigen, die zweite Frage zu beantworten: Was ist die Fläche des gewünschten Vierecks? Wie viele Viereckseinheiten müssen in das Viereck passen?

3. Die folgende Frage liegt auf der Hand: Wie lang müssen die Seiten des neuen Vierecks sein, wenn seine Fläche doppelt so groß ist, wie die des ursprünglichen Vierecks? Das heißt jetzt, da Sie die erforderliche Fläche kennen und wissen, dass die gewünschte Figur ein Viereck ist, wie lang müssen seine Seiten sein? (Es kann hilfreich sein, an ihre Antwort auf die allgemeine Frage zurück zu denken: Wie verhalten sich die Seitenlängen eines Vierecks zu seiner Fläche?)

4. Wenn Sie obenstehende Fragen richtig beantwortet haben, wissen Sie, wie lang die Seiten des gewünschten Vierecks sein müssen. Jetzt benötigen Sie lediglich eine Linie dieser Länge, müssen diese als eine ihrer Seiten benutzen und das gewünschte Viereck ist konstruiert. Nur: Wo finden Sie eine Linie mit der erforderlichen Länge?

5. Gehen Sie zurück zum ursprünglichen Viereck. Ziehen Sie eine Diagonale von einer Ecke zur gegenüberliegenden. Stellen Sie sich die Frage: Wie lang ist die Diagonale (Hypotenuse genannt)? Was ist die Fläche eines Vierecks, aufgebaut auf dieser Diagonalen?

6. Die Antwort auf die Frage wird offensichtlich sein. Falls nicht, so folgen hier einige letzte Anweisungen: Die Fläche des Vierecks aus den Hypotenusen ist gleich der Summe welcher zwei Vierecke? (Wenn auch die Ihnen nicht weiterhilft, können Sie Ihre Unschuld völlig verderben, indem Sie zu den Seiten 88-89 über Pythagoras weiterblättern.

DIE LÖSUNG:

Durch eine Reihe sokratischer Fragen, ohne neue Informationen, wurden Sie zu einer neuen Wahrheit geleitet. Der Junge hatte auf alle Fälle keine geometrischen Kenntnisse, keinen Unterricht in Mathematik genossen; durch die richtigen Fragen wurde ihm deutlich, dass er alles, was er für eine korrekte Antwort brauchte, in sich selbst trug. Da er diese Kenntnis nicht von Sokrates gelernt oder während seines Lebens erworben hatte, folgerte Sokrates, das der Junge alles schon bei seiner Geburt in sich gehabt haben musste, durch nicht-sinnliche Erfahrungen vor der Geburt. Kurz: Diese Geschichte ist Teil des sokratischen Plädoyers für das Vorhandensein angeborenen Wissens (S. 28-29, 38). Kenntnis von Mathematik, folgerte Sokrates, ist in allen von uns, auch wenn wir uns viel Mühe geben müssen, die Lösungen zu finden.

Unterricht besteht nach dieser sokratischen Ansicht darin, den Wahrheiten, die bereits in der Seele vorhanden sind, „nach oben zu helfen". Der sogenannte „Nativismus" des Sokrates bedeutet dann auch nicht, dass sich die angeborene Kenntnis, die wir alle in uns haben, einfach und ohne Mühe offenbart. Stattdessen kann der Prozess genauso schwierig und schmerzhaft sein, wie das Ziehen unserer Zähne oder das Beweisen von Hypothesen. Und einige von uns haben genau so viel Angst vor der Kenntnis, wie vor dem Zahnarzt.

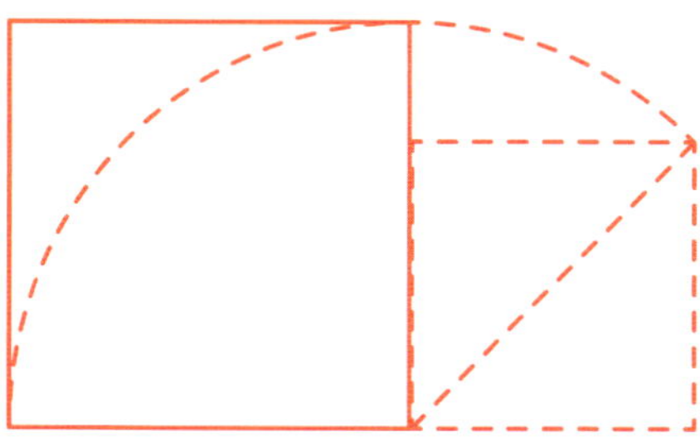

Westliche Zweifel

Der Zweifel steht von Beginn an auf gutem Fuße mit der Philosophie. Die ersten großen westlichen Skeptiker richten ihre Pfeile auch auf das Wissen und sogar auf die Möglichkeit. Obwohl dies eher eine Empfehlung zur Erkenntnistheorie zu sein scheint, stimuliert es doch den kritischen Geist. Skeptizismus wurde oft vertrieben, doch jedes Mal, wenn er erneut Beachtung fand, bekam auch die Philosophie einen Impuls.

Xenophanes

Xenophanes, ein Dichter-Philosoph des 6. Jahrhunderts vor Christus, ist nur in literarischen Fragmenten erhalten. Obwohl er ein Gläubiger war („Gott ist eins, der höchste unter Göttern und Menschen"), erhob er doch keinen Anspruch auf völlige Sicherheit („Diese Dinge scheinen mir der Wahrheit sehr nahe."). Auch nahm er einen sehr skeptischen Standpunkt gegenüber den Erzählungen Homers und Hesiods ein, vor allem, wenn diese die Götter mit menschlichen Schwächen ausstatteten (wie z. B. Eifersucht, Wut und sexuelle Indiskretion). Er verachtete die Leichtgläubigkeit des Volkes.

„Sterbliche nehmen an, dass Götter geboren werden (so wie sie selbst) und dass sie Menschenkleidung tragen und Stimme und Körper wie die des Menschen besitzen. Aber wenn Vieh oder Löwen Hände hätten, um zu malen (…) und um Kunstwerke zu schaffen, würden sie ihre Götter malen und ihnen einen Körper wie den Ihrigen geben – Pferde, den des Pferdes, Vieh, den eines Viehs."
– T. V. Smith (ed.) 1956, S. 14

Pyrrhon von Elis

Pyrrhon von Elis ist der früheste bekannte, extreme griechische Skeptiker (ca. 360-217 v. Chr.). Der Legende nach war der epistemische Nihilismus seine Reaktion auf eine Selbstverbrennung eines Weisen aus Indien, deren Zeuge er wurde. Einer jener „nackten Weisen" oder Yogis, die Alexander den Großen bei seinem militärischen Rückzug aus Indien begleiteten. Er war dabei, als Kalanos, ein indischer Heiliger, der auf der Reise erkrankt und bereit war zu sterben, darum bat, einen Scheiterhaufen zu errichten, welchen er daraufhin selbst erklomm. Auf sein Zeichen hin wurde der Haufen entzündet. Die Ruhe und Selbstbeherrschung (*Ataraxia*), die dieses Selbstopfer begleiteten, beeindruckten Pyrrhon. Solch eine Unerschütterlichkeit wurde stets typischer für den idealen Philosophen, der mit Schmerz nichts zu schaffen hatte, vollkommen in seiner Selbstbeherrschung war, aber ohne Glauben.

Einen genauso extremen skeptischen Standpunkt vertritt Georgias in seiner vernichtenden Drei-Punkte-Unphilosophie:

1. Nichts besteht.
2. Wenn es bestünde, könnten wir es nicht wissen.
3. Wenn wir es wüssten, könnten wir es nicht weitergeben.

Das Wahrheitskriterium selbst, mit dem wir von Falschheit unterscheiden, muss seine eigene Prüfung bestehen. Sonst ist es ein falsches Kriterium. Tut es das, dann tritt eine logischer Zirkelschluss in Kraft: Das Kriterium ist wahr, weil es wahr ist. Ein Wahrheitskriterium kann sich selbst ebenso wenig für gültig erklären, wie ein Richter in seiner eigenen Verhandlung Recht sprechen kann. Von keinem Wahrheitskriterium kann also bewiesen werden, dass es wahr ist.

DESCARTES' METHODISCHER ZWEIFEL

Verschiedene Arten des Skeptizismus hatten früher als kritische Forschung und polemische Kritik Erfolg. Wie anderes altes Wissen starb auch dieses in Europa aus und wurde vergessen. Als es im 16. Jahrhundert wieder eingeführt wurde, war es das Öl im Feuer des Konflikts um spirituelle Macht und wissenschaftliche Forschung. Descartes' sogenannter „Methodischer Zweifel" lenkte den Blick auf das Feststellen von Sicherheiten und also das Widerlegen des absoluten Skeptizismus und des damals auflebenden Pyrrhonismus.

Descartes benutzte die skeptischen Methoden, um zu einer unzweifelhaften Wahrheit zu gelangen. Er versuchte alles anzuzweifeln. Seine „völlige Vernichtung von Meinungen" war allerdings nicht vollständig, denn er kam zu einer methodischen Serie von Aussagen, die er aufgrund ihrer absoluten Sicherheit empfehlen konnte. Es war unmöglich diese anzuzweifeln.

Descartes bemerkte, dass die Sinne uns manchmal täuschen (s. Optische Illusionen, S. 30-31). Er erkannte, dass vertraute Lehrer und große Philosophen manchmal unrecht hatten. Die uns gegebene stoffliche Welt scheint wirklich genug, aber Träume können genauso echt erscheinen. Einfaches Zählen verifiziert die Aufzählung kleiner Summen (wie 2+3), aber es ist nicht unmöglich, dass ein allmächtiges böses Genie regelmäßig im richtigen Moment eine falsche Antwort in Ihre Gedanken bringt: wir denken nur, dass die wahre Summe 5 ist.

Dies alles anzweifelnd schwindelte es Descartes, aber er erholte sich, indem er einen festen Punkt suchte, an dem er alles verankern konnte. Er fand eine unumstößliche, durch keinen Zweifel zu erschütternde Wahrheit. Es gab ihn. Er existierte, denn er war es, der zweifelte. Selbst, wenn der schlechteste Dämon das allerschlimmste täte – wenn Descartes betrogen wurde, wurde er wirklich betrogen und musste also wirklich sein. Meine Erfahrung beweist, dass ich bestehe. Das Bestehen des Selbst wurde sein Ausgangspunkt, sein erster fester Anfang, unangreifbar – so dachte er – für jeglichen Angriff von Skeptikern.

Die Gettier-Probleme

Was ist Wissen? Was sind dessen Eigenschaften? Mehr als zweitausend Jahre lang akzeptierten Philosophen weltweit Platons Standpunkt, dass Wissen, im Sinne von Sicherheit, „berechtigter, wahrer Glaube" sei. Etwas zu wissen ist glauben, dass es wahr ist.

Danach, in den 60er Jahren des vorigen Jahrhunderts, legte Edmund Gettier nahe, dass Situationen möglich wären, in denen berechtigter wahrer Glaube vielleicht kein Wissen formt. Die Szenarien, die als Beispiele gebraucht werden, sind bekannt geworden als die Gettier-Probleme. Das bekannteste davon betrifft die Herren Smith und Jones, die denselben Job wollen.

PROBLEM 1:
Nachdem Smith die Neuigkeit gehört hatte, glaubte er, dass Jones den Job bekommen habe. Er weiß auch, dass Jones 10 Münzen in seiner Tasche hat. Smith leitet daraus ab, dass der Job an einen Mann geht, der 10 Münzen in der Tasche hat.

Ohne dass Smith es wusste, bekam er den Job jedoch selbst. Zufällig hat auch er 10 Münzen in seiner Tasche, obwohl er das nicht weiß. Smiths Schlussfolgerung ist also richtig: der Job geht tatsächlich an einen Mann mit 10 Münzen in seiner Tasche.

Sein Rückschluss war gültig, die Schlussfolgerung ist richtig und seine Quelle war maßgeblich, wenn auch irrig. Aber selbst wenn sein Glaube berechtigt und wahr war, können wir dies wirklich Wissen nennen?

PROBLEM 2:
In einem zweiten Gegenbeispiel nimmt Gettier eine Situation an, in der Smith den berechtigten Glauben hat, dass Jones einen Ford besitzt. Wenn, in der Behauptung „Entweder P oder Q" P wahr ist, dann kann Q alles mögliche sein und die Behauptung wäre noch immer wahr. Also folgert Smith, überzeugt, dass Jones einen Ford besitzt, berechtigt, dass „Jones einen Ford besitzt, oder Brown in Barcelona ist", obwohl er nicht genau weiß, wo Brown wirklich ist.

Tatsächlich hat Jones eine Chevrolet, aber Brown ist in der Tat zufällig in Barcelona. Smith hatte also eine Glauben, der sowohl wahr, als auch berechtigt war, aber – so sagt Gettier – es war kein Wissen.

LÖSUNGEN:

Eine Lösung für das Problem ist, zu sagen, es sei kein Problem, dass begründeter wahrer Glaube (die klassische Analyse des Wissens – KAW) eine prima Definition von Wissen ist und dass Smith tatsächlich Wissen besaß. Wenn Sie andererseits denken, dass die Gettier-Probleme eine Unzulänglichkeit bei klassischen Definitionen enthüllen, was sollte dann daran verändert oder hinzugefügt werden, um sie als Beschreibung von Wissen zu verbessern? Verschiedene Philosophen boten diverse vierte Bedingungen an, die ebenfalls erfüllt sein müssten.

Keine falschen Prämissen

Bei jedem, der oben skizzierten Probleme gründetet sich Smiths KAW auf eine falsche Prämisse. Jones hatte den Job nicht bekommen und Jones besaß auch keinen Ford, aber in beiden Fällen hatte Smith eine KAW aus falschem Glauben abgeleitet. Eine Möglichkeit die Probleme, die diese Beispiele mit sich bringen, zu vermeiden, wäre: zu definieren, dass eine KAW, die von falschem Glauben abgeleitet ist, kein Wissen darstellt.

Es ist allerdings möglich problematische Beispiele zu geben, in denen von falschen Prämissen nicht die Rede zu sein scheint. Wenn Sie glauben, jemand sei in einem Zimmer, weil Sie meinen, ihn gesehen zu haben, obwohl Sie tatsächlich eine lebensechte Puppe sahen, ist das durchaus keine Folgerung aus einer Prämisse – sondern nur Wahrnehmung. Wenn also die Person wirklich im Zimmer ist, obwohl Sie sie nicht gesehen haben, ist ihr KAW dann Wissen?

Ein kausaler Zusammenhang

Alvin Goldman fordert eine „richtige" kausale Verbindung zwischen der Wahrheit von etwas und dem Glauben einer Person. Die KAW gilt nur als Wissen, wenn die Wahrheit Anlass zum Glauben gibt und derjenige, der glaubt, die kausale Kette zwischen den beiden rekonstruieren kann. Auf dieser Basis hat das Fehlen dieser Voraussetzung in oben stehenden Beispielen zur Folge, dass die KAW kein Wissen ist. Bleibt noch zu klären, wie eine „richtige" oder in einem anderen Sinne glaubwürdige kausale Kette zu definieren ist.

Unantastbarer Glaube

Ende der 60er Jahre legten Keith Lehrer und Thomas Paxon nahe, dass eine KAW nur dann Wissen formt, wenn es keine andere Information gibt, die, falls sich die Person dessen bewusst war, den Glauben als ungültig erklären könnte. Ein Glaube ist unantastbar, wenn keine andere Information ihn zunichtemachen würde. Wenn Smith sich im ersten Beispiel bewusst gewesen wäre, dass Jones den Job nicht wirklich bekam, hätte das seinen Glauben zunichtegemacht oder für ungültig erklärt, dass der Job an einen Mann geht, der 10 Münzen in der Tasche hat. Seine KAW ist darum kein Wissen, sagen Paxon und Lehrer. Leider führt diese Bedingung an das Wissen vielleicht zu oft dazu, das Kind mit dem Bade auszuschütten.

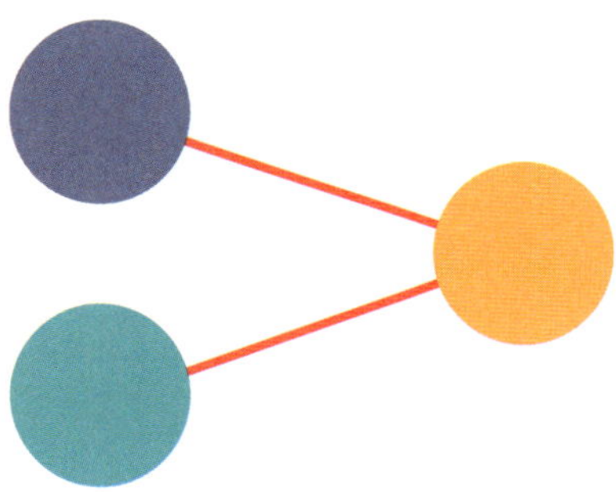

Was wussten Sie schon bei Ihrer Geburt?

Angeborenes vs. erworbenes Wissen

Wenn Wissen KAW ist, dann müsste angeborenes menschliches Wissen absolut gleich Null sein. Welchen Glauben beinhaltet der Geist vor der Erfahrung? Welches Beweismaterial besitzt das Neugeborene dem ersten Bewusstsein vorausgehend? Wenn es nicht auf Erfahrungen vorbereitet ist, wie sonst soll es dann Wissen erwerben? Kann allerdings Bereitschaft allein schon Wissen sein?

Was angeboren ist, ist Bereitschaft oder Potenzial für Erfahrung und den Erwerb von Wissen. Aber wie müssen wir Bereitschaft charakterisieren, nur als bloße Möglichkeit oder sogenannte Anlage? Bereitschaft muss spezifisch sein: das menschliche Neugeborene ist nicht nur bereit Deutsch, sondern um jede menschliche Sprache zu erlernen. Experimente haben gezeigt, dass Neugeborene sich an Lieder erinnern können, die sie aus der Gebärmutter heraus hörten. Die Säuglinge zeigten ihre Vorliebe gegenüber anderer Musik dadurch, dass sie kräftiger an einem Sauger zogen, der mit einer Messapparatur ausgerüstet war. Können Säuglinge also mit dem Wissen über Lieder geboren werden? Vertrautheit – auch wenn es eine Basis von Wissen ist – ist sicherlich keine KAW. Das, was Lernen für den Psychologen ist, ist noch kein Wissen für den Philosophen.

Die Augen Neugeborener blinzeln, wenn sie leicht angepustet werden; die Hände greifen eine erwachsene Fingerspitze, wenn diese ihre Handfläche berührt; sie drehen ihren Kopf, nachdem ihre Wange gestreichelt wurde, um nach der Brustwarze zu suchen. Diese festen Aktionsmuster betreffen allerdings alle das Verhalten. Verhalten kann praktische Fertigkeit sein, aber ist es Wissen? Ist es wahr oder falsch? Kann Handeln die Basis von Wissen sein?

Empirismus: Alles Wissen ist in den Sinnen und der Sinneserfahrung begründet.

ANGEBORENE MECHANISMEN: INSTINKTE VERSUS TRIEBE

Instinkte sind nicht ungelernte charakteristische Reaktionsmuster, ausgelöst durch spezifische Reize aus der umgebenden Welt. Beispiele sind das Nisten von Vögeln oder tierisches Jagd- und Paarungsverhalten. Instinkt allein ist unzureichend als Erklärung für menschliches Handeln.

Triebe sind psychische Zustände, die als Reaktion auf ein physiologisches Bedürfnis auftreten, so wie Hunger, Durst oder der Sexualtrieb. Sie fordern Befriedigung, aber darauf gerichtetes Verhalten ist nicht spezifisch und viel variabler. Im Falle von Sex können einige Menschen in Enthaltung ein erfülltes Leben führen.

Nativismus: Wir werden geboren mit der Anlage, die es möglich macht Wissen oder komplexes Verhalten entstehen zu lassen als Reaktion auf Erfahrung.

Rationalismus: Die Vernunft bringt losgelöst von den Sinnen Wahrheit hervor.

Philosophen sind sich uneinig über die Wichtigkeit angeborenen Wissens. Einige verneinen, dass wir es besitzen und halten dagegen, dass der Geist eines Neugeborenen leer sei, wie eine saubere Schiefertafel (Aristoteles) oder ein leeres Blatt (Locke), auf Erfahrung wartend, um mit Lettern beschrieben zu werden. Solche Standpunkte werden empirisch genannt (nach dem griechischen Wort, das Erfahrung bedeutet). Nach diesem Standpunkt sind die Sinne die primäre, wenn nicht einzige Quelle des Wissens. Andere klassische empirische Philosophen sind Hobbes und Hume.

Erblichkeit und angeborene Neigung wurde nach Darwin eine stets größere Rolle zuerkannt. Dies war aber ein Nativismus des Instinkts, des Gefühls, des Handelns. Der Geist des neugeborenen Kindes wurde noch immer begriffen als saubere Schiefertafel ohne Ideen, bevor die Erfahrung beginnt diese zu liefern.

Aber obwohl der Fötus kurz vor der Geburt keine Meinung, Ideen oder Wissen besitzt, haben empirische Philosophen doch oft anerkannt, ja sogar darauf gedrungen, dass wir mit einer bestimmten angeborenen Anlage geboren werden, mit spezifischem Potenzial für Erfahrung (z. B. Farben sehen), mit Fähigkeiten für bestimmte epistemologische Leistungen (wie z. B. dem Erlernen unserer Muttersprache). Empiristen, die eine angeborene Anlage für Wissen akzeptieren, sind oft nicht mehr zu unterscheiden von ihren früheren Opponenten, den Rationalisten. Diese bezweifeln Bedeutung angeborenen Wissens, ebenso, eher allgemeiner, alle Wahrheiten, die die Gründe unabhängig von den Sinnen entdecken lassen (s. a priori-Wissen, S. 44). Rationalisten haben oft nichts dagegen zu behaupten, dass das Wissen, welches angeboren sein soll, nur potenziell ist.

Descartes ist z. B. bekannt für seine Beharrlichkeit im Bezug auf angeborene Ideen. Aber er macht deutlich, dass es spezifische Tendenzen sind, kein formgebender Inhalt, der auf den ersten Zeugen wartet. Er vergleicht angeborene Ideen sogar mit einer Krankheit, die erblich ist. Bei der Geburt hat das Kind die Krankheit noch nicht, wohl aber die erbliche Anlage diese zu entwickeln. Leibniz, ein anderer großer Rationalist, gebraucht ein poetischeres Bild: angeborene Ideen sind wie die Adern im Marmorblock eines Bildhauers, die den Stein prädisponieren, um die eine und nicht die andere Skulptur zu werden.

Noam Chomsky (S. 38-39) hauchte dem Rationalismus neues Leben ein mit seinen Theorien zur universellen Grammatik und zu dem angeborenen Mechanismus, Wissen über Grammatik zu erwerben. Erfahrung, so sagt er, genügt einfach nicht, um komplexes grammatisches Wissen zu entwickeln, ohne einen biologisch geschenkten Spracherwerbsmechanismus im Gehirn des Neugeborenen zu unterstellen.

Das wissenschaftliche Problem ist, dies korrekt zu charakterisieren.

Optische Illusionen

Wo ist der verborgene Bleistift?

Ein Bleistift in einem Glas Wasser erscheint gebrochen oder eckig. Die Sinne können täuschen. Aber wir können uns selbst auch überzeugen, dass der Bleistift, gegen den Anschein, gerade ist. Erstens können wir das mit unseren Fingern erfühlen. Wenn ein Gesichtsinn trügt, kann ein anderer Sinn, der Tastsinn, dies korrigieren.

Es geht hier allerdings um etwas Tieferes. Ihre visuelle Erfahrung von Eckigkeit, selbst wenn diese nicht mit der Wirklichkeit übereinstimmt, muss selbst etwas bedeuten. Die Abweichung des Bleistifts beweist, dass sie besteht, jedenfalls als mentale Vorstellung.

Der verbogene Bleistift existiert im mentalen oder wahrnehmbaren Raum, so wie Träume als Erscheinung sehr wirklich sein können. Der verbogenen Bleistift, den Sie direkt sehen, ist ein mentales Bild der Wirklichkeit; Sie sehen die Wirklichkeit eigentlich niemals direkt.

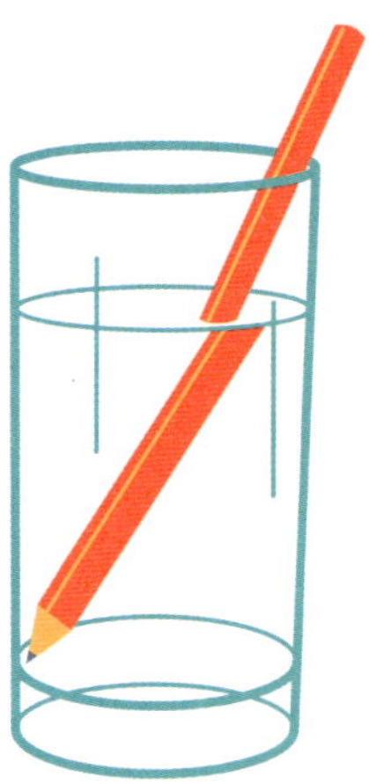

Das Quakende Kaninchen und die Saxy Lady

Die Abbildung oben kann als Frauengesicht wahrgenommen werden. Es ist auch die Silhouette einer Comicfigur zu sehen, eines Mannes mit großer Nase und Ohren, der Saxophon spielt. Können Sie den Mann und die Frau gleichzeitig sehen?

Schauen Sie sich nun die oberste Abbildung an – ist es eine Ente, die nach links oder ein Kaninchen, das nach rechts schaut? Können Sie die Abbildung als Ente und als Kaninchen gleichzeitig sehen? Die meisten Menschen haben Schwierigkeiten zwei Wahrnehmungen sofort miteinander verschmelzen zu lassen, obwohl durch Übung eine Mischung gesehen werden kann.

Wahrnehmung geht dadurch weiter als sinnliche Information, indem sie diese interpretiert. Die mentale Vorstellung, inklusive der sinnlichen Wahrnehmung, umfasst also eine sinnliche und eine kognitive Komponente. Subjektive Wirklichkeit ist sowohl sinnlich, als auch erklärend.

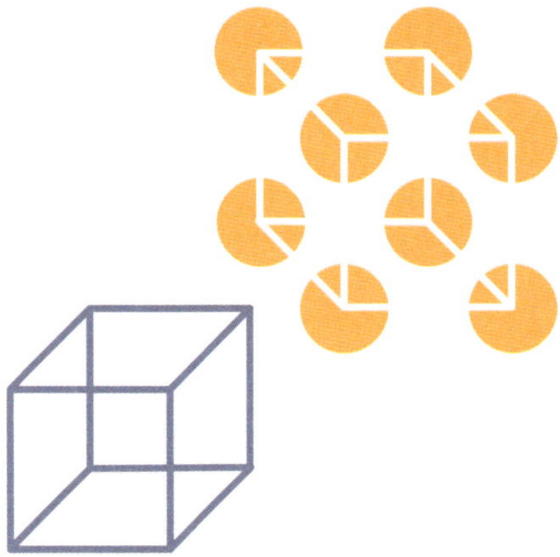

Subjektive Flächen: Ein unbewusster Rückschluss?

In der Abbildung unten besteht die durchsichtige Fläche, die über den Punkten zu schweben scheint, nicht. Diese wird als subjektive Fläche bezeichnet, d. h. dass sie nur in Ihrem Geist besteht. Der sinnliche Reiz besteht aus einer Anzahl Lichtkreisen mit sorgfältig geordneten dunklen Teilen. Der große Physiker und Physiologe Hermann von Helmholz behauptete, dass eine subjektive Fläche, die nicht physisch anwesend ist, das Resultat eines unbewussten Rückschlusses ist, einer kognitiven Handlung, derer wir uns nicht einmal bewusst sind. Dies gilt für optische Illusionen und sogar für die Wahrnehmung als Ganzes. Wahrnehmung ist mehr als nur Gewahrwerdung; es ist Gewahrwerdung plus Rückschluss. Unbewusste Rückschlüsse, so sagt Helmholz, sind für gewöhnlich unwiderstehlich, induktiv im Wesen ihrer Art und auf – durch Erfahrung geformte – Analogien gegründet.

Umkehren, was es nicht gibt

Die obere der zwei Abbildungen lässt fünf Interpretationen zu und macht fünf verschiedene Wahrnehmungen möglich. Die einfachste, aber vielleicht am wenigsten deutliche, sind acht verteilte dunkle Kreise. Aber man kann auch einen Kubus, bestehend aus Lichtstreifen sehen. Der Kubus scheint aus einem Hintergrund von Punkten vielleicht nach vorn zu kommen; die Streifen scheinen sich dann selbst zu komplettieren, ergänzen ihre implizierten Teile. Noch bemerkenswerter ist, dass der Kubus, der ohne Ihren Geist nicht wirklich bestehen würde, auch umgekehrt werden kann. Es ist ein umkehrbarer Necker-Würfel, so wie links oben, der sich spontan umkehrt, abwechselnd aus der Seite heraus stechend und in die Seite zurück springend. Es ist unmöglich beide Kuben zugleich zu sehen. Der subjektive Necker-Würfel rechts oben kann auf mehrere Arten interpretiert werden. Stellen Sie sich vor, dass die dunklen Kreise Löcher in einer grauen Mauer sind, wodurch Sie einen Kubus sehen können, der auch umgedreht werden kann.

Wahrnehmung

Eine einflussreiche Idee mit Bezug auf die Wahrnehmung innerhalb sowohl der Philosophie als auch der Psychologie ist, dass wir uns stets direkt bewusst sind über den Inhalt unseres eigenen Geistes. Bewusstsein und Wissen von der umgebenden Welt ist indirekt, vermittelt durch unsere mentalen Vorstellungen. In erster Instanz sind Ihre Wahrnehmungen Ihre Welt. Es gibt nichts, das Ihnen näher kommt und sie kommen nicht um Ihre Vorstellungen herum, um die äußerliche Wirklichkeit so zu begreifen, wie sie an sich ist.

Tauchen Sie ein in ein Paradoxon

Versuchen Sie dieses Experiment zuhause: nehmen sie drei Eimer Wasser: kalt, auf Zimmertemperatur und heiß. Stellen Sie diese vor sich auf und tauchen Sie Ihre Hände nun ins Wasser: z. B. die rechte Hand in das kalte Wasser und die linke in das heiße. Warten Sie eine halbe Minute. Tauchen Sie sie nun in den Eimer mit dem Wasser auf Zimmertemperatur. Wie warm fühlt sich das Wasser nun an?

Für die kalte rechte Hand sollte sich das Wasser nun warm anfühlen. Für die heiße linke wird es sich kalt anfühlen. Wie ist es nun wirklich? Ist das Wasser warm oder kalt?

Dies kindersichere Rätsel stammt von dem berühmten John Locke (1632–1704) und ist vergleichbar mit dem alten Rätsel vom Baum, der im Wald umfällt, während niemand dort ist, um es zu hören. Macht der Baum ein Geräusch? Die Lösung besteht in beiden Fällen aus dem Unterschied, der ebenso schlüssig wie verblüffend in seinen Implikationen ist.

Subjektiv vs. Objektiv

Wörter für wahrnehmbare Eigenschaften, wie geräuschvoll, heiß, kalt, sind doppeldeutig. Wenn man mit Geräusch Schwingungen in örtlichem Luftdruck meint, dann strahlen Geräusche zweifellos wie Wellen tatsächlich von dem umfallenden Baum aus, auch wenn kein Ohr oder Mensch dort ist, um es wahrzunehmen. Aber wenn man mit Geräusch das direkte Objekt auditiver Erfahrung meint, dann besteht so ein subjektives Geräusch definitiv nicht. Das physische Geräusch gibt es sogar ohne Zeugen; aber ohne Zeugen wird nichts gehört. Es gibt kein subjektives Geräusch, ohne Subjekt. Es ist eine Sache zu wissen, wie ein hoher Ton klingt, etwas ganz anderes zu wissen, dass hohe Töne verbunden sind mit schnellen Schwingungen im Luftdruck. Es gab Musiker bevor es Physiker gab.

Die subjektive Erfahrung von hoch oder tief kann hervorgerufen werden durch schnelle oder langsame Schwingungen, aber die subjektive Wirklichkeit (der

herrliche Klang) ist nicht gleich der messbaren Wirklichkeit.

Ideen umherstoßen

Der irische Philosoph und Bischof George Berkeley (1685–1753) verneinte die Wirklichkeit der Materie, sogar alles außerhalb des Geistes. Seine berühmte Aussage war: „Sein ist wahrgenommen werden." Das Sein war für den Geist nur ein Vorfall, es war das Objekt des Geistes. Er betrachtete die Newtonsche Schwerkraft als eine okkulte Kraft. Wie könnte die Erde den Mond oder auch nur einen Apfel anziehen, ohne ihn zu berühren? Der berühmte Lexikograf Samuel Johnson (1709–1784) soll einen Stein weggekickt haben, um Berkeleys Immaterialismus zu widerlegen: „Also widerlege ich es!" Natürlich behauptet Berkeley niemals, einen Stein nicht wegkicken zu können. Die Fuß-Idee, die Stein-Idee und die Stoß-Idee müssten wohl alle in demselben Geist bestehen.

Erklärbare und nicht erklärbare Unterschiede

Auch Wärme ist doppeldeutig. Wenn man mit Wärme die durchschnittliche kinetische Energie meint, dann besteht Wärme, ob sie nun gefühlt wird oder nicht. Die durchschnittliche Geschwindigkeit der Wassermoleküle im mittleren Eimer, obwohl durch das Eintauchen unserer Hände verändert, ist für jede Hand gleich. Wenn man mit Wärme die Erfahrung intensiver Wärme meint, ist sie pro Hand verschieden, aber die physische Begründung hierfür ist erklärbar. Tatsächlich registrieren die betroffenen Nerven nicht die Temperatur des Wassers, sondern die Temperaturveränderung in den Händen. Diese Veränderung geht in jeder Hand in eine andere Richtung, obwohl die Temperatur beider Hände in die Richtung derjenigen im mittleren Eimer geht.

Im Bezug auf das Sehvermögen besteht noch mehr Dualität. Farben sind intersubjektiv nicht vergleichbar. Sie und ich können uns sofort darauf einigen, dass Bananen gelb sind, aber wir können nicht feststellen, ob unsere Erfahrung des Gelbs dieselbe ist. Sie werden niemals wissen, wie Gelb für mich aussieht. kann die Physiologie dieser Unmessbarkeit jemals Herr werden?

So normal, wie die Nase vor Ihnen

Der englische Philosoph G. E.Moore (1873–1958) versuchte die Realität der Welt außerhalb des Geistes zu beweisen, indem er während er eine Hand hochhielt, bedeutsam erklärte: „Dies ist eine Hand!" Hiermit führte er den gesunden Menschenverstand in die Philosophie ein. Sind Sie überzeugt von Moores einfachem Beweis? Was könnte Sie zum Zweifeln veranlassen? Welcher Beweis würde Sie überzeugen?

Probleme der Selbstreferenz

Es gibt zwei Fehler in dem dem hier gezeigten Satz
Welche sind die zwei Fehler? Vielleicht haben Sie den ersten bemerkt, obwohl die meisten Menschen dies nicht tun. Der Satz beinhaltet ein Duplikat eines Wortes. Aber weil die betreffenden Wörter in verschiedenen Zeilen stehen, vernebelt unser Gehirn diesen Fehler für gewöhnlich. Aber welches ist der zweite Fehler? Gut, es scheint keinen zu geben. Es gibt nur einen und also ist der Satz falsch. Aber, wenn der Satz falsch ist, weil er aussagt, dass es zwei Fehler gäbe, obwohl es nur einen gibt, gibt es einen zweiten Fehler im Satz. In diesem Fall ist der Satz korrekt. Es gibt also keinen zweiten Fehler, in welchem Fall der Satz falsch ist, da er erklärt, es gäbe einen zweiten Fehler im Satz, in welchem Fall … Sie verstehen.

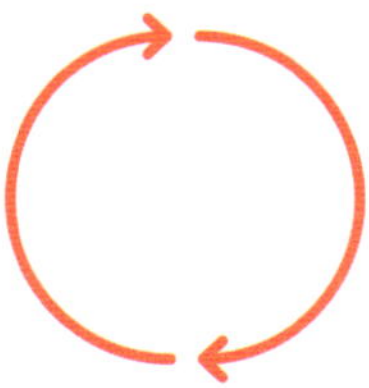

Im oben genannten Beispiel ist der Kern des Paradoxons die Tatsache, dass die Aussage auf sich selbst verweist. Auf dieselbe Weise säen Aussagen wie „Ich lüge immer“ den Keim der Unmöglichkeit. Wenn diese Aussage wahr ist, muss sie auch falsch sein!

FRAGE UND ANTWORT

Welche ist die richtige Tür?
Nehmen wir an, Sie laufen durch ein Labyrinth und kommen an eine Abzweigung, an der jeder Weg durch eine Tür verschlossen ist. Eine Tür führt Sie zum Ziel, die andere ist der Weg in den sicheren Tod. Jede Tür wird von einem Wächter bewacht, der weiß, was hinter ihr liegt und Sie dürfen nur eine Frage stellen, um die richtige Tür zu öffnen und Ihr Ziel zu erreichen. Einer der Wächter lügt immer, der andere spricht immer die Wahrheit, aber Sie wissen nicht welcher von beiden. Welche Frage werden Sie stellen?

Die Lösung
Welche Frage müssen Sie dem Lügner oder dem Wahrheitssager stellen? Die Frage – an beide gestellt –, die zu einer richtigen Antwort führt, lautet: „Wenn ich den anderen Wächter nach der richtigen Tür fragen würde, was wäre seine Antwort?“ Da Sie eine Frage stellen, die die Antwort beider Wächter umfasst, wissen Sie, dass die Antwort immer falsch ist. Der Wahrheitssager wird Ihnen die Wahrheit sagen über die Lügen des anderen Wächters und der Lügner wird Ihnen eine Lüge erzählen über die Wahrheit des anderen. In beiden Fällen ist die Antwort falsch. Nehmen Sie die andere Tür!

Auge und Gehirn

Wenn Sie jemals angenommen haben, dass Sie, während Sie lesen, alle Buchstaben der Reihe nach ansehen, um jedes Wort zu begreifen, versuchen Sie dann das Folgende:

Luat enier Uernutschnug enier Britchesin Uvieräntsit hat die Rehineglofe der Bastchuben inalnehrb enies Weotrs kineen Eilufnss auf desesn Vesrtidnäns. Das ezining Wigtiche ist, dass der esrte und der ltezte Bastchube am ritchgien Platz sethen. Der Rset kann vligöles Deirchunander sien und Sie knöenn es tertzodm onhe Preblom lseen. Das kmomt, wiel wir nciht jdeen Bastchuben ezilnen lseen, sedonrn das Wrot als Gezans.

Tatsächlich stimmt die Erklärung nicht ganz. Der Rest darf kein völliges Chaos sein, weil bestimmte Umordnungen Wörter schwieriger begreiflich machen als andere. Der oben stehende Absatz gebraucht auch meist kurze oder bekannte Wörter und Wörter aus drei Buchstaben bleiben unverändert, sodass Sie der Struktur der Sätze folgen können. Im Allgemeinen besteht die Umordnung aus dem Tausch angrenzender Buchstaben und auch das hilft. Sie hatten wahrscheinlich kein Problem mit Preblom, aber Sie hätten Polmerb schwieriger gefunden. Es ist auch schwieriger ein Wort zu identifizieren, wenn die Umstellung ein neues Wort formt. Die Kunst besteht also in mehr als nur den ersten und den letztem Buchstaben an seinem Platz zu belassen.

Wörter, in denen Buchstabenkombinationen, die einen Klang formen, unterbrochen wurden, sind besonders schwierig. Übrigens scheint, laut Matt Davis von der Cambridge University, der zu diesem Thema viel geforscht hat, keine einzige Britische Universität Anspruch auf diese Entdeckung zu erheben.

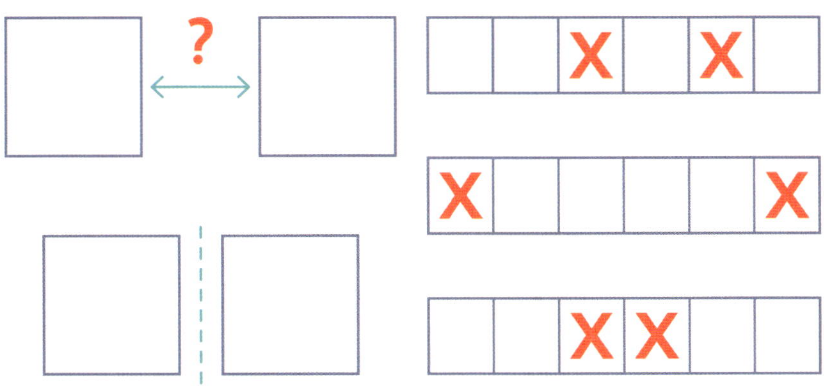

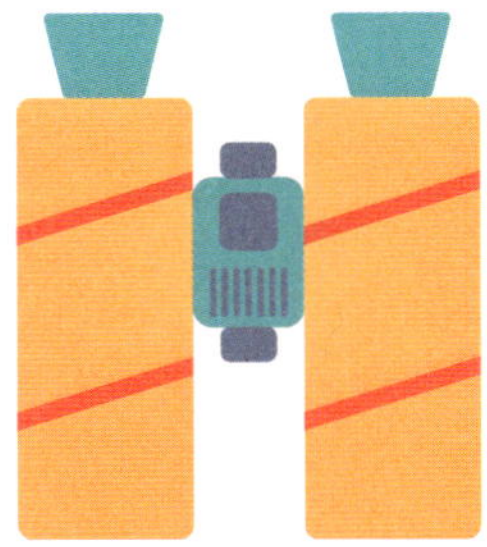

Übung 2

Binokulare Rivalität

DIE AUFGABE:

Nehmen sie zwei leere Toilettenpapierrollen und befestigen Sie verschiedene Abbildungen auf der oberen Öffnung jeder Rolle, mit der Abbildung nach innen gerichtet. Als Abbildungen verwenden Sie vertikale und horizontale Streifen. (Zu Beginn sollten Sie identische, aber verschieden orientierte Streifen benutzen. Später können Sie ein männliches und ein weibliches Gesicht verwenden.) Halten Sie nun beide Rollen wie ein Fernglas vor Ihre Augen. Richten Sie sie auf ein Fenster oder eine hell beleuchtete weiße Wand. Jedes Auge sieht nun ein anderes Bild: eins mit horizontalen und eins mit vertikalen Streifen. Schauen und warten Sie einen Moment. Was geschieht? Was verändert sich nach einiger Zeit?

DIE METHODE:
Entspannen Sie die Muskeln rund um die Augen, während Sie schauen. Nehmen Sie passiv wahr, was geschieht, um zu sehen, ob ein stabiles Bild erscheint. Wie lange dauert es? Was geschieht, wenn es aufhört? Führen Sie dieses Experiment einige Male durch. Nehmen Sie sich bei jedem Versuch genügend Zeit, um sukzessive Veränderungen geschehen zu lassen und notieren Sie, was Sie sehen.

Zuerst sehen Sie oder können Sie jedes der beiden Bilder sehen. Danach bemerken Sie vielleicht ein kaleidoskopisches Durcheinander von Bildern; es kann ein unstabiler Fransenrand zwischen den Bildern entstehen und verschwinden. Was geschieht hier? Können Sie den visuellen Effekt beschreiben?

Später bekommt ein Bild vielleicht die Oberhand, während das andere vollständig verschwindet. Was geschiet mit dem verschwundenen Bild? Wie kann es sein, dass der Geist nicht sieht, worauf sein Auge direkt schaut?

Schon dies ist faszinierend, aber hören Sie noch nicht auf. Schauen Sie weiterhin mit entspannten Augen durch die Rollen. Was verändert sich? Wenn Sie geduldig warten und das dominante Bild untersuchen, wird noch etwas Merkwürdiges geschehen. Das anfänglich zurückgewichene und nun unsichtbare Bild scheint wieder zu erscheinen und das erste Bild tritt dabei aus dem Bewusstsein. Die Stimulation beider Augen bleibt immer gleich. Warum wechselt das System von einem Auge auf das andere und, je länger Sie warten, wieder zurück? Warum beginnen die Bilder zu zittern, während sie sich abwechselnd im Mittelpunkt der Aufmerksamkeit sonnen?

DIE LÖSUNG:

Diese Erscheinung heißt binokulare Rivalität. Beide Augen arbeiten normalerweise zusammen und dadurch, dass sie nur einige Zentimeter voneinander entfernt im Kopf platziert sind, haben sie eine ähnliche, nur leicht abweichende Perspektive auf eine Abbildung. Während wir uns durch den Raum bewegen, entnimmt unser visuelles System aus den Übereinstimmungen und Unterschieden, und auch aus den systematisch gekoppelten Veränderungen darin, alle nützlichen Informationen. Wenn unsere Augen geöffnet sind, fallen verschiedene Bilder auf die Netzhaut an der Rückseite jedes Augapfels; dennoch sehen wir alles als eine Welt und nicht als zwei.

Bei unserem Experiment können die Bilder allerdings nicht verschmelzen. Das erste kaleidoskopische Durcheinander, das Sie sehen, entsteht durch den Versuch Ihres Gehirns das Unvereinbare zu verschmelzen. Missglückt dies, dann setzt das Gehirn seine ewige Suche nach Bedeutung fort, indem es sich für das eine Bild entscheidet und das andere unterdrückt. Das unterdrückte Bild wird aus dem Bewusstsein gejagt, obwohl es auf der Netzhaut verbleibt und in der primär visuellen Hirnrinde weiter verarbeitet wird – ein Phänomen, das als Neuroimaging bezeichnet wird. Wissenschaftler haben bei einem Versuch, das visuelle Bewusstsein im Gehirn zu lokalisieren, einen tieferliegenden Bereich gefunden, dessen Aktivität mit dem Erscheinen eines Bildes korreliert.

Eine Theorie besagt, dass bestimmte Hirnbereiche, die das zurückweichende Bild verarbeiten, durch Bereiche, die das dominante Bild verarbeiten, behindert werden (d. h. ihre elektrische Aktivität nimmt ab). Hindernde Aktivität ermüdet die Zellen und schwächt somit ihre sukzessive Vorherrschaft, wodurch das zurückgewichene Bild erneut im Bewusstsein erscheinen kann. Die Zellen, welche für das nun dominante Bild verantwortlich sind, hindern nun ihre Nachbarn und so beginnt der Zyklus erneut. Diese Theorie ist allerdings weit davon entfernt eine hinreichende Erklärung für all diese komplexen Vorgänge zu sein, da Eigenschaften des unterdrückten Reizes die Dauer der Unterdrückung noch stärker beeinflussen (Uttal, 1981).

Eine ähnliche Rivalität spielt sich bei optischen Illusionen auf konzeptuellem Niveau ab, so wie bei der zwischen Ente und Kaninchen (S. 30-31). Wir können die zwei Figuren nicht gleichzeitig als Ente und als Kaninchen wahrnehmen, also wechselt unsere Interpretation. Vielleicht ist dies die Folge einer Bildrivalität, vergleichbar mit binokularer Rivalität. Bilder der Ente hemmen Bilder des Kaninchens und vice versa. Das Gehirn selbst wird vielleicht doch zur Bühne allgemeiner Konkurrenz unter neuralen Vorstellungen auf jedem Niveau. Nur die Vorstellungen, die die Oberhand haben, wie kurzlebig sie auch sein mögen, können im Strom unseres Bewusstseins wieder auftauchen, bevor sie wieder in innere Vergessenheit geraten, wo es von gescheiterten Bittstellern um unsere mickrige Aufmerksamkeit nur so wimmelt.

Profil

Noam Chomsky

Chomsky ist ein hervorragender theoretischer Linguist, dessen Versuche die Funktionsweise menschlicher Sprache zu begreifen, dafür gesorgt haben, dass Geist und Sprache der Philosophie sich veränderten und die Zusammenarbeit und die Meinungsverschiedenheiten in vielen Gebieten der empirischen Psychologie stimuliert wurden. Als philosophischer Rationalist verortet er sich in einer Tradition, die via Descartes auf Platon zurückgreift. Er sieht die „Kognitive Revolution" als ein Wiederaufleben früh-modernen Rationalismus. Das angeborene Wissen, welches Chomsky postulierte, entzog dem einzigartigen menschlichen Vermögen, sich Sprache zu eigen zu machen, seine Grundlage.

Platons Problem: Geschwächter Stimulus

Chomsky verglich das Problem, vor dem ein Kind beim Erwerb von Sprache steht, mit dem Problem des Sklaven in Platons *Menon.* Der Junge ohne Schulung in Geometrie wird – nur durch das Stellen von Fragen – soweit gebracht, dass er eine bestimmte geometrische Behauptung beweist. Die Fragen beinhalten nicht genügend Information, um die Behauptung zu beweisen, sodass der Junge Wissen hat beitragen müssen, dass er ohne es zu wissen schon besaß. Dieses Wissen wurde ihm selbst entlockt und nicht durch Unterricht in ihn hineingestopft. Daraus folgerte Platon, dass der Junge dieses schon immer in sich getragen haben musste und in einem vorherigen Leben erworben hätte.

„Platons Problem ist es dann auch zu erklären, wie wir soviel wissen, obwohl die gegebenen Beweise so dürftig sind."
– Chomsky, 1986

Während des Spracherwerbs, so behauptet Chomsky, wird das Kind nicht in Grammatik unterrichtet, sondern es wird – nur durch Interaktion – dazu gebracht, grammatisches Wissen einer bestimmten Sprache zu benutzen. Kinder lernen die Grammatik ihrer Muttersprache kennen – nicht wie ein Sprachlehrer es tut, der sie erklären kann –, sondern so wie sie in der Praxis demonstriert wird, durch Anwenden ihrer Regeln und das Interpretieren der Sätze. Für Chomsky ist der empirische Input, über den ein Kind verfügt (die Sammlung aller Sätze, die es jemals gehört hat) – genau wie Sokrates' Fragen – geschwächt, d. h. ungenügend, um das grammatische Wissen zu erklären.

Obwohl es nur eine endliche Anzahl Sätze gehört hat, kann es unendlich viele potenzielle Sätze erkennen als grammatisch oder auch nicht. Der Stimulus sozialer Interaktion kann das entsprechende Sprachvermögen nicht erklären. Ein Kind, das sich Deutsch aneignet, verfügt nicht schon immer über deutsche Grammatik; aber es muss einige angeborene Gaben oder eine Anlage gehabt haben, die trotz schwachem empirischen Input dieses bemerkenswerte Vermögen lieferte.

Die Theorie der Grammatik als Theorie des Geistes

Chomsky stimmte selbst zu, dass nur diese angeborene Gabe (die er universelle Grammatik nannte) mit Hilfe eines vorigen Bestehens erworben wurde. Aber er berief sich eher auf die menschliche evolutionäre Geschichte als auf das Fortbestehen der Seele oder Reinkarnation. Die Biologie versieht das Gehirn des Neugeborenen mit einem speziellen Mittel, um jede menschliche Sprache zu erwerben – den richtigen Input vorausgesetzt. Auf diesem Niveau ist das Studium des menschlichen Sprachvermögens ein Studium genetischer Gaben.

„Universelle Grammatik (…) kann als eine Charakterisierung des erblich bestimmten Sprachvermögens betrachtet werden. Man kann dieses Vermögen als „Spracherwerbsinstrument" betrachten, eine angeborene Komponente des menschlichen Geistes, die durch Interaktion mit der Erfahrung eine spezifische Sprache liefert, ein Instrument, das Erfahrung umsetzt in ein System erworbenen Wissens: Beherrschung der einen oder anderen Sprache."
– Chomsky, 1986

Chomsky betrachtete das Spracherwerbsinstrument als ein Sprachorgan in Gehirn. Wir entwickeln eine Sprache, anstatt sie zu lernen. Er begann sich dieses Instrument vorzustellen als einen biologischen Apparat mit endlich vielen Schaltern, der durch frühe Spracherfahrung eingestellt wird. Ist der Apparat erst auf die eine Weise eingestellt, würde er die deutsche Grammatik kennen, auf eine andere Swahili oder Japanisch. Alle möglichen menschlichen Sprachen würden in den verschiedenen Einstellungen der Schalter vertreten sein.

Über oberflächlichen Satzbau hinaus: Die Unsichtbarkeit von Grammatik

Syntax ist wichtig für die Bedeutung. Es macht einen Unterschied, ob ein Hund einen Mann beißt oder ein Man einen Hund. Oberflächliche Syntax genügt allerdings nicht, um die Bedeutung zu bestimmen. Den Wörtern müssen auch grammatische Regeln zugewiesen werden, was manchmal bei exakt derselben Syntax auf unterschiedliche Weise getan werden kann. Zur Illustration, denken Sie, um zu beginnen, über diese Sätze nach:

1. Wir haben den Mann auf dem Mond gesehen.
2. Dieser Platz wird zur Verhütung von Straftaten durch die Polizei überwacht.
3. Der brave Mann denkt an sich selbst zuletzt.

Auch die folgenden Sätze sind grammatisch doppeldeutig. Es sind Amfibolien, die je zwei Bedeutungen haben. Unterscheiden Sie diese Bedeutungen und identifizieren Sie die unterschiedlichen Rollen, die von den individuellen Wörtern gespielt werden:

Zum Essen ist das Lamm noch zu klein. Wir trafen den Sohn des Ritters mit der Armbrust. Das Schießen von Jägern ist hier unerwünscht. Er fuhr seinen Freund sturzbetrunken nach Hause.

Drei Theorien zur Wahrheit Teil 1

Es gibt drei gängige Theorien über Wahrheit. Die erste sagt aus, dass Wahrheit eine Korrespondenz ist (z. B. zwischen einer Überzeugung und einer Tatsache oder einer Behauptung und der Realität). Die zweite Wahrheit besteht aus nachweislich logischen Relationen zu anderen Wahrheiten. Hier ist Wahrheit auch eine Art Relation, aber eher eine Kohärenz als eine Korrespondenz. Wahrheit hat die Form eines Paketes, ist ein Ganzes. Die dritte Theorie verbindet Wahrheit mit praktischem Wert und wird daher die pragmatische Wahrheitstheorie genannt. Meist sehen Rationalisten und Idealisten Wahrheit als Kohärenz, während Empiriker die pragmatische oder Korrespondenztheorie bevorzugen.

Lesen Sie den Text zu jeder Theorie und versuchen Sie dann, die jeweiligen Schwachpunkte und Nachteile zu finden. Vergleichen Sie Ihre Resultate mit den gegebenen Antworten (Nicht als absolute Wahrheiten zu betrachten!) und gehen Sie dann zur nächsten Theorie über.

Wahrheit als Korrespondenz

Die erste Theorie betrachtet Wahrheit als eine Korrespondenz, eine Übereinstimmung zwischen Glaube und Wirklichkeit. Ein Glaube (oder ein Satz oder Behauptung) ist nur wahr, wenn er mit der Wirklichkeit, die er vertritt, korrespondiert. Eine Aussage ist wahr, wenn das, was sie sagt, wirklich der Fall ist, wenn sie Dinge vorstellt, so wie sie sind. Wenn Dinge so sind, wie die Aussage behauptet, ist die Aussage wahr; sonst nicht. Falschheit ist das Fehlen von Korrespondenz.

Die Diskussion über die Art dieser Korrespondenz dauert an. Dem einen Standpunkt nach ist Korrespondenz eine Kopie, die alle Elemente des ursprünglichen Sachverhalts und deren Relation untereinander vertritt. Die Wirklichkeit ist wie unser echter Glaube daran; sie ist so, wie wir denken, dass sie ist. Aber der Anblick von Gelb (unser Glaube, wie Gelb aussieht) ist keine Kopie oder auch nur vergleichbar mit den 570-nanometer Lichtwellen, die Anlass zu Gelb geben. Süß ist ebensowenig eine Kopie von Zucker.

Ein digitales Bild besteht allerdings als gespeicherte Information auf einer Festplatte eines Computers, auch wenn es nicht angesehen wird. Eine elektronische Wiedergabe ist eine Korrespondenz, die nicht nur eine Kopie ist. Mentale Vorstellungen und Aussagen können auf eine solche abstrakte Art an die Wirklichkeit anschließen, sodass Korrespondenz eine gemeinschaftliche Struktur wird.

Der Satz „Dies ist so." hat die grammatische Struktur einer Subjekt-Kopula-Satzaussage, die die bewährte metaphysische Struktur der Wirklichkeit, Entität – Besitzeigenschaft, abgrenzt.

FRAGE 1

Welche Schwierigkeiten für die Korrespondenztheorie zur Wahrheit können Sie formulieren? Spielen Sie den Skeptiker und besprechen Sie sie kritisch.

Wahrheit als Kohärenz

Die zweite Theorie zur Wahrheit geht davon aus, dass Wahrheit sinnvoll sein muss – zusammenhängen muss. Vorgezogen von allen großen Systembauern der Philosophie, den Rationalisten, entsteht diese Wahrheitstheorie aus der Überzeugung, dass die ganze Wahrheit wahrer ist als eine individuelle Wahrheit, dass alle Wahrheiten miteinander verbunden sind, verflochten in einem Muster, einer Welt, einem System. Das System ist sinnvoll, hängt zusammen, ist kohärent.

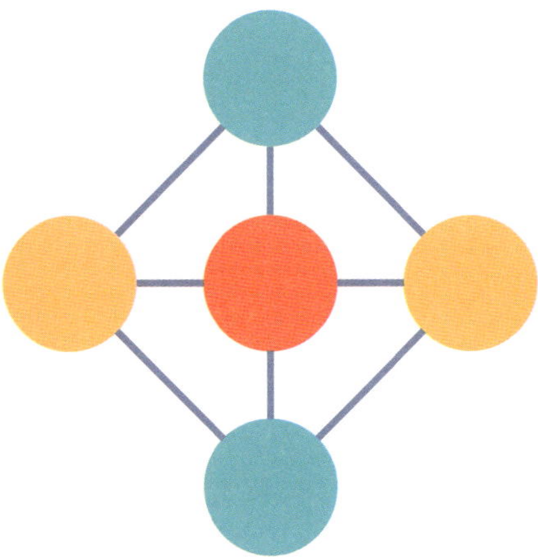

In der Wissenschaft wird nach allgemeinen Gesetzen gesucht, die es in Kombination mit der Ausgangssituation möglich machen, Resultate logisch vorauszusagen. Wissenschaftlicher Beweis gebraucht Deduktion hypothetisch, um erwartete Wahrnehmung aus aktueller Wahrnehmung und früheren Regelmäßigkeiten abzuleiten. In der Mathematik, wo strikte Deduktionsregeln gelten, deduziert man aus Axiomen oder bewiesenen Wahrheiten neue und unerwartete Ergebnisse. Logische Relation untereinander entsteht aus ontologischer Relation untereinander. Der Grund dafür ist Ariadnes Faden der Weisheit, die Einheit, die den Weg aus dem Labyrinth der Unwissenheit findet.

Auch Ethik ist sinnvoll; das eine ethische Prinzip hängt von mit dem anderen zusammen. Die Kohärenz der Wahrheit in Wissenschaft und Mathematik kann tatsächlich die Hoffnung verstärken, dass unser Verständnis moralischer Verbundenheit, welches uns auf unserem Rettungsfloß Erde zusammenhält, keine Illusion ist.

Wenn die Welt von Zeit zu Zeit irrational, gleichgültig, wohlwollend neutral zu sein scheint, kommt das nur daher, dass wir nicht zum moralischen Kern durchdrangen, nicht den göttlichen Funken empfangen haben, mit dem wir mit mathematischer Sicherheit aus der Welt schlau werden würden.

FRAGE 2

Sie spielen den Skeptiker. Versuchen Sie die Kohärenztheorie zur Wahrheit zu durchlöchern. Etwas weiter hinten im Buch werden Beispiele gegeben.

Drei Theorien zur Wahrheit Teil 2

Wahrheit als praktischer Wert

Die pragmatische Theorie über Werte identifiziert einen Wert mit dem Unterschied, den eine Auffassung für eine Erfahrung macht. Einfach gesagt ist Wert das, was funktioniert. In subtilerem Sinn ist Wahrheit ein Prozess der Bestätigung und Verifikation und der konstant angepassten zwischenzeitlichen Resultate dieses Prozesses.

Der Pragmatiker behauptet, Wahrheit genau so zu behandeln wie der Experimentalist. Ein Experimentalist hält nur an einer Aussage fest, wenn sie wissenschaftlicher Prüfung standhält. D. h., dass man spezifische Vorhersagen machen muss, ob die Vorhersagen alle eintreten. Kurzum, eine Hypothese muss einen sehr deutlichen Unterschied für das Ergebnis des Experiments machen. Dieser Unterschied ist die Bedeutung der behaupteten Aussage. Weil Wahrheit mit Bedeutung zusammen hängt, ist Wahrheit die Bedeutung!

Der pragmatische Standpunkt ist, dass sich die Bedeutung einer wissenschaftlichen Aussage aus ihren Methoden der Verifikation herausstellt und diese Erfahrung basiert sein muss. Eine wissenschaftliche Wahrheit erkennt man über die Prozeduren aller Experimente, die sie widerlegen könnten, es aber nicht tun. Wenn eine Aussage keinen Unterschied für die Erfahrung macht, ist sie völliger Unsinn, wahr oder unwahr. Im Alltag kommt Prüfung durch praktische Erfahrung anstelle der Prüfung durch wissenschaftliche Experimente.

Was bedeutet ihr Glaube an Gott anderes, als ihre Verpflichtung, nach Gottes Prinzipien zu leben, so wie Sie sie begreifen? Wenn Sie an Gott glauben, aber Ihr sündiges Leben fortsetzen, glauben Sie nicht wirklich. Was bedeutet Ihr Glaube an die Menschen, wenn Sie Ihnen nicht vertrauen? Wenn Glaube keinen praktischen Unterschied in ihrem Leben ausmacht, ist es nur Inszenierung. Die Wahrheit des Glaubens verbirgt sich in dieser Anwendbarkeit.

Die pragmatische Theorie erlaubt (nur in besonderen Fällen), dem Willen auf der Basis von Emotionen zu glauben, wie z. B. Hoffnung, Vertrauen und Liebe (s. Ultimative Entscheidung, S. 118-119). Hier sind nicht die verifizierbaren Tatsachen der Wissenschaft an der Reihe. Die pragmatische Theorie hat nicht das Bedürfnis, einen korrespondierenden moralischen Bereich festzustellen und vollständig und strikt Beweise nur auf Basis der Argumentation zu liefern. Glauben kann fortbestehen, wenn er die Frucht eines reicheren Lebens abwirft. Manche Dinge müssen wir glauben, wenn wir wollen, dass sie wahr sind. Wenn wir einander alle vertrauen, können wir friedlich leben. Mein Glaube daran macht es wahrer als es ist und macht es für andere vernünftiger, daran zu glauben. An manche Dinge müssen wir gemeinsam glauben, wollen wir, dass sie wahr sind; wir können nicht alle glauben, wenn nicht jeder von uns glaubt.

FRAGE 3

Werfen Sie den ersten philosophischen Stein. Rupfen Sie ein Hühnchen mit der pragmatischen Theorie.

ANTWORTEN

Frage 1

Vier Beispielkritiken – nicht alle vier sind unbedingt wahr!

1. Moralische Wahrheiten korrespondieren nicht mit wahrnehmbaren Tatsachen. Eine Lüge ist ein wahrnehmbarer Vorfall, die Unwahrheit darin nicht.
2. Womit korrespondieren mathematische Wahrheiten? Gibt es einen platonischen Himmel unsichtbarer Zahlen, die mit unseren Zahlwörtern korrespondieren? Um unsere mathematischen Überzeugungen zu verifizieren, berechnen oder konstruieren wir einen Beweis. Die tatsächlichen Zahlen beachten wir nicht, wenn es darum geht zu sehen, ob Auffassungen, in Zahlwörtern ausgedrückt, korrespondieren.
3. Wenn unsere perzeptiven Denkbilder unsere Vorstellung der Welt sind und wenn wir die Welt nur durch unsere Vorstellungen kennen, wie können wir dann kontrollieren, ob unsere Vorstellungen mit der Wirklichkeit korrespondieren, oder nicht? Es ist, als würde uns gesagt, dass Äpfel mit Apfelsinen korrespondieren, obwohl wir nur Äpfel kennen.
4. Die Korrespondenztheorie nimmt an, dass menschliche Grammatik eine Methode der Unterteilung (Dihairesis) ist. Sie erlegt der Wirklichkeit eine grammatische Ordnung auf.

Frage 2

1. Die Kohärenztheorie kommt nicht in Gang. Wenn Wahrheiten das sind, was aus anderen Wahrheiten deduziert werden kann, woher kommen dann sie ursprünglichen Wahrheiten? Beweise müssen irgendwo beginnen. Wenn wir ein endloses Zurückgreifen vermeiden wollen, muss es nicht-deduzierbare Wahrheiten geben. Das Selbstverständliche ist aber leere Tautologie, wenn nicht sogar Illusion.
2. Glaubenssysteme sind nicht messbar. Mit welchen Glaubenssystemen müssen wir kohärent sein? Mit dem der Mehrheit? Dem der Experten? Dem eigenen Gewissen? Kohärenz ist nicht genug.
3. Die Welt ist nicht so sinnig, wie angenommen wird. Sie ist ein Flickenteppich manchmal wenig zusammenhängender Erklärungen. Kein einziges System kann es ganz begreifen. Es gibt mehr zwischen Himmel und Erde, als die Kohärenzphilosophie annimmt, trotz ihrer rationalistischen Großmäuligkeit.
4. Ein ethisches System für eine Welt ist etwas imperialistisches. Die Verbundenheit einer Kultur ist der gewalttätige Protest einer anderen. Menschen holen Mut bei Gefühlen, um ethische Fragestellungen zu lösen, nicht bei logischen Beweisen. Die Vernunft muss für die Wahrheit mit „dem Unredlichen" verhandeln und sie nicht mit emotionaler Sicherheit einseitig deduzieren.

Frage 3

1. Die pragmatische Theorie ist rücksichtslos. Sie bringt die Wahrheit auf das zurück, was ihr passt. Wahrheit wird allzu menschlich.
2. Die pragmatische Theorie ist wahrheitslos. Sie führt zu erkenntnistheoretischer Anarchie. Sie impliziert, dass alles erlaubt ist.
3. Die pragmatische Theorie ist kraftlos. Sie dreht sich im Kreis. Die Wahrheit der pragmatischen Wahrheitstheorie hält sich nicht an ihr eigenes Kriterium. Keine einzige mögliche Erfahrung könnte ihre Unwahrheit beweisen. Sie kann nicht bestätigt werden.
4. Manche Wahrheiten sind nutzlos. Die pragmatische Theorie entstellt die Mathematik, beschränkt diese auf reine konstruktive oder effektive Prozesse. Vor allem das reelle Zahlenkontinuum und Cantors Paradies (S. 164-165) sind transpragmatisch.

Profil

David Hume

Hume machte einen wichtigen Unterschied zwischen den Sorten von Wahrheit und den Arten, wie wir sie kennen können. Er unterschied „Beziehungen von Ideen", die wir a priori (d. h. jede Aussage, deren Verneinung widersprüchlich ist) kennen könnten von „Tatsachen", die wir nur empirisch (d. h. mit Hilfe der Sinne) feststellen könnten.

Zu den ersteren gehören alle mathematischen Aussagen und alle Tautologien (s. Kapitel 4). Man kann sie a priori, unabhängig von Beweisen über die Sinne kennen. Tatsächlichkeiten dagegen betreffen empirische Ansprüche anstelle logischer Konsistenz.

Das Induktionsproblem

Seit Bestehen der Erde ist die Sonne jeden Tag aufgegangen. Man sollte meinen, dass dies Grund genug ist, daraus zu folgern, dass sie auch morgen aufgehen wird. Die Chance ist groß. Aber das Gegenteil ist möglich. Wenn die Sonne vor morgen damit aufhört, beinhaltet dies keine Kontra-Induktion.

DAS GEGENPROBLEM DER KONTRA-INDUKTION

Induktion hat in der Vergangenheit immer funktioniert und sollte es also auch jetzt noch tun. Das Problem dabei ist, dass diese Argumentation selbst induktiv ist. Es wäre ein Zirkelschluss, Induktion zu gebrauchen, um Induktion zu beweisen.

Um dieses Problem in einem helleren Licht zu betrachten, können Sie auch vom Prinzip der Kontra-Induktion ausgehen. Kontra-Induktion ist eine Art zu argumentieren, die der Induktion gegenübergestellt ist, wie der „Trugschluss des Spielers" zeigt.

Nach vielen Misserfolgen bekommt der verlierende Spieler vielleicht das Gefühl, dass er nun an der Reihe sei und er beim nächsten Wurf Glück haben würde. Die lange Folge von Verlusten, die er erleiden musste, ist so unwahrscheinlich, dass er sehr bald gewinnen müsste. Hier ist das allgemeine Prinzip kontra-induktiv.

Sie werden dies Wahnsinn nennen, Einwand erheben und darauf hinweisen, dass es bekannt ist, dass diese Art der Schlussfolgerung niemals funktioniert hat. Vielleicht ist nun die Zeit gekommen! Wenn Induktion die Induktion beweisen kann, warum sollte Kontra-Induktion nicht auch Kontra-Induktion beweisen?

Wir wissen nicht a priori, dass sie morgen aufgehen wird. Selbst wenn wir von unendlich vielen Sonnenaufgängen in der Vergangenheit ausgehen, bleibt es logisch möglich. Was war, kann niemals beweisen, was wird.

Eine Anzahl Fakten über gestern beweist nichts über heute. Ebensowenig beweisen eine Anzahl Fakten in der Vergangenheit etwas über die Zukunft. Induktives Schlussfolgern unterstellt, dass das, was durchgehend der Fall gewesen ist, auch durchgehend der Fall sein wird.

Hume wandte seine skeptische Kritik auch auf kausale Schlussfolgerungen an. Ursachen wird unterstellt, ihre Folgen notwendig zu machen und nicht nur regelnd mit ihnen verbunden zu sein. Die Sinne liefern allerdings Tatsachen, niemals Notwendigkeiten. Obwohl wir das Gegenteil erwarten, ist es kein Widerspruch, dass die Ursache auftritt (die Billardkugel trifft voll auf die schwarze 8) und die Folge ausbleibt (die schwarze 8 bleibt regungslos liegen).

Wie die Vernunft zum Werkzeug wurde

Hume degradierte die Vernunft zu einer instrumentellen Vernunft, zur sogenannten „instrumentellen Rationalität“. Er drehte Platons (politische) Bildsprache, dass die Vernunft über das Verlangen und die Leidenschaften herrschen solle, um. Dies war Platons Bild einer wohl geordneten Seele, einer gerechten Seele (S. 104-105).

Hume dagegen sagte, dass „die Vernunft der Sklave der Leidenschaften“ sei und das von ihrer Natur aus auch sein müsse. Die Vernunft besitzt keine Antriebskraft. Die Aufgabe und Funktion der Vernunft ist es, die beste aus verschiedenen Möglichkeiten auszuwählen. Aus sich selbst heraus kann die Vernunft unsere Ziele nicht bestimmen; das tut nur unsere Leidenschaft.

Die Vernunft kann uns zwar dabei helfen konkurrierende Ziele aufgrund ihrer Kosten und Resultate zu kalkulieren, aber sie ist unfähig auszusprechen, was das Beste für uns ist, es sei denn, sie kann von unseren Gefühlen vernehmen, welche Konsequenzen wir bevorzugen.

„Kein Sollen aus dem Sein“

Ein nach Hume benanntes Gesetz bezieht sich auf einen oft angewandten, aber unzulässigen Trugschluss, wonach in einer moralischen Argumentation von einem Sein auf ein Sollen geschlossen werden kann (S. 132-133). In Kürze geht es darum, dass bekannte Fakten niemals genügen können, um moralische Prinzipien zu beweisen. Ethische Notwendigkeit kann nicht abgeleitet werden aus empirisch bekannten Fakten. Das heißt nicht, dass Fakten für die Moral nicht wichtig sind, sondern dass das, was ist, keine Macht hat zu bestimmen, was sein wird. Hume formuliert es als logisches Prinzip: „Aus was ist, was war, oder was sein wird, folgt nicht, was sein sollte.“

Dieser Sein/Sollen-Trugschluss ist ein erkenntnistheoretischer Gesichtspunkt. Der Fakt-Wert-Unterschied ist metaphysisch. Beide haben Bezug zur Ethik und das bringt uns auch gleich zum nächsten Thema.

Kapitel 2

Ethik und Moral

Was es bedeutet, moralisch gut zu sein und welcher eventuelle Sinn dem Bösen zugeschrieben werden kann, sind Fragen, die immer und völlig zu recht philosophische Forschung beschäftigt haben. In diesem Kapitel geben wir kurze Beispiele von ethischen Stilen und Theorien aus Ost und West, aus der Vergangenheit und von heute. Quälende ethische Dilemmas und andere abstrakte oder nur allzu reale Szenarien voller moralischer Bedeutung sind in diesem Kapitel zahlreich vorhanden, welches auch inspirierende Beschreibungen ethischer Ideale und Tugenden beinhaltet. Denn nicht alle moralischen Urteile sind negativ.

Moralische Dilemma

Sehen Sie sich nachfolgende Aussagen an und markieren Sie diejenigen, mit denen Sie übereinstimmen. Es gibt keine richtigen Antworten.

1. Es gibt keine objektiven moralischen Normen; moralische Urteile sind reine Aussagen über Werte bestimmter Kulturen.
2. Es ist immer falsch, einander des Lebens zu berauben.
3. Sterbehilfe ist ungesetzlich.
4. Es gibt einen allmächtigen, liebevollen und guten Gott.
5. Der zweite Weltkrieg war ein berechtigter Krieg.
6. Bei jeder Entscheidung ist es möglich, dass man sich anders entschieden hätte.
7. Die Regierung muss Gesundheitsbehandlungen, die nicht auf Wirksamkeit und Sicherheit getestet wurden, verbieten.
8. Es gibt keine objektiven Wahrheiten über Tatsachen; „Wahrheit" ist immer abhängig von bestimmten Kulturen und Personen.
9. Alternative Heilkunde ist genauso wertvoll wie die Schulmedizin.
10. Ein Kind unnötig leiden zu lassen, ist sträflich.
11. Individuen haben das alleinige Recht über ihren eigenen Körper zu bestimmen.
12. Die Völkermorde zeugen vom Bösen, zu dem Menschen fähig sind.
13. Der Holocaust ist eine historische Wirklichkeit und mehr oder weniger so geschehen, wie es in Geschichtsbüchern beschrieben steht.
14. Die Zukunft steht fest. Wie jemandes Leben verläuft, bestimmt das Schicksal.

FAZIT

Lesen Sie nun die nachfolgenden Absätze. Wenn Sie in einigen dieser Aspekte beide nummerierte Aussagen angekreuzt haben, haben Sie ein moralisches Dilemma. Entweder gibt es einen Widerspruch zwischen den zwei Auffassungen oder es ist eine ausgefeilte Argumentation nötig, um beide Auffassungen konsequent zu vertreten. Sie könnten entweder eine der beide Auffassungen aufgeben oder eine rational kohärente Weise finden, um beide zu versöhnen.

Aussage 1 und 12: Ist Moral relativ?
Einerseits sagen Sie, dass Moral nur eine Frage der Kultur und Konventionen ist, andererseits sind Sie bereit, Völkermorde als schlecht zu verurteilen. Sind Sie deshalb bereit zu sagen, dass ein Völkermord schlecht ist, weil sie den Standpunkt Ihrer Kultur einnehmen und nicht den der Kultur, die den Völkermord begeht?

Aussage 4 und 10: Gibt es einen gütigen und allmächtigen Gott?
Zusammen bilden diese beiden Aussagen das, was unter der Bezeichnung „Das Problem des Bösen" bekannt ist. Das Problem ist einfach: wenn Gott allmächtig, liebevoll und gut ist, bedeutet das, dass er tun kann, was er will und tun wird, was moralisch gut ist. Aber das bedeutet auch, dass er ein unschuldiges Kind niemals leiden lassen würde, da er es einfach verhindern könnte.

Und doch lässt er es zu. Viel Kinderleid ist die Folge von menschlichem Handeln, aber vieles ist auch auf natürliche Ursachen wie Krankheiten zurückzuführen. In allen Fällen könnte Gott es beenden, aber er tut es nicht.

Aussage 8 und 13: Gibt es absolute Wahrheiten?

Wenn Wahrheit relativ ist, dann ist nichts einfach „wahr" oder ein „Fakt". Alles ist „wahr für manche" oder „Fakt für sie". Was können Sie also denen sagen, die bestreiten, dass der Holocaust ein Fakt ist? Haben jene kein Recht auf ihren Standpunkt, so wie Sie auf Ihren? Wie kann man sowohl aussagen, dass der Holocaust wirklich stattgefunden hat, als auch bestreiten, dass es nur eine Wahrheit dazu gibt.

Aussage 3 und 11: Darf ich Entscheidungen treffen bezüglich meines eigenen Körpers?

Wenn Individuen das alleinige Bestimmungsrecht über ihren Körper haben, warum sollte Sterbehilfe dann illegal sein? Sie können versuchen eine Lösung dafür zu finden, indem Sie sagen, dass die Betroffenheit einer dritten Person dies zu einem besonderen Fall macht.

Aussage 2 und 5: Ist es immer falsch zu töten?

Hier ist es deutlich, dass Sie entweder die Idee eines berechtigten Krieges aufgeben müssen, oder das „immer" aus der Aussage 2 streichen. Es ist tatsächlich sehr schwierig an dieses Prinzip eine Klausel mit „außer" hinzuzufügen, die beides erlaubt – sowohl die Art zu töten, die für viele zu Recht erlaubt ist, als auch die Art zu töten, die als ungerechtfertigt betrachtet wird.

Aussage 6 und 14: Liegt die Zukunft fest?

Die meisten denken, dass der Mensch einen freien Willen hat und dennoch glauben viele an ihr Schicksal. Wie können beide Auffassungen wahr sein? Wenn „was geschieht, geschieht", egal was wir tun – wie können wir dann frei sein? Wenn man an das Schicksal oder die Bestimmung glaubt, ist das Resultat unserer Entscheidungen unvermeidlich und echte Wahl eine Illusion.

Aussage 7 und 9: Was sollte legal sein?

Die meisten alternativen und komplementären Arzneien sind nicht so ausgiebig getestet wie die konventionellen Arzneien. Warum also glauben Sie, dass alternative Arzneien und Behandlungen nicht so ausgiebig getestet werden müssten, wie die konventionellen? Die Tatsache, dass dafür natürliche Zutaten verwendet werden, ist an sich kein guter Grund, denn schließlich gibt es zahllose natürliche Gifte. Selbst wenn man sagt, dass sich aufgrund ihrer langen Geschichte gezeigt hat, dass sie sicher sind, ist das nicht dasselbe, wie zu zeigen, dass sie effektiv sind. Dies ist keine Kritik an alternativen Therapien, sondern das Setzen von Fragezeichen hinter die Normen, die zu deren Beurteilung gebraucht werden, im Vergleich mit denen der regulären Arzneien.

Moralische Entscheidungen

Von Zeit zu Zeit begegnen wir alle kleinen Dilemmas. Wir werden konfrontiert mit Entscheidungen, bei denen wir, wie wir auch handeln, entweder etwas tun, das falsch scheint, um etwas Gutes zu erreichen, oder das Gute tun und ein falsches Resultat erzielen. Was ist wichtiger: das Gute zu tun oder ein gutes Resultat zu erreichen? Kann das Ziel die Mittel heiligen, wie sie auch sein mögen, oder müssen wir immer das Gute tun, ungeachtet der Konsequenzen? In echten Situationen sind die Faktoren selten klar, aber viele Philosophen haben Szenarien erdacht, die die Grauzonen außen vor lassen und die Betonung auf sehr schwarz bzw. weiß eingestellte moralische Entscheidungen legen, um die dadurch aufgeworfenen Fragen zu untersuchen. Hier folgen einige klassische Beispiele:

EXPERIMENT 1:
Sie sind Pilot bei der Luftwaffe und der Feind hat ihr Land besetzt. Ihre Mission ist es, die Stadt zu bombardieren, in der der Feind sein Hauptquartier aufgeschlagen hat. Sie sehen die Notwendigkeit, dies zu tun, ungeachtet der Bürger, die bei dem Angriff sterben werden. Wenn Sie sich weigern, wird jemand anderes die Mission ausführen. Außerdem sind Sie besonders qualifiziert, weil Sie das Gebiet gut kennen – Ihre Familie wohnt in der Stadt. Was werden Sie tun? Wiegt die Wichtigkeit des Ziels schwerer als Ihr Widerwille gegen die Mission?

EXPERIMENT 2:
Sie sind der Kapitän eines gesunkenen Schiffes. Dreißig Menschen sind zusammengedrängt in einem Rettungsboot, das für nur zwanzig gebaut ist und wenn Sie nichts unternehmen, wird es sinken. Sie argumentieren, dass besser einige sterben können als alle. Und weil Sie wissen, dass gerudert werden muss, um mit dem Boot sicheres Gebiet zu erreichen, setzen Sie die zehn schwächsten über Bord. Als Sie sicher ankommen, werden Sie wegen Mordes angeklagt. Wie erwarten Sie, wird die Jury Ihr Handeln beurteilen? Wären die moralischen Fragen andere gewesen, wenn Sie die letzten zehn Menschen gar nicht erst ins Boot gelassen hätten?

Betrachten Sie nun die ganze Welt wie diesen Schiffbruch. Die Ursache ist eine weltweite umweltfeindliche Entwicklung, mit parallelem Bevölkerungszuwachs. Laut dem Ökologen Garrett Hardin (1974) stehen die reichen Länder vor derselben grimmigen Entscheidung wie die Ruderbootpassagiere, während sich die globale Nahrungssituation verschlimmert. Sie halten die armen Länder der Weltgemeinschaft, die laut nach ihrem Anteil rufen, auf Abstand. Die Ressourcen für uns selbst behalten – ist das die richtige Handlungsweise, oder die bevorstehenden Flüchtlingswellen zulassen? Oder würden das nur unser Rettungsboot zum Sinken bringen? Was denken Sie?

EXPERIMENT 3:

Jean-Paul Sartre gab einem Studenten, der während des Zweiten Weltkriegs einen Rat einholte, ein Beispiel eines kniffligen Dilemmas. Der Bruder des Mannes war von den Deutschen getötet worden und es war sein glühendster Wunsch am Kriegsgeschehen teilzunehmen, um den Tod seines Bruders zu rächen und zu helfen, Frankreich zu befreien. Doch er wohnte bei seiner kranken Mutter und wusste, dass sie ihn brauchte. Was sollte wichtiger sein: Das große Problem des Krieges, zu dem sein Beitrag vielleicht sehr klein ist, oder die Verantwortung für die Familie, die nur er auf sich nehmen kann? Wie können wir bestimmen, welche der zwei kollidierenden Pflichten er übernehmen sollte? In diesem Fall gibt es gute moralische Gründe für den einzig verbliebenen Sohn zu gehen und es gibt gute moralische Gründe für ihn zu bleiben. Man kann nicht sagen, dass er die Pflicht hat beides zu tun, denn beides zu tun ist unmöglich. Aber die Tatsache, dass er nicht beiden Handlungssträngen folgen kann, bedeutet nicht, dass er keinen zwingend moralischen Grund hätte, beides zu tun. In dieser Art Situation, in der wir das eine oder das andere moralisch Gebotene aufgeben müssen, scheint es vielleicht willkürlich, was wir wählen.

EXPERIMENT 4:

Nehmen wir an, dass es ein schweres Erdbeben gegeben hat und Tausende verletzt wurden. Sie beherrschen alle medizinischen Mittel, aber verschiedene Krankenhäuser sind verwüstet, es steht zu wenig medizinisches Personal zur Verfügung und die Arzneivorräte sind begrenzt. Sie können nicht allen Verwundeten helfen und es ist an Ihnen, Richtlinien aufzustellen, die regeln, wer behandelt wird und wer nicht. Welche dieser Optionen wählen Sie?

1. Sie lehnen jeden, der älter als 70 Jahre ist, ab, da Menschen, die noch länger leben, mehr davon profitieren.
2. Behandelt werden nur die wirklich Schwerverletzten, mit der Begründung, dass die Leichtverletzten ohnehin vielleicht überleben könnten.
3. Behandelt werden nur die Leichtverletzten, da man mehr von ihnen mit den begrenzten medizinischen Mitteln versorgen kann und die wirklich Schwerverletzten ohnehin vielleicht nicht überleben würden.

Das Dilemma der Gefangenen

Die Spieltheorie wird beim Studium von Situationen gebraucht, in denen Individuen Entscheidungen treffen mit dem Ziel, ihren Vorteil zu maximieren und sie kann Licht in Gebiete wie Ökonomie bringen. Entscheidend dabei ist, dass sie uns helfen kann, zu begreifen, was eine rationale Entscheidung ausmacht, wenn die Entscheidungen anderer Spieler das Ergebnis beeinflussen, diese aber nicht akkurat vorherzusagen ist.

Stellen Sie sich eine Situation vor, in der Sie und ein Mitschuldiger ein Verbrechen begangen haben und gefasst wurden. Die Polizei verhört sie getrennt. Man sagt Ihnen, dass, wenn sie nichts aussagen und ihr Partner tut es auch nicht, jeder von Ihnen sechs Monate Haft bekommen wird. Wenn Sie beide der Polizei alles gestehen, gehen sie beide für zwei Jahre ins Gefängnis. Wenn Sie aussagen und ihr Partner schweigt, sind Sie frei und er muss 10 Jahre hinter Gitter. Sagt ihr Partner aus und Sie halten dicht, bekommen Sie die lange Strafe und er kommt frei. In diesem Szenario bedeutet Schweigen, mit Ihrem Partner zu kooperieren, während Sie ihn verraten, wenn Sie die Polizei informieren. Die möglichen Kombinationen der Entscheidungen können in einer Tabelle wiedergegeben werden.

Was tun Sie? Noch wichtiger: was denken Sie tut ihr Partner? Treffen Sie eine Entscheidung, bevor Sie weiterlesen.

Dieses Beispiel ist bekannt als das Dilemma des Gefangenen. Da es Ihr Ziel ist, Ihr Strafmaß zu minimieren, ist Ihre beste Chance dafür ihn zu verraten und einem Zehn-Jahres-Urteil zu entgehen, es sei denn, Sie können sicher sein, dass er nichts aussagt (was Sie nicht sein können). Sie könnten vielleicht freikommen. Der wahrscheinliche Ablauf ist, dass Sie sich gegenseitig verraten und beide die zehn Jahre absitzen müssen. Aber was geschieht, wenn Ihr Standpunkt nicht völlig egoistisch ist und Sie beide Ihr gemeinsames Strafmaß versuchen zu begrenzen? In dem Fall ist die logische Entscheidung, dass Sie beide kooperieren. Keiner von Ihnen wird frei sein, aber Ihr gemeinsames Strafmaß ist nur ca. ein Jahr, verglichen mit durchschnittlich acht Jahren, wenn einer von Ihnen Verrat begeht. Das Dilemma ist, dass Sie dadurch, dass Sie zusammenarbeiten, beide besser dran sind, aber

Entscheidungen	Er kooperiert	Er verrät
Sie kooperieren	Sie bekommen beide sechs Monate	Sie bekommen zehn Jahre, er kommt frei
Sie verraten	Er bekommt zehn Jahre, Sie kommen frei	Sie beide bekommen zwei Jahre

der rationale Handlungsverlauf für jeden von Ihnen ist der Verrat. Im „iterierten Dilemma des Gefangenen“ wird das Spiel immer wieder gespielt, wobei die Spieler sich gegenseitig für einen Verrat betrafen können – Kooperation kann sich dann als beste Strategie herausstellen.

Die Tragik der Allmende

Das Dilemma des Gefangenen ähnelt auffällig der Tragik der Allmende, einem Szenario, in dem individuelle Rationalität gegen erzwungene Kooperation ausgespielt wird, wobei behauptet wird, dass nur das Letztere den kollektiven Ruin verhindern kann. Potenziell droht uns diese Tragik jedes Mal, wenn es einen öffentlichen Zugang zu endlichem Gemeingut gibt, so wie: ein See, der von Privathäusern umringt ist; frei zugängliche Nationalparks oder Fischgründe in internationalen Gewässern; sogar die Luft, die wir alle einatmen.

In diesen Situationen haben „Spieler“ ein Motiv, um zusammenzuarbeiten, aber nur, wenn auch andere dies tun. Der Viehzüchter mit Zugang zu gemeinschaftlichem Weidegrund hat rationale Gründe, ein weiteres Tier dort unterzubringen. Dies gilt für jeden Viehzüchter mit Zugang zum gemeinschaftlichen Weidegrund und für jede zusätzliche Kuh. Von dieser Logik ausgehend, ist Überweidung und Vernichtung des gemeinschaftlichen Weidegrunds das unumgängliche Resultat.

Solange Gemeingut für alle zugänglich bleibt, wird die Neigung der rational handelnden Personen, ihren individuellen Vorteil zu maximieren, die Ressource überfordern und für alle zunichte machen. Jede erzwungene Kooperation kann das Resultat optimieren. Das Problem ist, wie.

PROBLEM:

Stellen Sie sich eine Anzahl Menschen vor, die um einen See herum wohnen, sie alle versorgen sich daraus mit Trinkwasser und Fischen und sie entsorgen ihren Abfall darin. Solange die Zahl der Anwohner gering ist, kann der See sie versorgen. Wenn die Gemeinschaft weiter wächst, wird der See letztendlich verschmutzen, die Fischpopulation abnehmen und das Wasser ungenießbar sein. Jedes Individuum muss weniger konsumieren, aber das funktioniert nur, wenn die anderen das Gleiche tun.

LÖSUNG:

Man könnte den See verteilen und in Privateigentum umwandeln. Jede Person besitzt dann einen spezifischen Teil der Ressource und theoretisch ein Motiv, es instand zu halten. Aber in einem Fall wie diesem – oder dem der Atmosphäre oder des Ozeans – in dem das Verhalten eines Jeden alle beeinflusst, funktioniert es nicht.

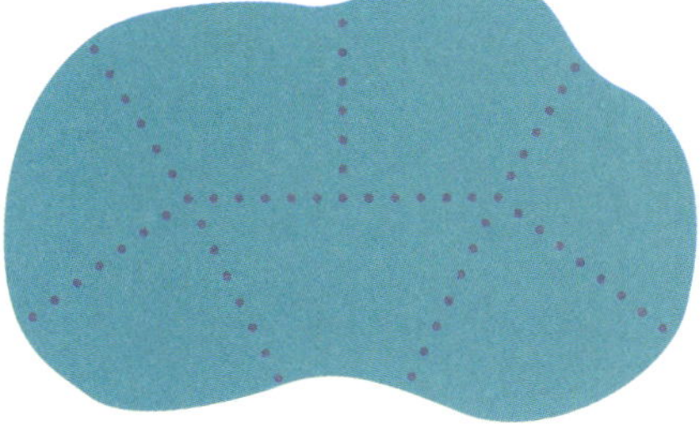

Die Goldene Regel:

Als Grundlage für einen moralischen Kodex hat diese Goldene Regel eine beeindruckende Vorgeschichte und kommt in verschiedenen Formen im Hinduismus, Buddhismus, Konfuzianismus, Judentum, Christentum, Islam, Sikhismus und vielen anderen Quellen vor. Sie fordert Konsequenz, Erbarmen und Empathie in unseren sozialen Beziehungen. Es ist ein positives Gebot, in der Welt Gutes zu tun und in ihrer negativen Form verbietet die Regel, andere zu schädigen. Aber genügt die Goldene Regel und was sind ihre Einschränkungen?

Liebe deinen Nächsten

In dem alttestamentarischen Gebot ist das Wort „Nächster“ nahe an der Bedeutung „Blutsverwandte“ und impliziert, dass die Regel nicht auf unser Verhalten gegenüber denen, die anders sind, zutrifft; aber im Neuen Testament ist deutlich, dass wir allen Menschen als Gleichen begegnen müssen. Dieses egalitäre Edikt ignoriert notwendigerweise Fragen sozialer Beziehungen und Status, die Teil des täglichen Lebens sind, wobei es manchmal unangebracht ist, andere so zu behandeln, wie man selbst gern behandelt werden würde.

Persönliche Entscheidung

Merkwürdigerweise legt die Goldene Regel, trotz ihres Anspruchs auf universelle Gültigkeit, die Entscheidung darüber, was moralisch ist, in die Hände des Individuums, da sie uns auffordert, nach unseren persönlichen Normen zu handeln und nicht nach einem universellen Prinzip. Während Kants Konzept des kategorischen Imperativs das Lügen zu allen Zeiten und unter allen Umständen für moralisch falsch erklärt, kann die Goldene Regel uns ermuntern, anderen etwas zu sagen, von dem wir denken, dass sie es gerne hören möchten.

Was, wenn sie es nicht mögen?

Um ein extremes Beispiel zu nennen: Wäre es moralisch richtig für jemanden, der sterben möchte, andere zu töten? Oder wäre es für einen Masochisten gerechtfertigt, anderen physisches Leid zuzufügen? Ein Nachtrag, manchmal als Silberne Regel bezeichnet, erweitert die Goldene Regel wie folgt: „Behandle andere so, wie du behandelt werden wollen würdest, wenn du in ihrer Position wärest.“ Dies setzt voraus, dass wir die Welt aus dem Blickpunkt eines anderen sehen, mit Rücksicht auf seine oder ihre persönlichen Vorlieben und ihren

„Was du nicht willst, dass man dir tu, das füg auch keinem andern zu.“

kulturellen sowie religiösen Hintergrund, und dass wir das tun, was für sie oder ihn richtig ist. Diese Form kulturellen Relativismus' wirft ihre eigenen Fragen auf (S. 56).

Warum gerecht handeln?

In seiner *Republik* lässt Platon seinen Charakter Glaukon manifestieren, dass nicht das Gerechtsein die natürliche Handlungsweise für ein Individuum ist, sondern das Unrechtbegehen, wie z. B. Stehlen, weil dies den größten Profit liefert. Glaukon schlägt vor, dass wir alle nur gerecht handeln, weil wir befürchten, dass uns sonst von anderen unrecht getan wird – eine ziemlich gegensätzliche Formulierung der Goldenen Regel.

Der Ring des Gyges

Zur Untermauerung seiner Aussage erzählt Glaukon die Geschichte des Gyges, eines Schäfers im Dienste des Königs von Lydien, der einen Ring findet, der dessen Träger unsichtbar macht. Prompt benutzt Gyges die Kraft des Ringes, um in den Palast zu gehen, die Königin zu verführen, den König zu töten und sich den Thron anzueignen. Platons Sprecher legt nahe, dass wenn ein rechter und eine unrechter Mann jeder so einen Ring besitzen würde, sie ihn beide benutzen würden, um Unrecht zu begehen und jeder, der anders handeln würde, ein Narr wäre.

GEDANKEN-EXPERIMENT

Man sagt, dass jemandes moralische Werte an dem zu messen sind, was er oder sie tun würde, ohne dass es jemand anderes jemals erführe. Nehmen wir an, Sie finden Los und entdecken, dass es ein Vermögen wert ist. Niemand wird je erfahren, dass das Los nicht Ihnen gehört. Wie handeln Sie?

Option 1. Es ist falsch zu stehlen. Sie rufen die Lotterieleitung an, um die Situation zu erklären und tun, was Sie können, um den rechtmäßigen Besitzer zu finden.

Option 2. Es hängt davon ab, was Sie mit dem Geld tun. Sie nehmen das Geld an und spenden es für gute Zwecke.

Option 3. Was man findet, darf man behalten. Sie nehmen das Geld an und führen ein luxuriöses Leben.

Wenn Sie Option 1 wählen, sind Sie einer Meinung mit Kant (S. 66-67). Wählen Sie Option 2, haben Sie einen eher utilitaristischen Blick auf Recht und Unrecht (S. 68-69).

Option 3 ist das Verhalten, dass Platons Glaukon vorhersagen würde (s. oben).

Moralischer Relativismus

Ethik handelt vom Guten und Bösen. Aber es entsteht ein Problem, denn Menschen unterscheiden sich gründlich – manchmal diametral – in dem, was sie für richtig und falsch halten. Individuen zeigen Unterschiede und auch ganze Kulturen und Gesellschaften unterscheiden sich. Die Frage lautet: Wessen richtig ist richtig? Oder ist jede Auffassung von dem, was gut ist, gleich gut?

Dies ist das Problem des moralischen Relativismus. Es scheint arrogant, sogar autoritär, ein Wertemodell über alle anderen zu erheben. Aber wenn jeder genauso recht hat, ist es völlig unerheblich, was Sie fühlen, denken oder tun. Wie absurd oder bizarr Ihre Auffassung oder kulturellen Gewohnheiten auch sind, wenn diese genauso legitim ist wie die eines anderen, können Sie nichts Falsches tun. Die Relativität der Werte scheint uns in ein Dilemma zu zwingen: Diktatur oder Anarchie; Absolutismus oder Nihilismus. Keine angenehme Wahl. Aber können Sie eine Zwischenposition definieren? Versuchen Sie es, bevor Sie weiterlesen.

Relativität versus Subjektivität

Verschiedene Menschen bzw. Völker haben verschiedene Werte: dies ist die (kulturelle) Relativität der Werte. Aus dieser Tatsache folgt keine normative Aussage. Es folgt z. B. nicht, dass jedes Wertemodell ebenso wahr oder gültig ist. Menschen haben das Recht auf ihre Auffassungen über Werte, aber das macht sie noch nicht wahr, ebensowenig wie das Recht auf die eigene Meinung Ihre Meinung wahr macht. Obwohl einige Werte relativ sind, gibt es doch andere, die weitverbreitet sind.

Die Subjektivität der Werte besteht aus Werten, die entstanden sind aus Erfahrungen von Individuen. Ein Wert zu sein, bedeutet nur, ein Wert zu sein für ein Subjekt; tatsächlich bedeutet ein Wert zu sein, geschätzt zu werden. Es gibt keine Werte ohne Schätzer.

Wichtig ist, dass die Subjektivität der Werte nicht bedeutet, dass Werte willkürlich sind. Trotz Subjektivität haben Menschen Gründe für die Werte, die sie fühlen. Und trotz Relativität können Menschen miteinander in einen Dialog über Werte treten und sich über gemeinsame Gründe verständigen. Menschen verbinden ihre Identität nicht mit willkürlichen Werten, sondern mit Dingen, die allgemein als wichtig anerkannt werden. Oft ist es möglich, dass wir den, mit dem wir uneins sind, zu verstehen, aber das verlangt Anstrengung und Einsatz.

SIE ODER ICH?

Der Kleine sagt zum Großen: „Wenn ich Sie wäre, wäre ich groß." Der Große antwortet: „Nein, wenn Sie ich wären, wäre ich klein."

Wie können Sie? Wie würden Sie sich fühlen, wenn Ihnen das jemand antäte? Wenn Sie sich unrechtmäßig behandelt fühlten, warum sollten sie es nicht auch? Wenn Sie das Recht hätten zu protestieren, hätten sie es auch!

So tadeln wir andere und werden wir selbst getadelt, wenn wir uns egoistisch oder unachtsam verhalten und dadurch anderen schaden. Das Prinzip der Gleichheit wird unterstützt durch eine indirekte Berufung auf persönliche Erfahrung.

Diese Selbstreflexion kann erstmal schmerzhaft und unerwünscht sein, aber manchmal überzeugt uns der Sprung in unsere Einbildung und wir machen es wieder gut und ändern unser Verhalten. Das Prinzip der Gleichheit wird unterstützt durch eine indirekte Berufung auf persönliche Erfahrung.

Was diese Selbstreflexion auch Gutes in der Welt tut, man kann sich fragen, ob es die Sache nicht umkehrt. Vielleicht wäre es besser für uns, uns vorzustellen – nicht als uns selbst in der Position eines anderen –, wie es für andere ist, zu sein, wie sie sind. Anstatt uns selbst in ihrer Position vorzustellen, sollten wir uns vielleicht ihre Position so vorstellen, wie sie sie sehen (wenn wir das können). Es ist nicht genug, die Welt durch ihre Augen zu sehen, wir müssen ihre Welt sehen. Wir können einige Kilometer mit jemandem wandern oder wir können das in ihren oder seinen Schuhen tun. Das Letztere ist wahrscheinlich die schmerzhafteste Option, aber auch förderlicher für beiderseitiges Verständnis und Konfliktlösung.

Unsere persönlichen Gefühle sind eine potenzielle Quelle für Vorurteile. Menschen fühlen sich vielleicht nicht so wie wir. Sollten unser eigenes Selbst und unsere Gefühle die moralische Norm bestimmen, oder sollten wir das Selbst fallen und den anderen nach seinen Bedingungen aufstehen lassen?

Euthyphron

In Platons Dialog *Euthyphron* fragt Sokrates einen Mann nach dessen Standpunkten zu Frommheit und Rechtschaffenheit. Euthyphron muss ein Kenner sein, erkennt Sokrates an, da er eine Klage wegen Gottlosigkeit gegen seinen eigenen Vater eingereicht hat. Sokrates verlangt von ihm eine Definition (*Logos*), gibt sich aber nicht mit seiner Erklärung zufrieden. Also definiert Euthyphron das Gute als das, was die Götter lieben. Sokrates: „Ist das Gute gut, weil die Götter es lieben, oder lieben die Götter es, weil es gut ist?" Anders ausgedrückt, ist das, was richtig ist, eine willkürliche Laune der Götter? Oder ist göttliche Macht durch Vernunft gesichert nicht nur reine Macht?

Eine vergleichbare Frage gilt für unsere demokratische Zeit. Ist staatliches Handeln richtig, weil Menschen es fordern (so wie beim „ alles ist erlaubt"-Relativismus)? Oder fordern Menschen dies, weil es richtig ist (z. B. wegen prinzipiellen Anstands)?

Vier metaethische Perspektiven

Zurück zur Basis

Ethische Philosophen unterscheiden sich in vielen Aspekten. Sie können sich widersprechen in bestimmten Fällen oder in prinzipiellen Dingen. Wenn Philosophen in bestimmten Fällen aufeinanderprallen, ist es oft tatsächlich das eine oder andere Prinzip, das für sie auf dem Spiel steht.Bis jetzt haben wir in diesem Kapitel umstrittene Situationen untersucht und Prinzipien angepriesen.

Aber es geschieht manchmal auch, dass wir uns über das moralische Auftreten in einem spezifischen Fall einig sind, aber uneinig über die Gründe dafür. Was etwas für Sie richtig macht, ist nicht, was es für mich richtig macht, auch, wenn wir uns einig sind, dass es richtig ist. Es gibt einen allgemeinen und öffentlichen Konsens darüber, dass Diebstahl, Lügen, Betrügen usw. falsch sind. Aber verschiedenen Menschen scheinen sie falsch aus verschiedenen Gründen; sie sind unpraktisch; das Risiko einer Strafe ist hoch; es sind Sünden; sie würden nicht wollen, dass sie ihnen zustoßen; sie sind unvereinbar mit anderen Zielen, die wir darüber stellen; manche sind per Gesetz verboten; oder wir meinen, dass sie unserer Seele Abbruch tun und sie unter unserer Würde sind.

Vier Grundlagen: Tugend, Recht, Nutzen, Fürsorge

Auf den folgenden Seiten werden Sie vier solcher Philosophien, vier kontrastierende Stile ethischer Argumentation, vier verschiedene Rahmen, die gebraucht werden, um moralisch aus der Welt klug zu werden, untersuchen können. Jede kennzeichnet sich durch ein bestimmtes moralisches Konzept als ihr grundlegender Eckstein: Tugend, Recht, Nutzen und Fürsorge. In diesen Konzepten ist keine logische Inkonsequenz. Die mit den Konzepten verbundenen Weltanschauungen, stehen zweifelsohne in Konflikt, nicht Fälle und Prinzipien betreffend, sondern Prioritäten und Vorstellungen.

Die vier zu besprechenden metaphysischen Philosophien sind quicklebendig und sie sind durch kulturelle Vererbung in den meisten von uns in bestimmter Weise wirksam. Sie müssen allerdings auch (sehr global) im historischen Kontext gesehen werden. Viele der großen klassischen Philosophien sind durch Theorien, die auf Tugend basieren, charakterisiert. Auf Recht gegründetes Denken, obwohl es seinen Ursprung nicht in moderner Zeit hat, ist weitgehend charakteristisch für den frühen Aufschwung liberaler Demokratien und des Nachdenkens über individuelle Rechte. Die letzten zwei Jahrhunderte bekam der Utilitarismus seine moderne Form und herrschte

in politischen Kreisen und persönlichem Gewissen.

Auf Fürsorge basierende Ethik hat ohne Zweifel schon solange bestanden wie die Fürsorge selbst; ihr Equivalent ist in Worten Jesu und Buddhas zu finden. In letzter Zeit wird sie aber oft in feministischer Kritik der durch Männer dominierten und in diesem Sinne unausgewogenen ethischen Theorie geäußert. Hier wird ethische Theorie so gut es geht von politischen Fragen getrennt. Sogar historische Unterschiede werden überspielt und andere philosophische Meinungsunterschiede werden ausgelassen. Es geht einfach darum, Sie etwas aus jedem ursprünglichen Konzept prüfen zu lassen, sodass Sie einen Einblick in jeden der metaethischen Standpunkte bekommen und sie so, wie sie im Alltag vorkommen, erkennen.

Metaethik als Weltanschauung

Eines dieser vier Konzepte als grundlegend zu betrachten, bedeutet, es in eine bestimmte Weltanschauung zu integrieren. Wenn wir wollen, dass die Welt, in der wir leben, eine moralische ist, muss sie als solche interpretiert werden. Wir tun dies ständig, aber ohne philosophisches Bewusstsein unserer eigenen Vermutungen. Das Kennen unserer metaethischen Optionen kann zu einem besseren Selbstverständnis führen, wenn wir lernen, was für uns wichtig ist und wie wir dies in adäquaten Termen ausdrücken können. Lesen Sie die vier Abschnitte und denken Sie über kritische Fragen zu jeden Konzept nach, bevor Sie die Übung für ein Tischgespräch (S. 76-77) durchführen, um zu prüfen, ob Sie die vier konkurrierenden Standpunkte und kontrastierenden Weltanschauungen erkennen.

Da wir stets mehr gezwungen werden Rechenschaft abzulegen über unsere moralischen Beziehungen zur Erde, wurden die vier unterschiedlichen Konzepte erweitert, vom Kreis des menschlichen Anliegens zur Erde und ihrem lebenserhaltenden Ökosystem.

Tugend: Eine Ethik des Charakters „Tugend" means excellence.
Vision: florierendes Glück (Eudaimonie).
Belange: Charakter (Ethos) und Schicksal.

Recht: Eine Ethik der Personen „Recht" bedeutet von Prinzipien geleitet, gesetzlich, unantastbar.
Vision: Gerechtigkeit, Fairness, Autonomie, Freiheit.
Belange: Pflicht, Würde, Universalität, Wahl.

Nutzen: „Nutzen" bedeutet Freude oder Befriedigung.
Vision: Größtes Gut für größte Anzahl.
Belange: Konsequenzen, Wohlfahrt, Gleichheit.

Fürsorge: Eine Ethik der Verschiedenheit „Fürsorge" bedeutet Mitgefühl.
Vision: ungezwungene Beziehungen, Frieden.
Belange: Inklusivität, Diversität.

Merke: Visionen sind politische Ziele; aber Belange sind **nicht** exklusiv.

Übung 3

Das Straßenbahnproblem

DIE AUFGABE:

Sie stehen an den Schienen und sehen, wie eine Straßenbahn angerast kommt. Zu Ihrem Entsetzen sehen Sie, dass die Bahn, wenn sie so weiter rast, fünf Menschen auf den Gleisen überfahren wird. Sie sehen auch eine Abzweigung der Gleise zwischen der Bahn und den Menschen. Sie können die Bahn umleiten, indem Sie eine Weiche stellen. Tun Sie dies, wären die fünf Menschen gerettet, allerdings steht auf dem anderen Gleis auch jemand, der in dem Fall sicher umkommen wird. Was tun Sie?

DIE METHODE:

Philosophen haben solche ethischen Dilemmas genutzt, um ihre Intuition zu prüfen und eine verbesserte Theorie zu entwickeln. Dies ist Ihre Chance es zu versuchen. Beginnen Sie mit ihrer instinktiven Reaktion auf diesen Fall. Wenn Sie so sind, wie die meisten Menschen, würden Sie sagen, dass es in dieser schlechten Situation das Beste ist, die Weiche zu stellen, die Bahn umzuleiten, die eine Person sterben zu lassen, aber die fünf zu retten. (Wenn Sie anders sind als die meisten anderen Menschen, wird die Methode auch für Sie funktionieren.) Ihr erster Eindruck (wie der auch sein möge) von dem, was zu tun ist, hat die Position einer Intuition im Bezug auf eine bestimmte Situation. Damit diese Intuition ethisch korrekt ist, muss es ein allgemeines ethisches Prinzip geben, das sie rechtfertigen könnte. Ihr Ziel ist ein solches Prinzip, das Ihre intuitive Folgerung logisch und ethisch rechtfertigt, zu formulieren und daran anschließend Ihr Prinzip an anderen Fällen zu überprüfen.

Sie könnten auf diese Frage nach allgemeinen ethischen Argumenten zur Unterstützung Ihrer Intuition z. B. sehr gut erwidern, dass eine Person zu töten und fünf leben zu lassen eine deutlich bessere Konsequenz ist, als fünf sterben zu lassen und einen zu retten. Das Prinzip dahinter weist deutlich auf die Konsequenzen unseres Handelns hin: Wir müssen immer so handeln, dass wir die günstigen Konsequenzen unserer Aktionen maximieren und die schädlichen minimieren. Dies ist eine Version des „größten Glücks der größten Zahl".

Wenn Sie zu der Minderheit gehören,

könnten Sie vielleicht ein rechtfertigendes Prinzip anführen und zwar, dass es immer falsch ist, einen Unschuldigen seines Lebens zu berauben, auch wenn Sie, um dieses zu verhindern, schlimmere Dinge geschehen lassen müssen. Diese Argumentation und die vorangegangene können nicht beide tugendhaft sein; sie sind hier nur zur Illustration der Methode gemeint, die Sie auf Ihre eigene Intuition anwenden sollen. Sie haben vielleicht schon ganz andere Argumente, als die hier angeführten, um Ihrer ersten intuitiven Folgerung Nachdruck zu verleihen. Beachten Sie, dass in beiden Fällen die ethische Rechtfertigung der Handlung die Form eines allgemeinen Prinzips hat. In der Regel empfiehlt sich eine bestimmte Handlung in einem gegebenen Szenario als die korrekte, basierend auf ethischen Standards, die generell gültig sind. Formulieren Sie die ethische Norm ihres gewählten Handelns, bevor Sie weiter machen.

DIE LÖSUNG:

Lassen Sie uns kontrollieren, ob Ihr allgemeiner Ausgangspunkt immer gültig ist, um Ihre intuitive Antwort zu prüfen. Stellen Sie sich eine Situation vor, die dem gerade beschriebenen Straßenbahnproblem ähnelt, nur dass die Weiche dieses Mal anders funktioniert. Anders ist auch, dass Sie nicht länger neben den Gleisen stehen, sondern auf einer Fußgängerbrücke darüber. Sie sehen die Bahn auf fünf Unschuldige zurasen. Die einzige Möglichkeit, mit der Sie alle fünf vor einem schrecklichen Schicksal bewahren können, ist die Bahn zu stoppen; aber das einzige Objekt in ihrer Nähe, dass groß genug ist die Bahn zu blockieren, ist ein unschuldiger, beleibter Herr, der neben Ihnen auf einer Falltür steht. In diesem Fall wird, wenn Sie den Hebel betätigen, die Falltür aufgehen und der mollige Zuschauer wird auf die Gleise vor der Bahn fallen. Er wird sicher umkommen, aber die fünf auf den Gleisen werden verschont. Die Folgen in Termen der Anzahl Toter (oder größtes Glück) sind genau die gleichen, wie im letzten Fall. Wenn es also im vorangegangenen Fall ihre Pflicht ist den Hebel umzulegen (eine Person umkommen zu lassen und fünf zu retten), müssten Sie im jetzigen Fall dem dicken Herrn dasselbe antun. Wenn Sie so wie die meisten Menschen sind, haben sie im zweiten Fall Einwände, obwohl dies fünf unschuldige Leben retten würde, aber nichts dagegen, die Weiche im ersten Fall umzustellen. Ihre Herausforderung besteht nun darin, Ihr Urteil oder Ihr ethisches Prinzip anzupassen, um ethische Beständigkeit herzustellen. Oder, sollte Ihnen das nicht gelingen, in beiden Fällen jedwede ethisch relevante Differenz festzustellen, welche es in einem Falle richtig und in dem anderen falsch macht, eine Person sterben zu lassen, um fünf zu retten.

Prüfen Sie ihre ethischen Prinzipien weiter, indem Sie über einen weiteren Fall nachdenken. Nehmen wir an, dass Sie ein Transplantationschirurg mit fünf sterbenden Patienten sind, jeder mit einem anderen versagenden Organ. Dazu eine gesunde Person, deren Nieren, wie Sie feststellen, vollkommen geeignet sind für einen Ihrer Patienten, während seine Leber perfekt ist für den zweiten und sein Herz das Leben Ihres dritten Patienten retten könnte usw. Sie erkennen, dass, was die Konsequenzen betrifft, die optimale Handlungsweise Leiden zu beschränken und gesundes Leben zu maximieren, ein schmerzloser Tod des Fremden und die gerechte Verteilung seiner lebensrettenden Organe ist. Der Minderheitsstandpunkt scheint in diesen beiden letzten Szenarien besser zu funktionieren.

Tugend: Eine Ethik des Charakters

Repräsentative Philosophen:
Konfuzius, Sokrates, Platon, Aristoteles

Beispiele von Tugenden:
Integrität, Edelmut, Umsichtigkeit (eine Form der Rationalität, manchmal auch praktische Weisheit genannt), Treue, Freundschaft, Frömmigkeit, Rücksicht. *Die vier Kardinaltugenden*: Mäßigkeit, Mut, Weisheit, Gerechtigkeit

Beispiele von Grundsätzen:
Kenne dich selbst! Überfluss schadet. Prinzip vor Privileg. Das nicht untersuchte Leben ist es nicht wert zu leben.

Vortrefflichkeit ist ein Synonym für Tugend. Auf Tugend basierende Ethik beschäftigt sich mit Vortrefflichkeit, mit hervorragendem Funktionieren und großartigen Leistungen. Sie beschäftigt sich mit der Entfaltung unseres ganzen Potenzials. Sie will Dinge nicht einfach erledigen, sondern nach dem Besten streben – oder dem noch Besseren.

Das Endziel der auf Tugend basierten Ethik ist die Vision alles zu sein, was wir sein können. Weil sie ein Ziel hat, wird auf Tugend basierte Ethik teleologisch genannt. (Das griechische Wort *telos* bedeutet „Ende“ oder „Ziel“.) Innerhalb des Rahmens von Tugend ist ethische Argumentation auf die Verwirklichung anerkannter Ziele gerichtet und versucht zu garantieren, dass alles, was wir hier tun, unserem Ziel entspricht. Tugend muss von Ehre unterschieden werden, welche andere uns erweisen müssen. Ehre ist eine Frage der Reputation, während Tugend von Ihrer Erfolgsgeschichte, Ihren Leistungen, Ihren guten und schlechten Taten abhängt.

Tugend ist keine Pflicht. Im Gegenteil, sie steht über Pflichten und reicht darüber hinaus. Tugenden sind nicht strikt notwendig, sondern seltene und außergewöhnliche Leistungen, einer Nachahmung wert und es ist eine Herausforderung sie zu übertreffen. Es sind keine bedingungslosen Verpflichtungen, sondern beseelende Ideen, die uns weiterführen und stets besser machen. Unser Ziel, die Verwirklichung des Besten im menschlichen Potenzial, ist bekannt als Florieren und Eudämonismus. Letzteres stammt von dem griechischen Wort *eudaimonia*, das oft übersetzt wird mit „Glück“, das aber buchstäblich „aufgeweckt“ oder „glücklich“ bedeutet. Solch Wohlbefinden wird nicht nur als Freude empfunden, wie intensiv dieses auch sein mag

FRAGEN ZUR TUGEND

Bin ich so, wie ich sein will?
Ist dies das Beste, was wir sein (oder tun) können?
Wird diese Politik die Art von Gemeinschaft fördern, in der wir leben möchten?
Was sind die besten Ziele für uns?

und ob es nun flüchtig oder langanhaltend ist. Es wird eher erlebt als individuelle und kollektive Verwirklichung, als ein erfülltes und komplettes Leben, als außerordentliche Größe, als nichts weniger als eine gesegnete Existenz. Die Belohnung der Helden der Tugend ist der unvergessliche Ruhm auf den Elysischen Feldern oder ein Jenseits zwischen den Sternen.

Dies suggeriert nicht, dass alle Tugenden ethisch in ihrer Art sind. Vortrefflichkeit kann auf einer Anzahl von Gebieten Anwendung finden. Man kann von militärischen, athletischen, musikalischen, bürgerlichen oder spirituellen Leistungen sprechen. Es gibt pragmatische Tugenden, sogar bürokratische, aber auch erkenntnistheoretische und wissenschaftliche. Die allgemeine Idee des superlativen Funktionierens ist allerdings am signifikantesten in ihrer Anwendung auf dem Gebiet der Ethik und so drückt eine allgemeine Weltanschauung ihren Stempel auf das ethische Argumentieren. Anders ausgedrückt, es wird von einer Vorstellung des guten Lebens ausgegangen und anschließend über ethisches Denken ausgebreitet.

Ethische Tugenden sind die Eigenschaften oder Züge eines guten Charakters. Auf Tugend basierende Ethik ist in hohem Maße eine Ethik des Charakters, gerichtet auf ein ausgezeichnetes persönliches Handeln und zwischenmenschliche Beziehungen. Ein guter Charakter besteht aus den Persönlichkeitsmerkmalen, die dem individuellen und kollektiven Gedeihen am förderlichsten sind. Als ethische Eigenschaften manifestieren sich Tugenden wie das Wissen, Gewohnheiten oder Handlungen, die jemandes moralische Qualitäten, beurteilt vom Standpunkt einer vorgefassten Idee des guten Lebens aus, bestimmen.

Theorien über Tugenden unterscheiden sich. Sokrates setzte die Tugenden und Wissen von Beginn gleich – Selbsterkenntnis. Das nicht untersuchte Leben war ein Leben ohne Tugenden, somit ein Leben ohne Wert. Solch ein sokratischer Intellektualismus spiegelt sich in Platons Definition von Mut als dem Wissen, was man fürchten muss.

Aristoteles dagegen fasste Tugend als Gewohnheit auf, d. h. als erlernte Neigung zu oder Veranlagung für richtige Gefühle oder Taten. Eine Gewohnheit ist ein Zustand des Charakters, nicht des Wissens. Konfuzius identifizierte wechselseitige Tugenden, die förderlich für fundamentale soziale Beziehungen sind. Sie spiegeln jede auf ihre eigene Weise die primäre konfuzianische Tugend Menschenliebe wider, aber dienen gemeinsam der menschlichen Harmonie.

FRAGEN ZU KRITISCHEM DENKEN

Nennen Sie einige Beispiele für (a) athletische, (b) erkenntnistheoretische, (c) bürokratische, (d) musikalische und (e) wissenschaftliche Tugend.

ANTWORTEN

(a) Sportlichkeit, ehrliches Spiel, Zusammenarbeit.
(b) Klugheit, Scharfsinnigkeit, Rationalität, Vernunft, Tiefsinnigkeit, Gleichgewicht, Unparteilichkeit.
(c) Zweckmäßigkeit, politische Neutralität, Treue, Verantwortung, Deutlichkeit, Takt.
(d) Rhythmus, Gefühl für Tonhöhe, Timing, Soul
(e) Wahrnehmung, Strenge, vorsichtiges Schlussfolgern, Respekt vor Fakten, vorsichtig sein mit Vermutungen.

Profil

Die Ethik des Aristoteles

Für Aristoteles ist Ethik keine Wissenschaft, die betrieben wird, um Wissen um seiner selbst Willen zu erwerben, sondern um Kenntnis zu erwerben, um das Handeln zu steuern. Bei jedem Handeln und Untersuchen betrachten wir etwas Gutes. Einige Dinge wollen wir, um etwas anderes zu bekommen; andere Dinge wünschen wir uns um des Wunsches willen. Obwohl wir Genuss, Gesundheit um ihrer selbst willen wünschen, sind sie sich selbst nicht genug: wir wollen sie auch, um glücklich zu sein. Glück genügt sich selbst. All das andere wird getan oder gewünscht, um des Glückes willen, nur Glück selbst wird des Glückes wegen gewünscht. So ist die Ethik des Aristoteles teleologisch, gerichtet auf Verwirklichung der Ziele des menschlichen Lebens. Telos ist Gedeihen (Eudaimonie).

Wie leben

Die Frage, was die beste Art ist, sich im Leben zu verhalten, wird nun eine Frage der Bestimmung, welche Verhaltensweise wirkliches menschliches Glück fördert. Die Schlussfolgerung des Aristoteles ist, dass man, wenn man glücklich sein möchte, ein Leben in Tugend führen muss, nicht als Mittel zum Zweck, sondern als Verwirklichung des Ziels. Gedeihen erfordert menschliche Vortrefflichkeit, die vollständige Entfaltung fundamentalen menschlichen Vermögens (so wie Freundschaft, Abwägung, Zusammenarbeit, bürgerliches Leben und Kenntnis). Menschen sind soziale Tiere und unsere Entwicklung ist also auch sozial. Bürgerliche oder soziale Tugenden können nur entwickelt werden in Zusammenarbeit mit anderen, in einer Gemeinschaft mittels Unterricht.

Tugend ist Gewohnheit

Für Aristoteles ist Glück also Aktivität der Seele in Übereinstimmung mit Tugend. Menschliches Glück ist ein Leben im Einklang mit Tugend. Aber was ist Tugend? Ist es Wissen, ein Gefühl, eine Wahl oder eine Gewohnheit? Für Aristoteles ist Tugend eine feste Gewohnheit, ein Charakterzug, ein Zustand oder eine Neigung der Seele. Ethische Tugenden sind Eigenschaften eines guten Charakters. Sie beinhalten eine Wahlmöglichkeit, aber Aristoteles behauptete nicht eine Methode zu bieten, um immer eine richtig Entscheidung zu fällen. Die Tugenden betreffen auch unsere Gefühle, da Handeln so oft aus Verlangen und Leidenschaft entsteht.

Die Tugend erwirbt man nicht aus Glück, sondern durch Anstrengungen. Unglück kann es wieder nehmen, aber Tugend ist kein Vermögen, mit dem wir geboren werden. Vielmehr müssen wir sie durch Übung und die richtige Erziehung entwickeln. Unterricht ist essenziell, vor allem wenn es tugendhafte Menschen gibt, denen man folgen kann. Ein guter Charakter entsteht nicht durch eine gute Handlung, sondern durch stetige Verfeinerung im Laufe des Lebens.

TABELLE ARISTOTELISCHER TUGENDEN

Jede Reihe gibt eine zugrundeliegende Leidenschaft (in Klammern) wieder und gleichzeitig zwei Charakterfehler (Untugenden) als Folge eines Mangels oder Übermaßes. Die Tugend liegt in der Mitte und stellt das richtige oder funktionale Maß der Leidenschaft dar, die zu wohl überlegtem, den Umständen entsprechendem Handeln führt.

UNTUGEND DURCH MANGEL	TUGEND (dahinterliegende Leidenschaft)	UNTUGEND DURCH ÜBERMAß
Feigheit	Mut (Selbstvertrauen)	Unbesonnenheit (Übermut)
Gefühllosigkeit	Mäßigung (Verlangen nach körperlichem Genuss)	Völlerei
Verzagtheit	Großzügigkeit (Verlangen nach Genuss)	Eitelkeit
Schamlosigkeit	Bescheidenheit (Scham)	Verlegenheit
Selbstironie	Ehrlichkeit (Selbstpräsentation)	Überheblichkeit
Verdrießlichkeit	Freundlichkeit (Verlangen andere zu erfreuen)	Unterwürfigkeit
Flegelhaftigkeit	Witzigkeit (Verlangen andere zu unterhalten)	Clownerei
Gehässigkeit	rechtschaffende Entrüstung (Empathie mit anderen)	Neid

Recht: Ethik der Personen

Repräsentative Philosophen: Locke, Rousseau, Kant, Isaiah Berlin, John Rawls

Beispiele von Rechten: Recht auf Leben und Freiheit; Recht auf Eigentum und dessen Verkauf; politische Rechte (wählen, tagen, friedlich protestieren); Recht auf Gleichheit; Meinungs- und Pressefreiheit; Gesetzliche Rechte (auf einen Anwalt, Kenntnis der Anklage, Konfrontation mit dem Kläger, einen ordentlichen Prozess)

Beispiele von Grundsätzen: Behandle Menschen niemals nur als Mittel, sondern immer auch als Ziel an sich. Ihr Recht eine Faust zu schwingen, endet vor meiner Nase.

Richtig ist, was prinzipiell und gerecht ist. Ehrlichkeit ist richtig, weil sie gerecht ist. Gerechtigkeit ist nicht nur Vortrefflichkeit individuellen Handelns. Soziale Vereinbarungen, Arbeitsbedingungen, ökonomische Verteilung und grundgesetzliche Verträge können auch gerecht oder ungerecht sein. Es liegt bei den Menschen, die Chancen zu ergreifen, die das Leben bietet, aber ohne gleiche Chancen sind einige Menschen benachteiligt und Unrecht liegt vor. Menschenrechte werden geschunden. Ein Recht ist im Wesen ein legitimer Anspruch, den jemand erheben kann. Manche Rechte erwerben wir in unseren täglichen Angelegenheiten; es ist nicht mehr nötig, als ein Versprechen, ein Handschlag oder einfach in der Reihe zu stehen. Manche Rechte sind vertraglich, andere erwerben wir durch Staatsangehörigkeit, so wie Stimmrecht oder das Recht auf einen Ausweis. Die fundamentalsten Rechte erwerben wir allerdings nicht – wir haben sie einfach, weil wir Mensch sind, wir haben sie aufgrund menschlicher Würde. Sie sind nicht von uns als Menschen zu trennen. Sie bestehen im Prinzip auch, wenn sie nicht anerkannt oder respektiert werden.

FRAGEN ZU RECHTEN

Behandelt dieses Auftreten, diese Vorschrift oder diese Politik alle Betroffenen mit Respekt?
Ist es zu verallgemeinern? (Könnten wir es alle anwenden?)
Gibt es Betroffene, denen nur als Mittel begegnet wird?
Können alle Betroffenen mitbestimmen?
Sind sie alle einverstanden? Ist es angemessen?

Fundamentale Menschenrechte sind das unveräußerliche Geburtsrecht jeder Person.

Erwägungen des Geschlechts, der Hautfarbe, der Religion, der Politik, Eigenkapital und Herkunft sind unerheblich. Nicht vortreffliches Verhalten, sondern die Würde des Menschen ist in dieser Ethik der Personen festgelegt. Moralischer Respekt ist allen Menschen geschuldet. Die Schlechtesten unter uns verdienen Respekt; schlechter Charakter verwirkt nicht die menschliche Würde. Selbst die, die wegen gewissenloser Verbrechen zum Tode verurteilt sind, müssen human behandelt werden, auch wenn sie anderen diese Behandlung verwehrt haben. Diese Universalität der Rechte hat nachweisbare Wurzeln in den Lehren Jesu und in der beseelenden Idee, dass selbst die Allerniedrigsten menschliche Würde haben.

Ein Standpunkt, der auf Recht basiert, verwirft Teleologie. Er weigert sich, Ethik als Maximierung des Guten zu sehen. Richtiges Handeln muss nicht zusammenfallen mit dem, was Glück oder das größte Gut für die größte Anzahl am meisten fördert. Ihre Pflicht ist das richtige, das Prinzipielle zu tun, nicht Menschen glücklich zu machen oder persönliche Größe zu erwerben. Der Rahmen für Rechte wird darum deontologisch genannt (vom griechischen Wort *deon* für „Pflicht"). Recht ist die Basis der Pflicht, es ist der Ruf der Pflicht. Individuelle Rechte legen einem Verhalten der anderen Einschränkungen auf. Ihr Recht korreliert mit den Pflichten anderer, denen diese niemals aus dem Weg gehen können. Ihre Pflicht ist zu tun, was Sie aus moralischer Notwendigkeit heraus tun müssen, was Ihre Pflicht ist. Pflicht beinhaltet ethische Notwendigkeit, eine unverhandelbare, nicht zu umgehende Verpflichtung. Pflichtbewusstes Handeln hält sich an Prinzipien; es entspricht nicht einfach einer hohen Erwartung und tut auch nicht mehr und erfüllt auch nicht die eine oder andere hochgepriesene Funktion. Es sind niemals die Folgen (Funktion, Ziel, Nutzen), die eine Handlung richtig machen, sondern das Prinzip hinter der Handlung, das ethische Gesetz, an das es sich hält, die Intention. Die Ausrichtung auf Intention, losgelöst von Konsequenzen, befreit diese metaethische Perspektive der strengen Betonung auf die Pflicht. Unsere moralischen Intentionen sind Ausdruck unserer Entscheidungen, Aspekte menschlichen Willens. Freiheit nimmt in diesem Rahmen ihren Platz ein neben Notwendigkeit, nicht nur weil Freiheiten Rechte sind, sondern auch weil die Wahl der Prinzipien, nach denen man lebt, moralische Autonomie definiert.

FRAGEN ZUM KRITISCHEN DENKEN

Frage 1

Wenn Sie Stimmrecht haben, haben Sie dann auch Stimmpflicht? Erzwungenes Abstimmen geht vielleicht zu weit, aber gibt es eine moralische Pflicht abzustimmen? Haben Sie eine Bürgertugend oder eine Bürgerpflicht?

Frage 2

Rechte bestehen im Prinzip, nicht tatsächlich. Niemand hat jemals ein Recht gesehen oder einen Finger daraufgelegt. Wir können sie nicht mit unseren Sinnen wahrnehmen. Sinnliche Wahrnehmung liefert uns Tatsachen, niemals Rechte oder Werte.

Nutzen und Genuss

Repräsentative Philosophen:
Epikur, Jeremy Bentham, John Stuart Mill, Peter Singer

Beispiele von Nutzen:
Freude, Hedonismus, Erfüllung von Verlangen und Erwiderung der Vorlieben, Vorteil, Wohlsein

Beispiele von Grundsätzen:
Größtes-Glück-Prinzip: Ein Gesetz oder eine Regel ist bindend, wenn, und nur wenn, es/sie verglichen mit allen Alternativen den größten Nutzen für alle Betroffenen liefert. Das Schadensprinzip: Jede Handlung ist erlaubt, die anderen keinen Schaden zufügt.

Nutzen ist das Gute

In der Philosophie ist Nutzen synonym für alles, was Vorteil, Genuss oder Glück bringt. Es kann die Erfüllung von Verlangen oder Vorlieben sein. Alles, was im Interesse von etwas ist, ist gut für dieses etwas und hat aus seiner Perspektive eigenen Nutzen. Nicht alles hat Perspektive. Vermutlich haben Pflanzen, Steine und Bakterien kein innerliches Leben. Aber jedes bewusste Wesen kann Schmerz oder Freude erleben, Vorteil erfahren oder gekränkt oder geschädigt werden durch Handlungen anderer. Aus utilitaristischer Sicht ist nur das gut, was dazu neigt, einen erfahrbaren Vorteil zu verschaffen. Alles was dem Nutzen Abbruch tut, ist schlecht: das gilt für jeden Verlust oder Nachteil, jeden Schmerz, Unglück oder Schaden.

Das größte Gut ist Ihre Pflicht

Wenn wir annehmen, dass die Art des Guten im Erfahren von Nutzen liegt, bleibt die Frage: wie müssen Sie sich verhalten? Die Antwort ist: tue das Beste. Die Konsequenzen Ihres Handelns sollten das größte Glück erbringen für die größte Anzahl. Sie haben die Pflicht, aus allen möglichen Handlungen die Handlungen zu wählen, die den größten Nutzen für alle Betroffenen bringen.

Utilitarismus ist deutlich teleologisch. Pflicht entspringt dem Prinzip der allgemeinen Maximierung von Nutzen; das Richtige wird durch das Gute bestimmt. Weil das fragliche Gute immer die Konsequenz einer Handlung betrifft, wird keine einzige Handlung oder Intention als intrinsisch gut oder schlecht betrachtet. Der *Telos*, das Ziel, ist das größtmögliche resultierende Glück,

FRAGEN ZUM NUTZEN

Was sind die Konsequenzen in Begriffen von Leiden oder dem Gegenteil davon?

Bringt irgendeine andere Handlung mehr Vorteil?

Ist das Interesse jedes potenziell beeinflussten Wesens gleichermaßen berücksichtigt?

nicht notwendigerweise die vortrefflichste Leistung, was das utilitaristische Glück ganz anders macht, als die durch Tugend hervorgebrachte *Eudaimonie*. Utilitaristische Philosophie wird auch das Bestehen von Rechten anerkennen, aber nur wenn sie aus ihrem Größten-Glück-Prinzip entstehen. So läuft die utilitaristische Pflicht, um unnötiges Leiden zu eliminieren, auf das individuelle Recht jedes bewussten Wesens hinaus nicht geschädigt zu werden.

Tun Sie, was Sie wollen – aber richten Sie keinen Schaden an!

Die Kehrseite der Pflicht ist Freiheit. Man darf alles tun, was nicht verboten ist. Der Utilitarismus verbietet nur das, was sinnlos Schaden hervorbringt. Das Schadensprinzip ist ein Prinzip großer Freiheit: man darf leben, wie man möchte, solange man anderen keinen Schaden zufügt. Das Prinzip unterstützt Diversität der Lebensstile und verwehrt sich gegen das Auferlegen jeden Ideals. Der Staat darf sich nur in das Leben von Bürgern einmischen, um zu verhindern, dass sie andere benachteiligen. Dem Utilitarismus ist allerdings klar, dass „Geschäfte machen" einen Preis hat. Manchmal muss man hart durchgreifen, um Leiden zu verhindern. Schmerz ist gut, wenn er zu weniger Schmerz insgesamt führt. Utilitarismus kann auch individuellen Rechten Grenzen setzen, auf der Basis des allgemeinen Wohlseins, kollektiver Interessen oder dem größeren Nutzen. Um des größeren Nutzens willen ist kein einziges Gesetz in Beton gegossen.

Radikale Gleichheit des Wohlwollens

Wenn man das Gute in erfahrbaren Vorteilen situiert, sind nur Wesen, die erfahren können, relevant für moralisches Wohlwollen. Andererseits verdienen alle bewussten Wesen Wohlwollen und auch, dass das Wohlwollen völlig, gleich und unparteiisch sein muss. Wohlwollen muss vor jedem Glück sein, aber Respekt nicht per se, weil schwierige Entscheidungen ungleiche Behandlung bedingen könnten in Fällen, in denen das Leiden von Wenigen den allgemeinen Vorteil enorm fördern könnte. Utilitarismus erweitert den Kreis moralischer Betroffenheit über den Menschen hinaus auf jede Spezies, die unter Schmerzen leiden kann. Diese Erweiterung moralisch relevanter Sphären hat Folgen für Regierungspolitik, Produktionssysteme, sogar die Wahl des Lebensstils.

FRAGEN ZUM KRITISCHEN DENKEN

Frage 1

Menschliches Handeln: Ein Leben, das ausschließlich von utilitaristischen Prinzipien geleitet würde, würde nur nach dem Glück für die größte Anzahl streben und nicht nach einer Vorteilsbehandlung unserer Nächsten. Können persönliche Beziehungen auf solch einer unpersönlichen Basis funktionieren? Können Handelnde neutral sein?

Frage 2

Ein Utilitarist muss immer „das am wenigsten Schlechte tun, um das Schlimmste, das sonst unter Umständen geschehen könnte, zu verhindern". Sind strenge Utilitaristen empfänglich für Erpressung durch Terroristen?

Fürsorge: Ethik der Beziehung

Repräsentative Philosophen:
Carol Gilligan (Psychologin), Nel Noddings, Buddha?, Jesus?

Beispiele von Fürsorge:
Einfühlungsvermögen, Sympathie, Erziehung, Hingabe, Pflege

Beispiele von Grundsätzen:
Es ist wichtiger freundlich zu sein als recht zu haben. Das persönliche ist das Politische. Sei grundsätzlich freundlich. Es braucht ein ganzes Dorf, um ein Kind zu erziehen. Jeder nach seinen Bedürfnissen.

Fürsorgeethik wurde erst vor kurzem formuliert und ausdrücklich verfochten. Obwohl sie verwandt ist mit den anderen drei Rahmenkonzepten, wird sie gekennzeichnet durch ihre Opposition zu deren vermeintlichen Vorurteilen. Sie fragt: Gibt es keinen Verlust für das Persönliche inmitten der abstrakten Prinzipien der Gerechtigkeit, der Fairness und Pflicht oder in der personenneutralen Motivation des idealen Utilitaristen? Versteckt sich eine größere Lehrstunde im persönlichen Engagement einer einfachen Fürsorgehandlung? Ist es nicht nützlich, heilsam und sogar unsere Pflicht, diesen blutlosen Geboten universeller Vernunft ein menschliches Gesicht zu geben?

Vernunft und Gefühl

Anders als andere metaethische Perspektiven, die nach Prinzipien streben, welche für die Vernunft akzeptabel sind und die für jeden (jedenfalls die Tugendsamen) gelten, ist die Fürsorgehaltung innerhalb der persönlichen, konkreten, spezifischen Beziehungen in Kraft, in denen wir leben. Sie beschäftigt sich kaum mit dem Formulieren konkurrierender Grundsätze und neigt manchmal dazu, die ethische Theorie völlig zu scheuen.Die Mentalität der Fürsorge ist aktivistisch. Fürsorge ist betroffen. Moralische Standpunkt entstehen für die Rechtfertigung und für die Philosophie. Auf Fürsorge basierte Ethik ist eine skeptische Herausforderung des Dogmatismus der Vernunft in der Ethik, der heroischen Ambition, eine ultimative Theorie zu entwickeln. Wir alle gehen fürsorgliche Beziehungen ein und wir brauchen sie, um zu wachsen, zu lernen, zu unterrichten und zu heilen. Die Vernunft sollte in der Lage sein die Vorurteile der Unparteilichkeit und Universalität zu überarbeiten und den Anspruch

FRAGEN ZUR FÜRSORGE

Wer kommt für diejenigen auf, die nicht für sich selbst aufkommen können?
Versteckt sich Ausbeutung in dieser Beziehung?
Wurden diejenigen, die zum Schweigen gebracht wurden, gehört?
Sind Sie sicher?

emotionsloser Überlegenheit aufzugeben. Die Vernunft kann Fürsorge lernen.

Individuen und Beziehungen

Fürsorge ist die einseitige Aufmerksamkeit für bestimmte Wesen, eine beständige Beteiligung an ihren heutigen und zukünftigen Wohlergehen. Fürsorge beschäftigt sich mit individuellen Bedürfnissen, aber hier ist das Individuum persönlich, kein abstraktes Gleichgestelltes; und Individuen entstehen allein, bestehen aber durch fürsorgliche Beziehungen. Die Aufmerksamkeit ist nicht auf das Individuum als solches gerichtet, sondern auf die Grenzen zwischen Individuen.

Das richtige Handeln wird durch die situativen Bedürfnisse des anderen motiviert, nicht durch Prinzipien wie Vortrefflichkeit oder Pflicht. Sorgsamkeit ist genauso selbstlos, wie jeder unparteiische Utilitarist auch, aber sie ist nicht unparteiisch; sie ist eine persönliche und privilegierte Liebe. Sie ist keine universelle Liebe zur Menschlichkeit, ebenso wenig die exklusive Pflicht oder Funktion von Frauen. Sorgen ist genauso wenig weiblich, wie Argumentieren männlich ist. Die Ethik der Fürsorge ist anti-essenziell (siehe Schein und Wirklichkeit, S. 86-87).

Die Ethik des Unterschieds

Gleichheit und Redlichkeit stehen in der modernen rationalen Ethik zentral. Ohne Versuche gegenübergestellte Prinzipien zu entwickeln, akzentuiert die Ethik der Fürsorge Unterschiede, die zwischen Menschen bestehen und fordert eine Ethik, die sich auf die Machtungleichheit richtet, die den wichtigen Beziehungen eigen und nicht einfach zu eliminieren ist, auch wenn das sein müsste. Der Säugling ist hilflos und braucht seine Eltern; die Karriere des Studenten hängt von seinen Zensuren und Leistungsnachweisen ab, die er vom Dozenten bekommt; der Patient muss sich dem Arzt anvertrauen. Fürsorge muss in diesen Beziehungen weiter gehen, trotz der Asymmetrie, mit allem Respekt vor Unterschieden.

Fürsorge und Regenbogen

Der Kontext der Beziehungen wirft die Frage der anderen auf und fordert uns heraus, uns in die Perspektive der anderen zu versetzen und sie in Übereinstimmung mit ihren Bedürfnissen zu begreifen. Fürsorge ist Empathie. Die Akzeptanz individueller Unterschiede erweitert sich zu einer politischen Vision des inklusiven Seins und nichtzwingender sozialer Beziehungen. Die Ethik der Fürsorge verträgt Unterschiede nicht nur – sie hegt sogar die Diversität. Darum muss die persönliche, öffentliche und internationale Atmosphäre frei sein von Beherrschung und Ausbeutung.

FRAGEN ZUM KRITISCHEN DENKEN

Frage 1

Gibt es Fürsorgepflicht? Können Sie einen anderen aus Pflichtbewusstsein lieben? Schließt oder schaltet die Motivation der Pflicht (nämlich zu tun, was ethisch notwendig ist) die spontane Liebe des Herzens aus?

Frage 2

Langfristiger übermäßiger Druck auf den anderen führt zu Erschöpfung. Wie kann die Gesellschaft für die Pflegekräfte sorgen? Wir können wir für uns selbst sorgen?

Ethik und Ökologie

Philosophische Ethik beschäftigt sich in der Hauptsache mit dem Schicksal der Menschen, anstatt mit unseren moralischen Beziehungen, mit dem Rest der lebenden Welt. Nicht alle Werte des Lebens sind allerdings mit menschlichen Begriffen zu definieren, weil das Leben selbst nicht mit menschlichen Begriffen zu definieren ist; das Leben umfasst die Natur als Ganzes, das Ökosystem, alle Lebensumstände. Die schwierige moralische Wahrheit ist, dass wir lernen müssen, das Gebiet unserer moralischen Anteilnahme zu erweitern, bis es die vollständige Welt umschließt.

Nutzen und Ökologie

Für den Utilitaristen basiert das Gute auf Genuss und Schmerz, also erstreckt das Gebiet der Anteilnahme sich selbstverständlich auf alle bewussten Wesen. Jede menschliche Tat oder Intuition, jede Politik, die Schaden verursacht, ist schlecht, außer wenn sie unverzichtbar für das größere Glück einer größeren Anzahl bewusster Wesen ist. Unsere moralische Anteilnahme darf nicht beschränkt werden auf jene, deren rationale Wahl verletzt werden kann, sondern muss sich auf jedes Wesen erstrecken, das leiden kann. Das umfasst alle Wesen mit genügend Nervenzellen für Bewusstsein. Bakterien und Pflanzen (ausgenommen ihr verborgenes Leben, das sie vielleicht führen) sind vermutlich nicht bewusst. Diese Wesen ohne Bewusstsein, können nur relevant für unsere utilitaristischen Überlegungen sein, als Mittel zum Zweck, oder für die Absichten bewusster Wesen. Sie können kein Zweck an sich sein, wenn das Prinzip des praktischen Nutzens als exklusiv richtig aufgefasst wird.

Angewendet auf Ausbeutung natürlicher Ressourcen haben die utilitaristischen Auffassungen eine wichtige Rolle gespielt, nämlich bei Kosten-Nutzen-Analysen für Entwicklungsprojekte. Oft wird utilitaristische Philosophie nicht konsequent umgesetzt, z. B. wenn ausschließlich über menschlichen Nutzen nachgedacht wird. Ein utilitaristischer Geist fordert die Beibehaltung der Hilfsquelle (zum Wohle zukünftiger Generationen), während die Bewahrung der Natur um ihrer selbst willen nicht in die utilitaristische Schablone passt. Streng genommen ist der Schutz von Wäldern von größerem Interesse als das nachhaltige Produkt, das ihnen für den Markt entzogen wurde. Tiere und Pflanzen verdienen im Licht eine reinen unbefleckten, nicht-

DIE GRENZEN DES NUTZENS TESTEN

Welche Verantwortung haben Sie den Pflanzen gegenüber? Pflanzen können Schaden erlitten haben, erleben den aber nicht, wenn sie tatsächlich keine Erfahrung kennen. Sind Sie ganz damit zufrieden, Pflanzen nur als Mittel zu behandeln, das einen Nutzen für Menschen hat? Oder sollen Pflanzen mehr respektiert werden, als Ziel an sich?

DIE GRENZEN VON NUTZEN TESTEN

Woher kommen die Grundrechte? Entspringen sie menschlichen Proklamationen oder historischen Zeiten? Sind Rechte von menschlichen Gemeinschaften entwickelt worden oder von Natur aus den Wesen eigen? Wenn wir mit Rechten geboren sind, warum sind sie dann nicht in unseren Genen anwesend?

anthropozentrischen utilitaristischen Ethik die gleiche Rücksicht.

Das Prinzip der gleichen Beachtung hat tiefgehende Konsequenzen für nachhaltige Entwicklungsfragen. Verdienen zukünftige Generationen nicht genauso viel Beachtung wie diejenigen, die jetzt leben? Dürfen wir die öffentlichen Einrichtungen der Zukunft verramschen oder die Kosten unseres Lebensstils auf unsere Nachkommen abwälzen? Soziale Planung, aufrichtig auf nachhaltige Maximierung menschlichen Wohls gerichtet, würde eine Transformation heutiger Regierungsformen und Produktionssysteme bedeuten.

Ökozentrische Rechte

Die auf Recht basierende Sichtweise verwirft Bewusstheit als Kriterium für moralische Relevanz. Warum sollte das Vermögen, Schmerz und Genuss zu empfinden über Respekt entscheiden? Was macht Leben, welches nicht fühlt oder erfährt, weniger wertvoll? Man ist jeder moralischen Person, losgelöst von ihrer Position im Leben, die Pflicht schuldig, respektvoll zu sein. Unternehmen wird aus gesetzlichen Gründen der künstliche Status „juristische Person" verliehen. Warum sollten lebende Wesen mit echtem und bleibendem Interesse an eigenem Bestehen nicht als natürliche Personen gelten, mit moralischen Rechten, losgelöst von ihrem Fleck in der Biosphäre? In Begriffen der ökozentrischen, auf Rechten basierenden Ethik, sind wir allen Lebensformen moralischen Respekt schuldig – nicht nur individuellen Instanzen, sondern auch ökologischen Systemen als solchen, natürlich der Erde und ihrer selbstregulierenden Ökosphäre, die allumfassend moralische „Person", auch *Gaia* genannt.

Anderen Spezies Rechte zu verleihen, heißt nicht dies per se für alle Spezies zu tun. Ökozentrismus beinhaltet nicht Bio-Egalitarismus. Eine ökozentrische Ethik bringt eine auf Rechten basierte Verallgemeinerung auf eine neues Niveau, mit oder ohne Gleichheitsgrundsatz. Rechtspersonen können nicht für sich selbst sorgen und nehmen sich also Anwälte, die ihre Belange vertreten. Auch lebende Systeme können stumm sein und es müssten gesetzliche Vertreter benannt werden. So wie schwache und unfähige Personen gesetzlich anerkannt, ihre Belange durch komplexes Vormundschaftsrecht geschützt werden, so können auch lebende Systeme rechtskundige Vertreter haben, Anwälte, die ihre Belange unterstützen.

Sie können sagen, dass einige Rechte kollektiv gelten, aufgrund der Abhängigkeit der Lebensformen von einander. Welche Rechte hat die Beute im Bezug auf das Raubtier? Der Individualismus, der im auf Rechten basierten Denken normal ist, steht den komplizierten gegenseitigen Abhängigkeiten im Ökosystem feindlich gegenüber. Kollektive und konkurrierende Rechte müssen akzeptiert werden. Sogar ohne den Individualismus impliziert der Rechtsrahmen für gewöhnlich ein antagonistisches Konzept, um Beschlüsse in Frage zu stellen. Genau wie im Gerichtssaal und in der Politik sind Streit, Kompromiss und Aufopferung für Gerechtigkeit unverzichtbar.

Die Ökologie der Tugend

Der Begriff „Gedeihen" (*Eudaimonie*) ist einfach auf Pflanzen und Tiere und sogar Ökosysteme zu erweitern. Sie alle können gedeihen. Obwohl sie kein Glück erfahren, können sie ein glückliches Bestehen führen.

Wenn Tugend ein Aspekt ist von vortrefflich blühendem Leben, ist Tugend als Konzept auch brauchbar für die Ökosphäre. Tugenden werden normalerweise begriffen als Wahl, Beschluss, Aktion und Leistung. Mehrt es unser Wissen, wenn wir sagen, dass Zugvögel, die mit Erfolg fliegen, dies tugendhaft tun? Was menschliche Angelegenheiten betrifft, können bestimmte Tugenden oder vortreffliches Verhalten als nützliche Ideale bei der Erneuerung von Verhalten und Produktion dienen. Ökotugenden sind z. B.: Einfachheit, Geduld, Umsicht, Vorsorge, Ökoeffizienz, Müllvermeidung oder ökonomisches Design. Sanftes Gehen ist eine Tugend.

Auf Tugend basierende Ethik ist teleologisch, gegründet auf Konzepten menschlichen Funktionierens und des menschlich Guten. Seit Aristoteles erkennen viele westliche Philosophen bis zu Darwin eine natürliche Hierarchie der Ziele an, mit dem Menschen an der Spitze. Dieses politisch elitäre Denken ist unvereinbar mit dem neuen ökologischen Ideal, in dem lebende Wesen miteinander verwoben sind, sowohl als ein Mittel, als auch als ein Ziel für andere. Außer an den Extremen lebt Leben davon, anderes Leben zu konsumieren. Menschen müssen erneut nachdenken über ihre Funktion und ihr Ziel in der Natur. Menschliche Kultur und Ökonomie müssen eine Seinsweise finden, ohne einen Einschnitt in ein florierendes Ökosystem zu machen. Wir müssen sanft kämpfen, um zu überleben.

ERRECHNEN SIE IHREN FUSSABDRUCK

Gehen Sie auf **http://www.earthday.org/footprint-calculator oder www.fussabdruck.de** und berechnen Ihren Fußabdruck, die Landfläche, die nötig ist, um Ihren Lebensstil zu unterstützen. Sind Sie Teil des Problems oder Vorbild grüner Vernunft?

Fürsorge für die Erde

Lokale Anstrengungen sind essenziell, um globale Umweltprobleme (diffuse Verschmutzung, z. B. Abgase und Energieverschwendung) anzugehen. Nachhaltige lokale Nahrungsproduktion erfordert auf lange Zeit aufmerksame Fürsorge für das lokale Ökosystem. Fürsorge bedeutet auch, für sich selbst zu sorgen. Gemeinschaften müssen ihre natürlichen Ressourcen sparsam verwalten – für die Erneuerung und für sich selbst, mittels respektvoller Beziehungen, um der Erde selbst willen. Durch Menschen verursachte Vernichtung von Spezies und Biotopen ist vermeidbare Ausbeutung. Biophilie ist das ökologische Equivalent der Fürsorge. Leben lernen in den biophysischen Grenzen der *Gaia* erfordert, dass wir die Natur als wertvoll betrachten. Wir müssen unser Verhältnis zur Natur klären und nicht mit ihr verschmelzen.

Die Unterdrückung der Frau ist konzeptionell gekoppelt an die Beherrschung der Natur. Nachhaltigkeit erfordert darum weltweite Emanzipation von Frauen. Frauen stellen eine wichtige Konsumentengruppe dar, weil sie für sich und ihre Familie kaufen. Bildung für Mädchen ist ein sehr effektives Mittel zur Regulierung der Bevölkerungszunahme, ohne die nachhaltige Entwicklung unmöglich ist. Frauen spielen eine wichtige Rolle, besonders in Entwicklungsländern, in der Verwaltung natürlicher Ressourcen und tragen mehr als ihren globale teil zur Feldarbeit zum Lebensunterhalt, Handel oder Lohn, bei.

GEDANKENEXPERIMENT

Eine Ökologie der Fürsorge

„Die Öko-Ethik der Fürsorge ist einfach das Aufräumen Ihres eigenen Hinterhofs, ein Forum von NIMBY (*Not in my backyard*). Fürsorge ist nicht bereit, harte Entscheidungen zu treffen." Ist dies eine gültige Herausforderung an die Adresse der Öko-Ethik?

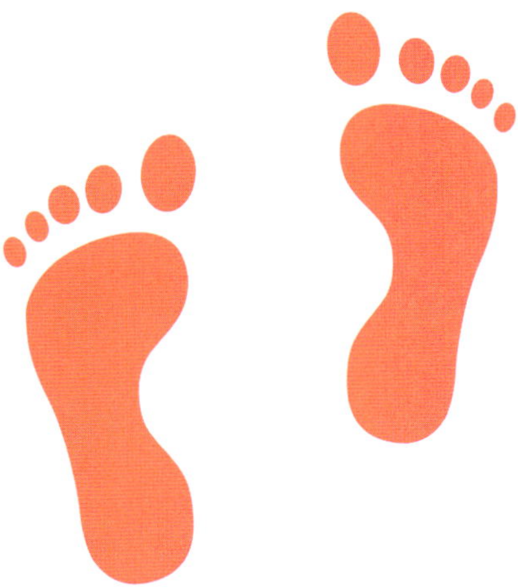

„Frauen spielen eine vitale Rolle in Umweltmanagement und Entwicklung. Ihre vollständige Partizipation ist dann auch essenziell, um zu einer nachhaltigen Entwicklung zu kommen."
– Grundsatz 20, Agenda 21 der VN

Erkennen Sie die metaethische Perspektive

In dieser Übung hören Sie ein alltägliches Tischgespräch und versuchen die vier metaethischen Konzepte, die sich abzeichnen, zu identifizieren. Nach jedem Beitrag werden Sie gefragt, welche Ethik darin wirksam ist. Alle vier Hauptkonzepte werden genutzt, wenn auch nicht auf ganz ideale Weise. Außerdem ist nicht jeder Sprecher gleich konsequent, einige benutzen sogar mehrere Konzepte.

Tischgespräch
Eines Abends weigert sich Leslie, 14 Jahre, Fleisch zu essen. „Wenn es falsch ist Menschen zu töten und zu essen, dann ist es auch falsch, Tiere zu töten und zu essen."

FRAGE 1
Welches metaethische Konzept ist in Leslies Argumentation vertreten?

Robert, ihr 16-jähriger Bruder, genießt mit viel Show seinen Hamburger. „Du redest darüber moralisch konsequent zu sein, aber trägst Lederschuhe. Wenn es o.k. ist, Tiere zu töten und sich mit ihnen zu kleiden, würdest Du vielleicht mit einem Paar Schuhe aus Menschenhaut ganz gut aussehen."

FRAGE 2
Welche moralischen Kernkonzepte benutzt Robert?

Leslie antwortet: „Gemein!" Ihr Vater John mischt sich ein. „Da ist was dran. Ob du jetzt isst oder dich kleidest, es wurde wie auch immer zu unserem Vorteil ein Tier getötet. Tiere dürfen nicht misshandelt werden und sie werden so human und schmerzlos wie möglich getötet. Wir haben Gesetze, die das regeln. Und denk daran, es hat jemand viel Fürsorge in das Züchten der Tiere investiert, um seinen Lebensunterhalt zu verdienen. Warum sollte er keinen Profit machen dürfen mit dem Verkauf von Produkten, die die Konsumenten wollen?"

FRAGE 3
Auf welche moralischen Philosophen beruft sich John?

Leslie ist nicht überzeugt. „Wie kannst du sagen, dass sie für die Tiere sorgen, wenn sie die nur züchten, um Geld zu verdienen? Leben ist wichtiger als Geld. Wenn sie sich wirklich kümmerten, würden sie die Tiere leben lassen. Jedenfalls mussten die Möhren nicht leiden, um auf meinem Teller zu landen."

FRAGE 4

Welche ethischen Konzepte kommen Leslie diesmal in den Sinn?

Robert antwortet: „Woher weißt du das? Du weißt nicht, wie es ist, aus dem Boden gezogen und gekocht zu werden. Übrigens, Kühe wissen nichts. Sie stehen nur kauend auf der Weide. Es würde sie nicht mal geben, wenn wir sie nicht brauchen würden. Menschen sind intelligent, sie bauen Flugzeuge und Städte. Tiere gibt es nur, um uns zu dienen. O.k., es wäre dumm, sie nur aus Quälerei brutal zu behandeln, weil das keinem Zweck dienen würde. Aber wenn sie uns helfen, unseren Lebensstil zu verwirklichen, müssen wir davon Gebrauch machen.

FRAGE 5

Was erfahren wir hier über Roberts Ideen?

Dann spricht Leslies Mutter Susanne: „Trotzdem scheint das sinnlose Leiden im System verankert. Sicher, wir haben Gesetze und Vorschriften, aber ich weiß nicht, ob sie weit genug gehen. Vielleicht sorgen sie für die Belange der Menschen, aber wir müssen auch auf die der Tiere achten. Ich weiß, dass ich mich beim Essen von Fleisch viel besser fühlen würde, wenn ich sicher wäre, dass wirklich für die Tiere gesorgt würde und sie das bestmögliche Leben haben und ich wäre sogar bereit, mehr für Fleisch zu bezahlen, wenn ich mir dessen sicher wäre."

FRAGE 6

Welches der vier ethischen Konzepte entdecken Sie bei Susanne?

ANTWORTEN

1. Leslie scheint sich auf Redlichkeit und moralische Konsequenz zu berufen und geht wahrscheinlich vom Recht aus.

2. Auch Robert beruft sich auf moralische Konsequenz, aber Redlichkeit ist nicht seine Priorität Er glaubt an Tierrechte, aber nicht an die Gleichheit der Spezies. Sein ad-hominem-Argument ist ein Trugschluss, bekannt als *tu quoque* (S. 132)

3. John argumentiert utilitaristisch. Er findet es wichtig, dass Schmerz begrenzt wird und artikuliert damit das Kein-Schaden-Prinzip. Tierleid verdient die gleiche Erwägung, aber nicht notwendigerweise dieselbe Behandlung.

4. Leslies Anteilnahme an der Freiheit der Tiere kann auf Recht basieren oder utilitaristisch sein. Vielleicht wird letztere suggeriert durch ihre Folgerung, es sei moralisch erlaubt zu essen, was nicht gelitten hat.

5. Robert sieht Intelligenz als höchste Vortrefflichkeit, bezeichnend für auf Tugend basiertes Denken. Mangel an Wissen ist unwürdig, also hat alles, was diesen Mangel zeigt, dem höheren Ziel der Intelligenz zu dienen. Obwohl Roberts Weltanschauung eine primitive, beinahe amoralische Hierarchie ist, ist sie teleologisch.

6. Susannes Widerstand gegen sinnloses Leiden suggeriert eine teleologische Sichtweise. Ihre Sorge, dass Tiere ein möglichst gutes Leben haben, suggeriert florieren, aber auch das größtmögliche Glück. Das Interesse für Fürsorge, die keines der Systeme vorweisen kann, weist hier nachdrücklich auf eine auf Fürsorge basierte Ethik hin. In ihrer Bereitschaft, mehr zu bezahlen zeigt sich Integrität.

Profil

Konfuzianische Tugenden

Aufrichtigkeit
„Es gibt keine größere Freude", schrieb der chinesische Weise Mengzi (ca. 371–289 v. Chr.) „als sich der Aufrichtigkeit in Selbstprüfung bewusst zu sein." Dies zeigt deutlich die Wichtigkeit, die der Aufrichtigkeit oder Wahrhaftigkeit gegen sich selbst in der alten chinesischen Philosophie beigemessen wird.

Ein früher chinesischer Klassiker, bekannt als die Doktrin der Mitte, betont die Rolle der Aufrichtigkeit in der Transformation des Selbst und des anderen (alle Zitate aus: *Doktrin der Mitte* und *Das große Lernen* sind aus dem Werk, oder einer Bearbeitung, des prominenten Gelehrten Wing-tsit Chan (1901–1994).

- *„Nur die, welche vollkommen aufrecht sind, können ihre Natur gänzlich entwickeln. Wenn sie ihre Natur ganz entwickeln können, können sie die Natur von anderen gänzlich entwickeln."*

Aufrichtigkeit ist aber nicht einfach nur eine Art, andere zu beeinflussen. Sie hat auch politische und metaphysische Bedeutung.

- *„Aufrichtigkeit bedeutet die Vollendung des Selbst und der Weg (des Tao) ist selbstleitend."*
- *„Aufrichtigkeit ist Beginn und Ende von allem. Ohne Aufrichtigkeit würde nichts sein (…). Aufrichtigkeit ist nicht nur Vollendung des Selbst, sie ist auch das, wodurch alle Dinge vollendet werden. Die Vollendung des Selbst bedeutet Menschlichkeit. Die Vollendung aller Dinge bedeutet Weisheit. (…) Darum ist sobald (Aufrichtigkeit) gebraucht wird, alles was man tut, gut."*

Die kosmische Rolle der Aufrichtigkeit erhält eine eindringliche Aussage in einer anderen klassischen Schrift, *Das Große Lernen*. Diese kurze Schrift wird Konfuzius zugeschrieben, aber alte Kommentare erklären die tiefere Bedeutung.

- *„Wenn Dinge untersucht werden, breitet sich Wissen aus; wenn Wissen sich ausbreitet, wird der Wille aufrecht; wenn der Wille aufrecht ist, wird der Geist verbessert; wenn der Geist verbessert ist, wird das persönliche Leben veredelt; wenn das persönliche Leben veredelt ist, wird die Familie reguliert; wenn die Familie reguliert ist, wird der Staat in Ordnung sein; wenn der Staat in Ordnung ist, wird überall auf der Welt Frieden herrschen. Von dem Sohn des Himmels bis zum einfachen Volk müssen alle die Veredelung des persönlichen Lebens als Wurzel und Grundfeste betrachten. In keinem Fall, in dem die Wurzel in Unordnung ist, sind die Zweige noch in Ordnung."*

Nach dieser Schrift zu urteilen, ist persönliche tiefe Aufrichtigkeit der Stoff, aus dem soziale Ordnung und Weltfrieden gewoben werden. Ein Kommentar auf diesen Text gibt eine erhellende Definition der Aufrichtigkeit: „Sie erlaubt keinen Selbstbetrug, wie wenn wir einen schlechten Geruch hassen oder eine schöne Farbe lieben." (Wing-tsit Chan, 1963). Aufrichtigkeit basiert auf Ehrlichkeit gegenüber uns selbst. Sie fordert eine kultivierte Sensibilität für Zustände des Selbst, Ehrlichkeit in Gefühlen. Die Aufrichtigen „wachen immer über sich selbst, wenn sie allein sind" ...

Von Aufrichtigkeit zur Güte

Bei Aufrichtigkeit „nimmt man die eigenen Gefühle als Maßstab". Angewendet auf unsere Beziehungen zu anderen, wird Aufrichtigkeit die Basis der Güte. Wenn Sie Anerkennung wünschen, helfen Sie anderen Anerkennung zu erwerben. Wenn Sie von Ihren Verdiensten profitieren wollen, helfen Sie anderen das zu tun. Bildlich gesprochen verwendet man dies als Messlatte; sie führt zur Verbesserung des Geistes:

- *„Benutzen Sie nicht das, was Ihnen bei Ihrem Vorgesetzten nicht gefällt im Umgang mit Ihren Untergebenen.*
  Benutzen Sie nicht, was Ihnen an Ihren Untergebenen nicht gefällt, im Dienst für Ihren Vorgesetzten.
  Benutzen Sie nicht, was Ihnen nicht gefällt an denen, die vor Ihnen sind, wenn Sie anderen vorausgehen.
  Benutzen Sie nicht, was Ihnen nicht gefällt an jenen, die hinter Ihnen sind, wenn Sie denen folgen, die vor Ihnen sind.
  Benutzen Sie nicht, was Ihnen zu Ihrer rechten nicht gefällt, auf Ihrer linken.
  Benutzen Sie nicht, was Ihnen an Ihrer linken nicht gefällt zu Ihrer rechten.
  Dies wird die Anwendung des Grundsatzes des Maßstabs genannt."

– Zengzis Kommentar zu *Das große Lernen*

Diese Formulierung des Prinzips des gegenseitigen Respekts (S. 62-63) ist wegen dem, was sie auslässt, bemerkenswert. Nachdrücklich setzt sie keine Gleichheit von Ressourcen voraus und schreibt auch keine Gleichheit der Behandlung vor. Oben ist nicht dasselbe wie unten, vorne muss nicht genauso behandelt werden wie hinten. Aber in allem in eine Bewegung von dem, was nicht gefällt, hin zum richtigen Verhalten. Ungleichheit wird auch vorausgesetzt in den sozialen Grundregeln, so wie Konfuzius sie identifiziert hat. Diese fünf primären Beziehungen erfordern gegenseitigen Respekt, aber keine von ihnen fordert strikte Gleichheit der Behandlung oder Rücksicht. Regulierung der Familie hängt von drei Beziehungen ab (Mann-Frau, Vater-Sohn, älterer-jüngerer Bruder), während die zwei anderen (Fürst-Minister, Mentor-Freund) der Ordnung im Staat dienen. Das patriarchische Vorurteil in dieser Aufzählung klingt hart, wobei es bei Gegenseitigkeit ohne Gleichheit geht, gilt dies ebenso für Beziehungen zwischen Mutter und Kind, älterer Schwester und jüngerer Schwester, sogar zwischen Arzt und Patient, Lehrer und Schüler und Arbeitgeber und Arbeitnehmer. Der fundamentale Respekt, der in all diesen Beziehungen steckt, ist Menschenliebe, eine Güte auf Basis unserer eigenen Gefühle. Obwohl diese Tugend auf verschiedene Weisen auf Menschen, abhängig von ihrer Position in der Gesellschaft angewandt wird, gilt sie für jeden. Für Konfuzius ist diese Tugend der Tugenden eine Herzensgröße, die keine Landesgrenzen kennt und die sowohl Männer und Frauen umfasst.

Im Mitgefühl verweilen

Mitgefühl ist eine vielfältige Tugend. Sie hat viele Eigenschaften und keine Umschreibung kann diese vollständig erfassen. Wörter wie Liebe, Güte, Gnade, Mitleid, Empathie, Zuneigung, Freundlichkeit und Fürsorge überschneiden sich teils in ihrer Bedeutung und teils mit dem Wort Mitgefühl, sie haben aber jeweils ihre Mischung aus Bedeutungen.

Kein System gegensätzlicher Wörter genügt, um alles zu sagen, was jedes liebeskranke Herz schon über Mitgefühl weiß. Aber solche Systeme können helfen, ein Gebiet zu erschließen, das der kartenlose Entdecker des Herzens intuitiv kennt. Das Folgende beruht auf einer buddhistischen Typologie der Mitgefühls, der Lehre der Vier grenzenlosen Zustände auf wie viele Arten können Sie alle Wesen lieben? Ein Zustand ist ein Aspekt des erhabenen Lebens. Es ist auch als vortreffliches mentales Verhalten, ein aktiver, konstanter Zustand, um darin während der Meditation zu verweilen. Es ist eine Orientierung von Gemüt und Intention des Universums. Jeder Zustand hat zwei Gegensätze, den direkten und den indirekten, sodass eine Art Zustandsraum um diese mentalen Gebiete entsteht. Gemeinsam erschließen diese zusammenhängenden Orientierungen ein spirituelles Gebiet. Der direkte Gegenpol eines Zustandes ist eine in gegensätzlicher Richtung orientierte Aktivität und kann also nicht im selben mentalen Moment mit dem Zustand bestehen. Jeder Modus hat aber auch einen indirekten Gegenpol, ein Ebenbild und Stellvertreter. Als falscher Doppelgänger und Lockvogel ist er reine Simulation echter spiritueller Tugend. Die wahren Zustände erlauben keinen Selbstbetrug. Sie sind in dem Sinne grenzenlos, dass sie universell allen Wesen angeboten werden. Sie werden göttlich genannt wegen ihres feierlichen Charakters und sie sind Vollkommenheiten eines erleuchteten Geistes.

Sanftes Mitgefühl

Der erhabene Zustand des Mitgefühls ist *Metta*, oder liebevolle Freundlichkeit. Metta macht das Herz sanft, lässt Güte ausströmen zu allen Wesen. Sie ist zu unterscheiden von persönlicher Zuneigung und von aller

Liebe für Familie oder romantischer Liebe, die trotz all ihres Reichtums nur matte Imitation der universellen Freundlichkeit ist. Zuneigung ist der indirekte Gegensatz dieses Mitgefühls. Metta hat eher etwas von Liebe für die ganze Menschheit als für die, die einem am nächsten sind. Alle Wesen sind aufgenommen in das Mitgefühl von Metta. Mettas direkter Gegensatz ist Böswilligkeit, Rache und Hass. Hass schlägt um sich, die illusorische Grenze um das Selbst schützend.

Mitgefühl streckt seine Hand aus und macht die Grenze so schwächer. Metta kulminiert in Einswerdung mit allen Wesen. Das entwaffnende Lächeln steht für Metta.

Zitterndes Mitgefühl

Karuna ist ein zweiter erhabener Zustand, auch eine Form von Mitgefühl, die Form, die „die Herzen der Guten beben lässt, wenn andere leiden." Beben ist keine Sanftheit, also sind dies zwei verschiedene Modalitäten des Mitgefühls. Karuna ist der Wille, Leiden zu entfernen und Böses zu verringern. Traurigkeit und Kummer sind niedere Namensgenossen dieses Ansatzes des Mitgefühls, das Böses reduziert; tatsächlich sind sie dem Mitgefühl entgegengesetzt und erschöpfen dessen Kraft. Aber das Spiegelbild und der direkte Gegensatz von Karuna ist die Grausamkeit, jener zielbewusste Wille, Böses zu tun.

Seliges Mitgefühl

Mudita, oder unendlich mitfühlende Freude, ein dritter Zustand, ist noch eine andere Form von Mitgefühl. Wenn Karuna Böses beseitigt, preist Mudita Segnungen. Dies Mitgefühl jubelt über die Freude anderer und bewundert ihre Tugenden ohne eine Spur von Neid oder egoistischem Verlangen. Als solches ist es weder sanft noch bebend – sodass sich eine dritte Eigenschaft anbietet, noch eine Geste oder Tat des Mitgefühls, die den anderen beiden keinesfalls Abbruch tut. Seine Geste ist Glück wünschend wie ein warmer Händedruck. Sein direkter Gegenpol ist Eifersucht und seine falsche Form ist Stress, erregte Begeisterung oder mitfühlende Fröhlichkeit.

Ruhiges Mitgefühl

Der vierte Faktor im erhabenen Geisteszustand ist streng genommen kein Mitgefühl, sondern Nahrung für die anderen drei Zustände. Es ist Gelassenheit, Sachlichkeit, der Geist im lebendigen Gleichgewicht zwischen Verlangen und Abkehr. Gelassenheit ist göttlich unparteiisch, umfasst Genuss und Schmerz, gut und schlecht, geliebt und ungeliebt. Ihre Geste sind die offenen Arme. Aufrichtige Gelassenheit ist ein positiver Geisteszustand, nicht nur Abwesenheit von angewöhnten Reaktionen. Es ist die aktive Gegenwärtigkeit, die, wenn bewusst auf direkte Erfahrung gerichtet, Konsequenzen hat in Form von größerer Empfindsamkeit, erhöhtem Vermögen zu fühlen. Gelassenheit erhöht den Feinsinn, da man ein stets feineres Gleichgewicht findet. Ihre Imitation ist hedonistische Gleichgültigkeit, ordinäre Nachahmung, unintelligent und gefühllos.

Wenn Gelassenheit anwesend ist, kann ihr Gegenteil das nicht sein. Das vollkommende Gegenteil ist Leidenschaft, unter anderem Hass, Eifersucht und Tumult. Gelassenheit ist kein Mitgefühl, sondern ihre Anwesenheit neutralisiert Böswilligkeit, Kummer und Neid und macht es so möglich, dass die unzähligen freundlichen Denkweisen des Mitgefühls gemeinsam erscheinen.

Übung 4

Die Wahrheit muss gesagt werden

DIE AUFGABE:

Die Polizei verhört Sie wegen des Aufenthaltsorts einer bestimmten Person, die schrecklicher Verbrechen beschuldigt wird, von denen Sie wissen, dass sie daran unschuldig ist. Wenn Sie den Beamten erzählen, dass Sie nicht wissen, wo sie sich aufhält, werden sie Sie nach dem Verhör gehen lassen. Die fragliche Person versteckt sich tatsächlich in Ihrem Haus. Das Problem: Müssen Sie lügen, damit eine widerrechtliche Verhaftung verhindert wird?

DIE METHODE:

Menschen reagieren unterschiedlich auf solch eine Herausforderung. Manche würden lügen, um unrechtmäßige Konsequenzen zu vermeiden; andere würden sagen, dass es immer falsch ist zu lügen. Der deutsche Philosoph Imanuel Kant kam mit einem vergleichbaren Beispiel und behauptete, dass es Ihre Pflicht sei, immer die Wahrheit zu sagen, selbst wenn die Autoritäten der Korruption verdächtigt werden. Formulieren Sie eine vorläufige Antwort auf diese Frage. Variieren Sie dann die Details des Vorfalls, um zu sehen, ob Sie Ihre Antwort ändern müssen.

Der gezeigte Vorfall hat auffallend wenig Besonderheiten. Die gegebenen Details können als Variable gehandhabt werden, sodass die Nachhaltigkeit und Anwendbarkeit der ethischen Intentionen und ihrer prinzipiellen Voraussetzungen untersucht werden können. Eine relevante Variable ist z. B. die Legitimität der Autoritäten. Wenn man Vertrauen hat in die Redlichkeit von gerichtlichen Prozessen, denen ein unschuldig und unrechtmäßig beschuldigtes Individuum ausgesetzt ist, würde man weniger über das Ausliefern von Personen grübeln. Wenn man – das andere Extrem – sicher weiß, dass die Autoritäten schlecht und die Klagen falsch sind, nimmt das Risiko auf Benachteiligung des Unschuldigen enorm zu. Aus dieser Sicht scheint der Nutzen des Lügens zuzunehmen durch die Illegitimität des Staates und seiner Rechtsprozesse. Eine andere Variable ist

Ihr „blinder Passagier". Was Sie von der Person wissen, scheint bestimmen zu können, ob Lügen Ihre Pflicht ist oder eine Sünde. Es wurde davon ausgegangen, dass Sie wussten, dass diese Person unschuldig war. Wie sind Sie zu dieser Schlussfolgerung gekommen? War es Vertrauen? Waren Sie bei der Person, als die sogenannten Verbrechen woanders begangen wurden? Angenommen, das Letztere ist der Fall, aber Sie wissen, dass diese Person noch viel größerer Verbrechen schuldig ist, deren sie aber nicht verdächtigt wird. Jetzt rettet die prinzipielle Lüge das Leben eines Schurken, aber die Wahrheit würde jemanden für ein Verbrechen bestrafen, das dieser nicht begangen hat.

Oder vielleicht haben Sie Verpflichtungen, wie Familienbande, gegenüber dieser Person. Obwohl dies die Konsequenzen vielleicht nicht wesentlich verändert, gibt es ethische Perspektiven, in denen solche Verbindungen ihren eigenen Einfluss haben.

Bis jetzt haben wir die Konsequenzen betrachtet, als ob die ethischen Dilemmas immer durch Prüfung des Tatbestandes, der sie ausgelöst hat, gelöst werden müssen. Die utilitaristische Voraussetzung wird von Deontologen angefochten, oder von Theoretikern, die sich auf das Recht stützen. In diesem Lager herrscht aber auch Zerrissenheit, denn innerhalb der utilitaristischen Ethiktradition gibt es verschiedene Gesichtspunkte.

Für Deontologen ist Lügen immer falsch. Manche betrachten es als ihre Pflicht, niemals zu lügen. Andere behaupten, Lügen müssten zuweilen wegen eines höheren Prinzips, der Heiligkeit des Lebens, in Kauf genommen werden. Der letzte Gesichtspunkt scheint vielleicht völlig utilitaristisch, aber Verletzung eines moralischen Prinzips ist formal keine Konsequenz (da es nicht um Nutzen geht). Es kann Ihre Pflicht sein zu lügen, auch wenn es immer falsch ist, weil Ihre Pflicht von Zeit zu Zeit ethisch notwendiges Übel enthalten kann.

DIE LÖSUNG:

Bis jetzt haben wir die Konsequenzen betrachtet, als ob die ethischen Dilemmas immer durch Prüfung des Tatbestandes, der sie ausgelöst hat, gelöst werden müssten. Die utilitaristische Voraussetzung wird von Deontologen angefochten, oder durch Theoretiker, die sich auf Rechte stützen. In diesem Lager herrscht aber auch Zerrissenheit, denn innerhalb der utilitaristischen Ethiktradition gibt es verschiedene Gesichtspunkte.

Für Deontologen ist Lügen immer falsch. Manche betrachten es aber als ihre Pflicht niemals zu Lügen, andere dass das Böse des Lügens manchmal notwendig ist, nicht wegen irdischer Gefühle, sondern vielmehr des Prinzips das höher ist als Ehrlichkeit, die Heiligkeit des Lebens. Der letzte Gesichtspunkt scheint vielleicht völlig utilitaristisch, aber Schändung eines moralischen Prinzips ist formal keine Konsequenz (da es nicht um Nutzen geht). Es kann Ihre Pflicht sein zu lügen, auch wenn es immer falsch ist zu lügen, weil Ihre Pflicht von Zeit zu Zeit ethisch notwendiges Übel enthalten kann.

Kapitel 3

Metaphysik und Spiritualität

Metaphysik ist die Heimat der größten Fragen der Philosophie. Warum sind wir hier? Wo sind wir überhaupt? Was für eine Welt ist dies? Wer und was bin ich? Was ist Freiheit und Befreiung? Ist der Geist nur das Gehirn? Wir tauchen in diese Probleme ein wie in einen bodenlosen Pool und erkunden die Konzepte, die die Welt formen, so wie Ursache, Materie, Sein, Raum, Zeit, Identität, Selbst, Gott und Karma. Gibt es aber eine Wirklichkeit hinter diesen Konzepten oder sind sie alle nur Schein?

Schein und Wirklichkeit

Eine indische Illusion

Sie suchen Ihren Weg im Dunkeln, Sie können den Boden und ein paar Schritte voraus kaum sehen. Plötzlich erschrecken Sie vor einer Schlange, die aufgerollt auf dem Weg liegt. Bevor Sie reagieren können, sehen Sie, dass es nur ein aufgerolltes Tau ist. Sie nahmen das Tau als Schlange wahr, bevor Sie sahen, was es tatsächlich war. Ihre Beteiligung an Ihrer Realität verursachte Emotion und semantische Erinnerung, die sich aber positiv veränderten, sobald die Illusion verschwand. Nicht das Tau verursachte die Illusion, ebenso wenig veränderte es sich bei Erscheinen und danach stellte es sich nicht als Schlange heraus. Das Tau veränderte sich nicht, es schien nicht mal sich zu verändern. Aber der Anschein, den es hatte, veränderte sich. Der Anschein der Schlange trat wirklich auf, aber die Wirklichkeit der Schlange war nur Schein.

Die Schlange ist Ihre Erfahrung

Diese Geschichte wurde als metaphysische Lehre von Shankara dem großen Non-Dualisten und Vertreter der Advaita Vedanta erzählt. So wie Sie eine Schlange im Tau sahen, ihm Eigenschaften zuschrieben, die es nicht wirklich hatte, so nehmen Sie auch die Wirklichkeit wahr. Echte Wirklichkeit verändert sich nicht durch ihren veränderten Anschein. Sie scheint sich zu verändern, aber nur der Anschein ändert sich. Echte Wirklichkeit unterscheidet sich nicht tatsächlich von Ihrer Erfahrung, obwohl Ihnen das so scheint. Wahrheit ist nicht der Schöpfer oder Ursache Ihrer Zufügungen; dafür müssen Sie selbst die Verantwortung übernehmen. Aber in Ihrer eigenen Art sind Sie nicht anders als Wahrheit. Es scheint nur so. Sie sind das Tau.

Substanz ist das, was wirklich ist (oder wirklich wirklich)

Niemand mag Menschen, die nur auf Show aus sind. Philosophisch gesehen ist das, was „Substanz" hat, das, was endgültig ist, was nicht zu etwas anderem zu verkleinern ist, was immer seine unabhängige Realität hat. Manchmal ist diese Unabhängigkeit eher relativ als absolut, sodass alltägliche Gegenstände, die entstehen und zerfallen – solange sie dauern – relative Unabhängigkeit besitzen. Manche Sichtweisen, sowie Shankaras Non-Dualismus, enthüllen eine oberste Wahrheit über den Trugschluss der alltäglichen Erfahrung hinaus. Gibt es wirklich, dann gibt es wirklich wirklich. Wenn Substanz ist, was endgültig wirklich ist, dann ist die Frage: was ist ihre essen-

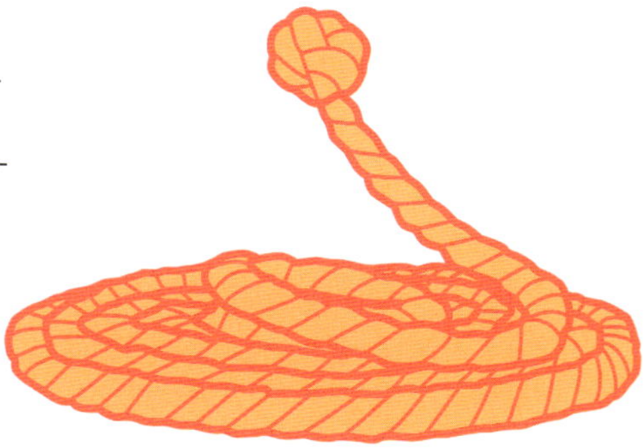

zielle Art? Essenz ist *Washeit*, Substanz ist *Dasheit*. Metaphysik darf Anspruch darauf erheben oder sich zum Ziel setzten, die Essenz zu begreifen, die Substanz zu definieren und sich Rechenschaft abzulegen darüber, was letztendlich besteht. Oder sie kann den Versuch kritisieren, nicht aus völlig skeptischen Gründen (denn Skeptiker geben Metaphysik auf), sondern wegen Schwachpunkten im Begriff Essenz selbst. Essentialismus ist seine eigene Metaphysik, aber nicht die einzige.

Was sind Ihre ontologischen Überzeugungen?

Ihre ontologischen Überzeugungen sind Dinge, von denen Sie glauben, dass sie bestehen, Sachen, von denen Sie bereit sind anzunehmen, dass sie bestehen. Wenn Sie an Wichtel glauben, gehören diese zu Ihren ontologischen Überzeugungen. Wenn Sie glauben, dass es einen Gott gibt oder, dass Sie eine ewige Seele haben, sind Sie überzeugt von deren Bestehen und sie gehören zu Ihrer Ontologie. Sie sind vielleicht abgeneigt, am wirklichen Bestehen materieller Objekte zu zweifeln, sogar an Atomen, die Sie niemals gesehen haben und Quasaren, von denen Sie kaum gehört haben. Wenn ja, gehören sie alle zu Ihren ontologischen Überzeugungen. Sie können Ihre Ontologie an Experten abgeben, die diese metaphysische Arbeit gerne in Ihrem Namen verrichten wollen, oder Sie können selbst versuchen darüber nachzudenken, was wirklich besteht.

Was sind meine ontologischen Überzeugungen?

- Gibt es einen Gott? Was ist Gott?
- Ist Zeit physikalisch oder subjektiv?
- Ist Geist etwas anderes als Materie?
- Hat Materie elementare Bestandteile?
- Ist Kausalität eine Kraft oder nur eine Regularität?
- Wer bin ich? Was bin ich? Bin ich frei?
- Besteht das Universum, Leben, menschliches Sein, mein Sein, ein vorbestimmtes Ziel?
- Bestehen Unendlichkeiten?

FORMEN METAPHYSISCHER SUBSTANZ

Für klassische Atomisten wie Demokrit, sind nur Atome stofflich, alles andere ist nur eine vorübergehende Anhäufung von Atomen. Platon betrachtete die zeitlosen Formen oder Ideen als stofflich, während alltägliche Objekte weniger wirkliche Schatten oder Bilder sind. Nach Aristoteles sind alltägliche Objekte stoffliche Formen, nicht nur Imitationen und auch nicht zurückzuführen auf Wechselwirkungen zwischen Atomen.

Descartes wird wegen seines Glaubens in das unabhängige Bestehen von Geist und Körper ein Substanzdualist genannt. (Sein Geist-Körper-Problem war festzustellen, wie und wo diese zwei verschieden Wirklichkeiten aufeinander einwirken.) Spinoza argumentierte, dass es nur eine absolute unendliche Substanz gebe: Gott oder Natur. Humes skeptische Zweifel stellten alles Wissen über wesentliche Verursachung in Frage.

Pythagoras

Wie oben erwähnt, waren die ersten griechischen Philosophen physikalistische Metaphysiker, da sie dachten, dass Quelle und Substanz des Universums materielle Prinzipien sind, so wie Wasser oder Feuer. Die Philosophie schlug mit der Einführung der Geometrie, einem rationalen und deduktiven System, eine andere Richtung ein. Es entstand eine neue Art Mathematik, basierend auf der Geometrie.

Das Wirkliche als das Rationale

Pythagoras ist ein legendärer Repräsentant dieser neuen Philosophie. Ihm wird die bemerkenswerte Sichtweise zugeschrieben, dass alles Zahl ist, oder Verhältnis von Zahlen. Nehmen wir z. B. eine Gitarrensaite, die so gespannt ist, dass sie einen bestimmten Ton formt – das eingestrichene C. Wenn man die Saite in der Mitte eindrückt (der zwölfte Bund auf dem Gitarrenhals), wird der resultierende Ton eine Oktave höher sein. Als Pythagoras die Oktave hörte, versicherte er, dass man das Verhältnis 1:2 hört. Andere Töne (das Verhältnis zwischen den Tönen) werden erreicht, indem die Saite an verschiedenen Punkten unterteilt wird, dabei werden unterschiedliche Verhältnisse gebraucht. Wenn die Saite auf einem Drittel der Länge eingedrückt wird (der siebte Bund) hört man das Verhältnis 2:3 (auch reine Quinte genannt, in diesem Falle das G). Pythagoras ging es darum, dass wir sogar in der Musik das Verhältnis hören.

Nach ausgedehnten Reisen und Beschäftigung mit Jahrhundertealten Vermutungen richtete Pythagoras seine Aufmerksamkeit auf den Kosmos und entdeckte auch zwischen den Planeten ein regelmäßiges Verhältnis. Die Bewegung der Planeten und der Sonne war „eine Harmonie der Sphären", eine himmlische Harmonie, zugänglich für die mathematisch Gebildeten. Willst du die Welt kennen, so lerne Mathematik. Das ist die Lehre des Pythagoras, die in der formalen Wissenschaft noch immer gültig ist.

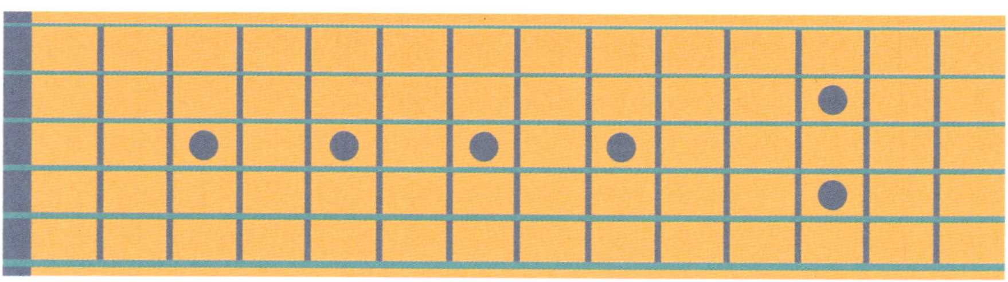

Die irrationale Zahl und das Absurde

Pythagoras ist berühmt für die Entdeckung des geometrischen Theorems, das seinen Namen trägt. Der Satz des Pythagoras, obwohl bejubelt, sprengte auch die pythagoreische Philosophie, dass das Wirkliche rational ist (alles ist Ratio). Um dies zu begreifen, hilft es, geometrisch über Zahlen nachzudenken. Genau wie in der Harmonie der Musik müssen Ratio und Zahlen konkret und räumlich gesehen werden. Nehmen Sie ein rechtwinkliges Dreieck, mit Seiten der Länge a, b und c. Konstruieren Sie ein Quadrat außerhalb des Dreiecks mit der Länge jeder Seite des Dreiecks als Basis, so wie hier oben rechts. Jetzt kann der Satz des Pythagoras wie folgt formuliert werden:

$$a^2 + b^2 = c^2$$

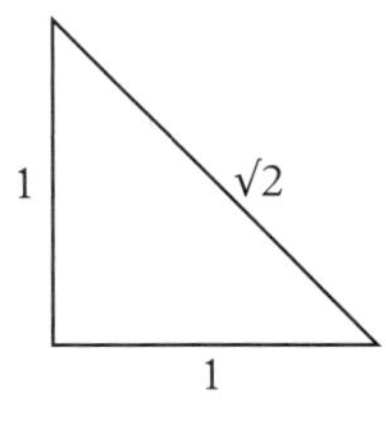

Das Quadrat der Hypotenuse ist gleich der Summe der Quadrate der beiden anderen Seiten. Geometrisch bedeutet es, dass die Fläche von Quadrat C gleich der kombinierten Fläche der Quadrate A und B ist. Das Problem zeigt sich im einfachsten Fall dieses Satzes, dem gleichschenkligen Dreieck, d. h. bei einem rechtwinkligen Dreieck, bei dem gilt a = b = 1. Von der oben stehenden Formel und einigen einfachen Berechnungen ausgehend, können wir die Länge der Hypotenuse c wie folgt bestimmen:

$$1^2 + 1^2 = c^2$$

$$1 + 1 = 2 = c^2$$

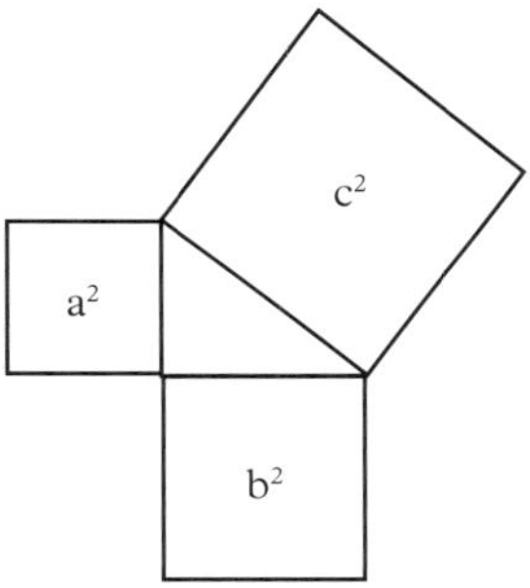

Wenn wir die Quadratwurzel beider Seiten ziehen, bekommen wir:

$$c = \sqrt{2} = 1,4142135623730950$$

488016887242097 …

Die Quadratwurzel von zwei ist hier nur teilweise wiedergegeben, da ihre dezimale Ausbreitung unendlich und nicht wiederholend ist, eine geometrische Menge, die übereinstimmt mit dem, was wir nun irrationale Zahl nennen. Obwohl sie nicht als Ratio von Einheiten auszudrücken ist, ist die Hypotenuse C nicht weniger real als die Seiten A und B. Tatsächlich kam Pythagoras als erster dahinter, dass es noch andere reale Zahlen gibt als nur die rationalen Zahlen. Das System, das sowohl die rationalen als auch die irrationalen Zahlen beinhaltet, ist noch immer bekannt als der System realer Zahlen und formt den mathematischen Grundsatz des Raum-Zeitkontinuums (s. Raum, S. 96-97).

Profil

Die Metaphysik des Aristoteles

Aristoteles' Welt

Vor Aristoteles war die Erde der Mittelpunkt des Kosmos. Der Mond, die Sterne und die wandernden Planeten (unsere Sonne inbegriffen) bewegten sich in festen konzentrischen Kreisen um die Erde, die die niedrigste Position einnahm. Er sah etwas ewiges, also göttliches, in den perfekten kreisförmigen Bahnen, beschrieben durch die Himmelskörper aus Feuer, die sich nicht weit weg über uns bewegten. Weil die Erde auf den niedrigsten Platz gehörte, gehörte Feuer auf den höchsten. Aristoteles war auch der Meinung, dass wir nach unserem Tode an dieser Göttlichkeit teilhaben würden. Nicht als Individuum, sondern Kraft unserer Form oder Art, unserer *Rationalität*.

„Alle Menschen wollen von Natur aus wissen.“
– Aristoteles

Unter dem Mond des aristotelischen Universums hat Bewegung immer einen Beginn und ein Ende. Dieses enttäuschende Gesetz ist zu jedem durchgedrungen, der versucht hat, einen Ball so weit zu werfen, dass er niemals landen würde oder so hoch, dass er niemals wieder herunterfallen würde (so wie Feuer). Grenzen und Tod sind Tatsachen der sublunaren Welt. Er glaubte, dass die Natur immer zielbewusst handelt und so müssten die Bewegungen und Aktivitäten der Pflanzen und Tiere – rationale Tiere wie wir mit einbezogen – zu irgendetwas dienen. Aristoteles Metaphysik ist teleologisch. Das Telos ist das, weswegen etwas besteht oder unternommen wird. Es ist eine der vier aristotelischen Ursachen (s. gegenüber).

Die Essenz der Dinge (oder: Wesentliche Formen)

Auf Erden sind Dinge künstlich oder durch den Menschen gemacht, andere Dinge bestehen von Natur aus. Beide sind wesentlich im metaphysischen Sinn (d. h. fundamental wirklich), was sie für Wissenschaften untersuchbar macht (anders als bei Platon, für den die Formen an sich wesentlich waren).

So wie wir Artefakte, wie Gebäude oder Werkzeuge, mit einem Ziel vor Augen herstellen, so entstehen laut Aristoteles auch natürliche Objekte für bestimmte natürliche Ziele. Werkzeuge tun nichts, wir tun etwas mit Werkzeugen. Was natürliche Substanzen nach Aristoteles unterscheidet, ist die Quelle natürlicher Bewegung, die sie in sich tragen. Sie besitzen einen innerlichen Grundsatz der Bewegung und Ruhe. Steine bewegen sich von Natur aus hinunter, Feuer steigt nach oben. Pflanzen treiben Wurzeln und wachsen, jede nach ihrer Art. Jede Tierart hat seine eigene Art des Wachsens und der Fortbewegung, plus verschiedene instinktive (also natürliche) Formen der Aktivität. Pflanzen nehmen Nahrung über ihre Wurzeln auf, Tiere über ihren Verdauungstrakt. Beide pflanzen sich fort, was Aristoteles vergleicht mit einem Trostpreis des ewigen Lebens. Überall in der Natur, folgerte Aristoteles, besteht das Niedere um des Höheren willen.

Die Ursache der Dinge

Was die Art und Essenz natürlicher und künstlicher Substanzen betrifft, schien es Aristoteles deutlich, dass das, was ist, nicht dasselbe sein kann, wie das, woraus es gemacht ist. Die Statue des Sokrates ist nicht nur einfach Mamor, sondern Mamor in der Form von Sokrates. Die Form von Sokrates ist das, was den Mamor zur Statue macht. Ein Haufen Teile einen Tisches sind kein Tisch, aber dieselben Teile richtig geordnet, formen den Tisch. Hier ist geometrische Ordnung die Form oder Essenz des Tisches, nicht das Material, woraus er besteht. Die Form oder Ordnung lässt zu, dass die Teile dem Ziel eines Tisches entsprechen.

In diesen Beispielen bestimmt Form die Funktion (*Telos*). Das gilt auch, dachte Aristoteles, überall in der Welt der Natur. Die Ordnung der Teile von Pflanzen und Tieren macht es möglich, dass die Wesen aus Organen bestehen (ein Wort, das „funktionales Teil" bedeutet) und diese entsprechen den verschiedenen Zielen des Lebens, wie Ernährung, Fortpflanzung, Wahrnehmung oder Fortbewegung. Das Auge ist gemacht, um damit sehen zu können. Das ist sein Ziel oder seine Funktion. der Verdienst des Auges ist, gut zu funktionieren, scharf zu sehen (s. Tugenden, S. 62–63).

Dies gesagt, erkannte Aristoteles vier Faktoren für Erklärungen, die bekannt sind als die vier Ursachen, die alle erforderlich sind in jedweder vollständiger Beschreibung natürlichen Wandels, Wachstums und Verfalls.

1. **Materielle Ursache** – die Materie, aus der etwas besteht.
2. **Formale Ursache** – die Form (Gestalt, Rangordnung oder funktionale Ordnung).
3. **Bewegende Ursache** – die Handlung oder der Prozess, der das Objekt oder den Wandel hervorbringt.
4. **Zielursache** – das, weswegen etwas besteht oder sich verändert (telos oder Ziel).

Die formale Ursache ist von Natur aus primär. Form bestimmt Funktion (Telos), aber ist auch die Quelle natürlicher Bewegung in ihr. Sie ist Beginn und Ende der Veränderung. Das Primat der Form enthüllt Platons Einfluss auf Aristoteles und sogar das sokratische Erbe (s. Platon, S. 20–21). Aber während Platon die Formen in einem Bereich situierte, der von Materie geschieden war, platzierte Aristoteles Form untrennbar in Materie.

Die Psyche als Form

Nach Aristoteles ist die Psyche oder Seele die Form des lebenden Wesens, also auch seine Quelle der Bewegung und Zielursache, das Ziel seinen Seins. Die menschliche Seele ist Rationalität; von allen Formen kann nur sie gesondert bestehen und also vereinen wir uns im Tode mit der ewigen Rationalität der himmlischen Sphären.

Kausale Kräfte

Platon: Ursache als Essenz

Für Platon ist die wahre Ursache, dass Dinge sind wie sie sind, ihr Archetyp oder ihre Schablone, ihr *Eidos* oder ideale Essenz. Dinge sind, was sie sind, durch ihre Partizipation an einer gemeinsamen Form oder Art, die Platon sich vorstellte als gesondert bestehenden, kurzlebigen, materiellen Bereich, der uns durch unsere Sinne enthüllt wird. So ist die Form der Gerechtigkeit nur vom Intellekt zu begreifen, sie ist dieselbe, sei es im Stadtstaat oder in der Psyche. Es ist ein dreiteiliges Funktionieren von beidem (S. 104-105).

Aristoteles: Kausalität als Verwirklichung

Aristoteles hielt an der sokratischen Idee der idealen Essenz fest, aber verankerte sie in der Materie und kombinierte sie mit anderen kausalen Erklärungen – andere „Warums".

Im Besonderen das *Eidos*, oder die formale Ursache, macht die Dinge zu dem, was sie sind; d. h. spezifiziert, was für ein Ding es ist. Ob es ein Beil oder ein Auge betrifft, die Form ist die Ordnung der Teile, die richtiges Funktionieren – Hacken oder Sehen – möglich macht. Die Form des Beils besteht erst potentiell im Geiste des Werkzeugmachers, danach in Wirklichkeit des gefertigten Werkzeugs, dann in einem noch höheren Grad von Wirklichkeit, in seinem Gebrauch. So macht auch die Form des Auges, dass es sieht, aber sein höchster Wirklichkeitsgrad ist der Gebrauch des Auges.

Auch die Psyche ist das wirkliche Leben eines Körpers. Die höchste Wirklichkeit menschlicher Seele ist ein echtes Leben, ein lebendes Individuum. Nach Aristoteles folgt nach dem Tode kein individuelles Fortbestehen, nur eine Form von Ewigkeit als Art. Wir haben Teil an göttlicher Vernunft, die Welt ist fundamental zu begreifen. Der erklärende Stil des Aristoteles nimmt an, dass die ganze Natur zielgerichtet arbeitet. Eine Welt mit eingebauten Zielursachen ist eine Welt durchdrungen von Wert, eine „bezaubernde Welt". Die moderne Wissenschaft entzauberte die Natur dadurch, dass Zielursachen und alle Teleologie von der genehmigten Liste mit wissenschaftlichen Erklärungen gestrichen wurden.

Galileo: Die farblose Maschine

Ein Beispiel für erklärende Sparsamkeit, Ockhams Rasiermesser, behauptet, dass man Einheiten nicht ohne Notwendigkeit vervielfältigen muss. Halsen Sie Ihren Erklärungen oder Ontologien keine Komplexität von außen auf. Benannt nach Wilhelm von Ockham (ca. 1280-1349), ist es auf Platons verfilzten Bart zugeschnitten um Formen, Essenzen und Zielursachen aus der Metaphysik herauszuarbeiten.

Frühe moderne Wissenschaft stutzte weiterhin die haarige Metaphysik bevorzugt mit erkenntnistheoretischer Sparsamkeit und erklärender Ökonomie. Galilei (1564–1642) wies Zielursachen in der Wissenschaft völlig von der Hand. Gott darf seine Absicht haben mit der Welt, aber unsere Wissenschaft ist nicht dazu gedacht, die Gründe zu finden. Mechanische, messbare und nachweisbare Regelmäßigkeit waren Gesetze dieser Welt. Galilei warnte, dass wir in Dingen Ziele lesen, wie wir auch in Farben lesen. Die Farben, die in Objekten erscheinen, sind nicht in den Objekten. Sie sind im Bewusstsein die Folge von Wechselwirkungen zwischen Licht, den Oberflächen der Objekte und der Physiologie von Auge und Gehirn. Rotes Licht ist nicht von Natur aus rot. In modernen Begriffen ist es eine bestimmte Wellenfrequenz, die eine rote Erfahrung in uns auslösen kann. Farbe sitzt im Bewusstsein oder in der Beziehung Gehirn – Welt, nicht im Objekt selbst. Auch Ziele projizieren wir auf Natur.

Physische Notwendigkeit und Naturgesetz

Logische Notwendigkeit ist unabhängig von Umständen. Die Heirat schenkt dem Junggesellen keine Ehefrau; sie beendet das Junggesellenleben und kreiert eine Ehefrau. Die Umstände sind verändert, aber alle Junggesellen bleiben unverheiratet. Sogar die Ehepflichten verändern sich nicht; was sich verändert, ist, dass sie nun für zwei Menschen mehr gelten. Physische Notwendigkeit ist gleichzeitig wesentlicher als logische Notwendigkeit und zwingender als ein ethisches Ideal. Ein einfacher Beurteilungsfehler kann eine Ehe ruinieren; es ist ein Wunder nötig, um eine physische Notwendigkeit zu ruinieren. Schwerkraft zwingt so gründlich, dass sogar der Ausdruck „der Schwerkraft trotzen“ eine Fehlbezeichnung ist. Eine Hummel trotzt vielleicht mathematischen Physikern, aber nicht physikalischer Notwendigkeit. Schwerelosigkeit ist vereinbar mit Schwerkraft – sie tritt unvorhersagbar auf bei übereinstimmenden Schwerkraftgesetzen. Kausalität wird manchmal erklärt mit Beispielen wie „drücken“ und „ziehen“ und sich festsetzenden Zahnrädern im Getriebe. Billard ist eine berühmte Metapher (Hume, S. 44–45). Aber das Bild eines Schlüssels, der ein Schloss öffnet, ist auch ein brauchbares Gegenbeispiel. Fragen sie Humes Frage im Bezug auf die Wahrnehmung von Kausalität zu Ihrer Erfahrung mit dem Öffnen eines Schlosses mit einem passenden Schlüssel. Haben Sie einen sinnlichen Eindruck von physischer Notwendigkeit?

KARMA ALS URSACHE

Das Wort Karma hat einen Stamm, der Handlung und – im erweiterten Sinne – Ursache bedeutet. Oft wird die Betonung auf die Bedeutung als Wirkung gelegt. Man kann sagen, dass letzterer Gebrauch, obwohl populär, ein Beispiel ist für die Neigung zur Bestätigung. Es kann auch bedeuten, dem Opfer die Schuld zu geben. Anstelle Karma zu betrachten als nicht-stofflicher moralischer Niederschlag früherer Taten, als kosmisch verdienter Lohn oder als Schicksal, können Sie es als mentale Willensäußerung sehen, eine Neigung, zu handeln aufgrund von mentaler Gewohnheit. Karma im Moment ist ein mentales Gewohnheitsmuster, die Ursache sehr vieler Gedanken, Wörter und Taten, die meist durch im Selbst verankerte Unwissenheit verdunkelt werden. Über Karma hinaussteigen ist nur eine Überwindung der Gewohnheitsmuster, Selbstkenntnis, die Freiheit fordert und Selbstbeherrschung. Allgemein definiert nimmt Karma selbst keine Inkarnation an.

Modalitäten: Formen des (wahr) Seins

Notwendigkeit und Möglichkeit

Manche Thesen sind wahr, andere sind falsch. Einige sind aber notwendig wahr und manche Unwahrheiten sind notwendig falsch. Eine (logisch) notwendige Wahrheit ist eine These, die durch ihre eigene Art wahr sein muss; sie könnte unmöglich falsch sein. Kein Junggeselle wird je eine Ehefrau haben (obwohl viele von ihnen Ehemänner und dann nicht länger Junggeselle sein werden). Sieben plus sechs kann nur dreizehn ergeben. Notwendige Wahrheiten sind unter allen Umständen wahr. Die Wahrheiten anderer Thesen hängen von verschiedenen geltenden Umständen ab. Eine These, die notwendig falsch ist, ist eine, die das logisch Unmögliche behauptet, so wie 0 = 1, Vierecke sind rund, grün ist rot oder 6+7≠13. Eine logische Unwahrheit ist nicht einfach etwas extrem Unwahrscheinliches, so wie Mann beißt Hund oder Steine treiben auf Wasser. Sie muss an sich unmöglich sein.

Es gibt eine dritte Gruppe, bedingende Thesen genannt, die weder notwendig wahr, noch notwendig falsch sind. Sie können zufällig wahr sein, aber müssen es nicht. Sie können zufällig falsch sein, obwohl sie nicht absurd oder unmöglich sind. Es zeigt sich, dass Dinge vielleicht nicht so sind. Bedingende Thesen hängen von Umständen ab. Sie hätten rechts abbiegen können statt links. Nicht jede Wahrheit musste sein, wie sie ist (s. Bedingende Thesen, S. 138-139 und Quantor Wörter, S. 142-143).

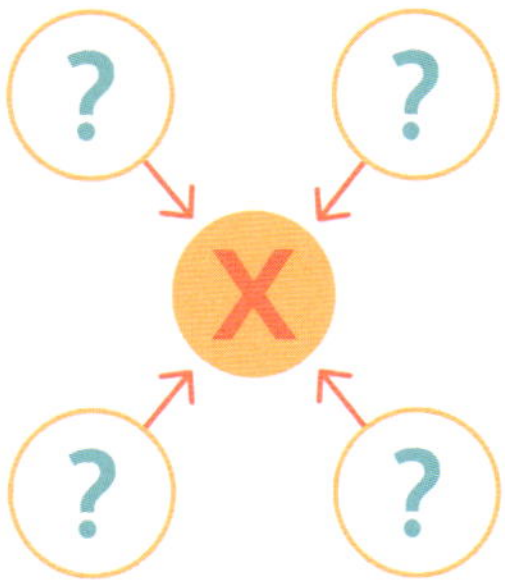

Diamanten und Schachteln

Wir können diese Ideen in einfachen Symbolen ausdrücken:

◊P steht für „Es ist möglich, dass P”
oder „P ist möglich.”

[]P steht für „Es ist notwendig, dass P”
oder „P ist notwendig.”

Eine notwendige Unwahrheit kann nun symbolisiert werden auf jede der zwei Arten. Lasse ¬P stehen für die Verneinung von P („Es ist nicht der Fall, dass P” oder „nicht P”). Daraus folgt:

¬◊P
„Es ist nicht möglich, dass P der Fall ist“
oder „P ist nicht möglich.“

[]¬P
„Es ist notwendig, dass P nicht der Fall ist“
oder „P ist notwendig nicht der Fall.“

Unsicherheit ist komplexer als reine Möglichkeit. Sie kann auf zwei equivalente Arten ausgedrückt werden:

$$\Diamond P \,\&\, \neg\Box P$$

„P ist möglich, aber nicht notwendig.“

$$\Diamond P \,\&\, \Diamond\neg P$$

„P ist möglich, aber nicht-P ist auch möglich.“

Beachte, dass kein großer Unterschied zwischen $\neg\Box P$ und $\Box\neg P$, zwischen „Es ist nicht notwendig so“ und „Es ist notwendigerweise nicht so“ besteht. Beachte auch: wenn P kontingent ist, dann ist $\neg P$ das auch.

Mögliche Welten

Die Wirklichkeit ist die Summe aller Wahrheiten, bedingte oder notwendige. Es ist ein maximal konsistentes System, weil Zufügung irgendeines anderen Systems es logischerweise inkonsistent machen würde. (Begreifen Sie warum? Wenn eine These nicht von Beginn an im System ist, ist sie falsch und ist deren Verneinung schon inbegriffen.)

Eine mögliche Welt ist jede maximal konsistente Summe von Thesen. Weil sie logisch konsistent ist, wird sie notwendig Unwahrheiten enthalten. Weil sie maximal ist, wird sie alle notwendigen Wahrheiten umfassen. Eine mögliche Welt ist das Ganze von dem, was die Welt sein könnte. Es gibt viele mögliche Welten. Über mögliche Welten zu sprechen ermöglicht es uns, modale Konzepte zu erhellen. Wir können sagen, dass $\Box P$ wahr ist, wenn P in jeder möglichen Welt wahr ist. In anderen Worten, P wäre wahr gewesen, ganz gleich, wie die Welt geraten ist.

DIE MODALITÄT DER MORALITÄT

Pflicht ist eine ethische Notwendigkeit. Sie müssen Ihre Pflicht tun. Moralische Erlaubnis ist ethische Möglichkeit. Sie dürfen alles tun, was erlaubt ist. Doch unterscheidet sich ethische Notwendigkeit deutlich von logischer und physischer Notwendigkeit. Eine notwendige Wahrheit ist zum Beispiel wirklich wahr, d. h. sie ist wahr in der wirklichen Welt. Aber sollte impliziert nicht *sein*. Nicht alle Pflichten werden beachtet. So ist auch alles Wirkliche logisch möglich. Leider, nicht jede Handlung, die wir verrichten, ist ethisch erlaubt. Dies ist keine ideale Welt.

ÜBUNGEN

Unsere zwei Symbole sind überflüssig: jedes der beiden kann in Begriffen des anderen definiert werden:

1. Gebrauche nur P, $\neg$ und $\Diamond$, suche eine Bezeichnung, die dasselbe bedeutet wie $\Box P$.

2. Gebrauche nur P, $\neg$ und $\Box$, suche eine Bezeichnung, die dasselbe bedeutet wie $\Diamond P$.

ANTWORTEN

1. $\Box P$ ist definierbar als $\neg\Diamond\neg P$ „Was notwendig ist, kann unmöglich falsch sein.“

2. $\Diamond P$ ist definierbar als $\neg\Box\neg P$ „Das Mögliche ist, was nicht falsch sein muss.“

Raum: Grenze ohne Endlichkeit

Geometrie in Zahlen

Vielleicht erinnern Sie sich an das Kartesische Blatt, die kreuzenden x–y-Achsen der Schulmathematik. Nach seinem Erfinder Descartes benannt, bietet es uns eine Möglichkeit, um mit einem geordneten Paar von realen Zahlen <x,y> jeden Punkt einer zweidimensionalen Fläche zu identifizieren. Es ist einfach auf 3D zu erweitern, sodass jeder Punkt im Raum mit einem geordneten „Trio" <x,y,z> errechnet werden kann. Descartes schreibt, dass ihm die Idee, Punkte im Raum durch ein Koordinatensystem zu bestimmen, am späten Morgen beim Philosophieren im Bett kam. Er beobachtete eine Fliege, die durch sein Zimmer flitzte und erkannte, dass, wenn er eine Ecke seines Zimmers als den Ursprung <0,0,0> definierte, er jeden Punkt der Flugroute in drei Zahlen wiedergeben konnte. Man könnte die Position der Fliege als Funktion der Zeit notieren: *f*(t) = <a,b,c> – zum Zeitpunkt t, hat die Position des Insekts die Koordinaten x = a, y = b und z = c. Descartes machte es so möglich, geometrische Probleme in mathematischen Funktionen auszudrücken, was zu effektiven neuen Methoden führte, um diverse physikalische und geometrische Probleme lösen zu können.

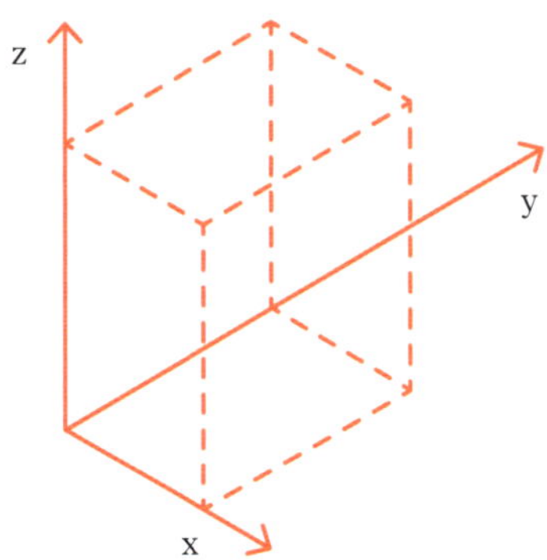

Materie als erweiterte Substanz

Die Betrachtung der Geometrie in Termen der Arithmetik mit realen Zahlen war von großer Bedeutung für Descartes' Metaphysik, da er Materie in ihrer reinsten Essenz als Ausbreitung betrachtete.
Und Geometrie ist die Wissenschaft der Ausbreitung. Tatsächlich funktioniert die materielle Welt nach mathematischen (sogar mechanischen) Prinzipien. Die Naturgesetze sind in der Sprache der Geometrie geschrieben. Descartes begriff die essenzielle Natur der Materie, bevor er sich sicher war, dass die Wirklichkeit bestand, sogar vor seinem Beweis der Existenz Gottes. Ausbreitung heißt einfach Raum einnehmen und aller Raum ist eingenommen (Descartes verwarf, genau wie Aristoteles, die Möglichkeit eines Vakuums). Descartes war genau wie Platon der Meinung, dass der Intellekt die Essenz, die nicht über die Sinne erkannt wird, direkt wahrnimmt. Alle sinnlichen Eigenschaften von Wachs verändern sich, wenn es schmilzt. Die Ausbreitung aber besteht, außer wenn und bis dahin das Wachs vernichtet wird.

Wenn die Essenz der Materie Ausbreitung ist, muss eine Wissenschaft der Natur auf alle teleologischen Erklärungen verzichten. Die stoffliche Welt, der sich Descartes (nach all seinen Zweifeln) sicher war, ist eine mechanische Welt, einem natürlichen Ziel oder einer Zielursache beraubt. Es ist die moderne Welt.

Ist die Welt endlich oder unendlich?

Breitet sich der Weltraum ewig aus oder nur für eine bestimmte Periode?

Nehmen Sie an, Sie befänden sich am äußersten Rand der Welt, wohinter absolut nichts ist, selbst kein leerer Raum. An der äußersten Grenze des Weltraums stehend, fragen Sie sich vielleicht, ob es möglich ist, Ihren Arm in das „Dahinter" zu strecken. Wenn dort nichts ist, gibt es nichts, dass sie daran hindert. Aber wenn dort kein Raum ist, ist es auch kein Ort für Ihren Arm und Sie werden merken, dass es undurchdringlich ist. Das Nichts würde massiv scheinen.

In alten Zeiten nahm man wahr, dass sich das Himmelsgewölbe „fester Sterne" jeden Tag um den Nordstern oder Polarstern drehte. Die Endlichkeit der Welt schien also deutlich. Nun wissen wir, dass diese Illusion aus der Rotation der Erde entsteht, die für uns nicht direkt wahrnehmbar ist. Die Sterne haben keinen festen Platz, sondern drehen sich in unterschiedlichen Abständen zu uns und bewegen sich immer schneller von uns weg.

Die Welt, die Kant im Spiegel sah

Laut Kant repräsentiert Raum Dinge nicht so, wie sie an sich sind. Dinge an sich haben keine räumlichen Eigenschaften. Geometrische Wahrheiten entlehnen ihre Notwendigkeit der Art, wie Dinge uns erscheinen. Raum ist eine Form der Intuition, unseres Vermögens, direkte, sinnliche Vorstellung von Dingen außer uns zu empfangen. Raum ist a priori Form der äußeren Intuition.

Man kann Kants Auffassung des Geistes grob vergleichen mit den gekrümmten Linien und Falten an der Oberfläche eines Zerrspiegels. Licht, das auf ihn fällt, kann für sich geordnet sein, aber um in diesem Spiegel gespiegelt zu werden, muss es durch die Form des Spiegels geordnet sein. Die Empfänglichkeit des Geistes erlegt unserer unmittelbaren Erfahrung aktiv eine bestimmte Ordnung auf. Kant forderte Zweifler auf, ihre eigene rechte Hand mit deren Spiegelbild zu vergleichen (in einem einfachen Spiegel). Die Spiegelung sollte eine linke Hand sein, aber sonst dem Original entsprechen. Die zwei sind vollkommen gleich und haben identische räumliche Verhältnisse, aber sind nicht kongruent und nicht durch einander zu ersetzen. Der Unterschied, den räumliche Intuition sofort enthüllt, ist unbegreiflich für das Denken. Was die rechte Hand zur Rechten macht, ist der Rest des sie umschließenden Raums.

DIE WELT IST ENDLICH ABER UNBEGRENZT?

Nehmen wir an, dass jeder stoffliche Körper im Universum gleichzeitig ausgedehnt wird und dass sich alles proportional ausbreitet. Könnten wir, trotz der beachtenswerten Veränderung, das wirklich entdecken? All unsere Maßstäbe wären auch gewachsen, also wären unsere Messungen von den vorherigen nicht verschieden.

Freiheit und Notwendigkeit

Entscheidung ist ein Ereignis

Wenn jedes Ereignis verursacht ist, sind all Ihre freien Entscheidungen verursacht. Aber verursacht sein ist genötigt sein. All Ihre freien Entscheidungen sind also erzwungen. Entweder Freiheit ist erzwungen oder es gibt keine Freiheit.

Hier geht es um metaphysische Freiheit, nicht politische oder moralische Autonomie. Wenn Ihre Entscheidung frei ist, muss es so sein, dass Sie etwas anderes hätten tun können. Aber wenn eine Entscheidung erzwungen ist, hätte sie nicht anders sein können. Was erzwungen ist, muss geschehen. Also musste Ihre Entscheidung geschehen. Entweder ist es das oder ein Ereignis ohne Ursache. Kein Ereignis kann aber ohne Ursache sein.

In diesem metaphysischen Zirkelschluss hat so mancher philosophischer Hund bis zu seinem Tode seinen Schwanz gejagt.

Determinismus hinterfragen

Hinter dieser Argumentation liegt die wichtige deterministische Annahme, dass jedes Ereignis verursacht ist, also erzwungen. Ereignisse kommen nicht aus dem Blauen heraus. D. h. wir erwarten sie vielleicht nicht und werden von ihnen überrascht, aber bestimmte unbekannte Faktoren oder Umstände müssen sie zu Wege gebracht haben. Wenn es nicht genügend Ursache für ein Ereignis gibt, ist es nicht deutlich, warum es jemals geschehen sein würde, da das Nichtgeschehen auch ein Ereignis ohne Ursache ist. Ein Ereignis kann nicht sowohl geschehen, als auch nicht geschehen. □(E oder ¬E)

Unser metaphysisches Vertrauen geht nicht zusammen mit erkenntnistheoretischem Erfolg. D. h. wir wissen nicht immer, was die Ursache ist, oder begreifen alle Umstände, die ein Ereignis zustande bringen nicht ganz. Wir haben mehr Vertrauen darin, dass es immer Ursachen gibt, als darin, dass wir sie immer finden können. Diese merkwürdige Dickköpfigkeit ist der fröhliche Optimismus der Wissenschaft, die überzeugt ist, dass die Wahrheit zu finden ist, auch wenn sie unserer endlosen Suche entgleitet.

Verursachung in Frage stellen

Es ist ein Ding, Wissenschaft im Prinzip zu unterschreiben und ihr Vertrauen in kausale Erklärungen zu teilen. Aber etwas anderes, Verdacht zu hegen gegen unser psychisches Erleben der Verursachung. Dennoch ergänzen sich die beiden in der wissenschaftlichen Recherche nach unserer Wahrnehmung der Verursachung. Hume behauptete, dass es keine sinnlichen Eindrücke der Verursachung gäbe, nicht in Erfahrung, selbst nicht nach sorgfältiger Nachforschung. „Alle Ereignisse scheinen gelöst und geschieden. Das

eine Ereignis folgt auf das andere, aber eine Verbindung dazwischen können wir niemals wahrnehmen. Sie scheinen zusammengefügt, aber niemals verbunden" (Hume, *Enquiry*, Abschnitt VII Teil II). Hume nimmt an, dass wir keine Kenntnis der Verursachung haben können, wenn wir einen solchen Eindruck nicht lokalisieren können. Viele Denker haben selbst danach gesucht und nichts gefunden.

Der belgische Psychologe Albert Michotte glaubte, so einen Eindruck einer mechanischen Verursachung experimentell isoliert zu haben. Sein „Anstoßeffekt" (Experimente zur Bewegungswahrnehmung) ist das wichtigste Beispiel. Es kann mit vielen Mitteln gezeigt werden, am einfachsten mit Schatten auf einer Leinwand. Im Wesentlichen konnte Michotte die illusorische Wahrnehmung von Verursachung einfach hervorrufen, indem er Schatten sich in bestimmten Bahnen im Verhältnis zueinander bewegen lies. Der eine Schatten bewegt sich in einem stetigen Tempo bis er mit dem anderen Kontakt zu haben scheint, der bis dahin still stand, aber sich plötzlich in derselben Richtung und im selben Tempo wie der erste, der nun zurückbleibt, zu bewegen beginnt. Der eine scheint den anderen zu treffen und in Bewegung zu bringen. Kleine Variationen (so wie eine kurze Pause vor der Bewegung des zweiten Schattens) zerstören den Wahrnehmungseffekt völlig. Ähnliche kausale Illusionen kann man heute in vielen Animationen finden.

ÜBUNGEN

Sehen Sie einigen Leuten beim Billardspiel zu und untersuchen Sie den Kontakt einer Kugel mit einer anderen und deren resultierende Bewegung. Bekommen Sie einen sinnlichen Eindruck vom ursächlichen Handeln?

Michottes experimentelle Resultate führten ihn zu der Auffassung, dass wir Ereignisse und Handlungen, auch kausale Ereignisse, wahrnehmen und nicht nur Objekte in Bewegung. Wir erkennen Dinge, die Dinge mit anderen Dingen tun.

Diese Widerlegung Humes hat ihren Preis: wir haben wohl einen Eindruck von Verursachung, aber der ist anfällig für Illusion – wir sehen Verursachung sogar dann, wenn sie nicht da ist.

Freiheit in Frage stellen

Wenn Wahrnehmung von Verursachung eine Illusion ist oder sein kann, dann ist unsere Wahrnehmung unseres eigenen ursächlichen Handelns eine Illusion, zumindest kann sie es sein. Vielleicht kennen Sie die Erfahrung, den Fernsehkanal mit der Fernbedienung umgeschaltet zu haben, wobei plötzlich das Licht im Raum angeht. Zufällig hat jemand genau im selben Moment das Licht eingeschaltet. Wenn das Timing stimmt, kann es sich anfühlen, als ob Sie es taten. Man kann den deutlichen Eindruck erfahren, das Angehen des Lichts verursacht zu haben. Ist Ihre eigene Verursachung Ihres Handelns selbst eine Wahrnehmungsillusion? Unterbrechen Sie im Laufe des Tages Ihre normale Tätigkeit, um sich zu fragen: „Entscheide ich diese Handlungsweise? Was ist die Ursache für mein Verhalten?"

Dies ist kein Fahrrad

Die Frage der Identität persönlich nehmen

Wer Sie auch sind, Sie sind noch nicht fertig. Wer Sie sind, ist eine Reise.

Mit dem Fahrrad

Michael und Ian waren wie Tag und Nacht – Michael ein Perfektionist und Ian ein unverbesserlicher Sammler. Nehmen wir Michaels Fahrrad. Sobald ein Teil davon etwas abgenutzt war, tauschte Michael es aus und alle abgelegten Teile landeten in Ians Werkstatt. Einmal waren alle Teile ausgetauscht und Ian konnte Sie wieder zusammensetzen. Er und Michael machten eine Radtour und das merkwürdige ist, dass jeder der beiden dachte, er führe auf Michaels Rad. Wer hatte recht?

Mit dem Schiff

Das Problem mit Mikes Rädern ist fast identisch mit dem uralten Problem vom Schiff des Theseus. Theseus' Sieg über den Minotaurus im Labyrinth von Kreta wurde alle sieben Jahre mit diesem Schiff gedacht. Letztendlich mussten die Planken und andere Teile ersetzt werden. Zum Schluss bestand das Schiff aus vollständig neuen Materialien. War es dasselbe Schiff? Es steht außer Frage, dass es das einzige Schiff war, dass das Recht hatte, an den Feierlichkeiten teilzunehmen. Also ist die Identität des Schiffes vielleicht eine soziale Zuschreibung. Ist Ihre Identität ein soziales Konzept?

Zelle für Zelle

Untersuchungen haben gezeigt, dass die durchschnittliche Lebensdauer einer Zelle sieben bis zehn Jahr ist. Dennoch werden viele Zellen fortwährend ersetzt und der Körper wird mit der Zeit erneuert. Mit ca. 65 Jahren werden Sie 6 Skelette, 4 Sets von Muskeln und Organen und wahrscheinlich mehr als 30 Lebern verbraucht haben. Ihre roten Blutkörperchen werden sich fast 200 mal erneuert haben. Ihre Haut, vielleicht ihre 1700ste Epidermis, wird nur Wochen alt sein. Nur Ihre Linsen werden genau so alt sein, wie Sie, genau wie Ihre Herzmuskeln und die Neuronen Ihrer Hirnrinde. (Wade, 2005; Spalding et al., 2005)

Wenn Ihre persönliche Identität ein Produkt Ihres Gehirns ist, hat es in jedem Fall eine relativ stabile physische Basis.

Stabilität ist relativ. Verfall der Kräfte ist unvermeidlich. Werden Sie noch sein, nachdem Sie sterben? Werden Sie bei Ihrem Begräbnis sein, ohne Körper Zeuge Ihrer eigenen Überbleibsel? Oder sind Sie nur Ihr lebender Körper?

Mit dem Gedächtnis

Für den englischen Philosophen John Locke (1632–1704) ist die Tatsache, dass Sie sich daran erinnern, Erfahrungen gehabt zu haben, genug Beweis, dass Sie jetzt derselbe sind wie damals. Bewusste Erinnerung ist der Leim des Selbst, da es das effektive Kriterium dafür ist, dieselbe Person zu sein. Fragen zur Identität von Personen sind darum ganz anders, als Fragen zur Identität von Substanz, etwa von Rädern, Booten und Körpern. Zugängliche Erinnerung ist das Kriterium für Gleichheit einer Person, nicht die Kontinuität der Substanz.

Selbst Kontinuität spiritueller Substanz ist unerheblich für persönliche Identität, sagt Locke. Nehmen wir an, dass dieselbe Seele in verschiedene Leben und verschiedene Körper geboren wird. Wenn der letzte Körper sich des ersten nicht bewusst erinnern kann, dann hat diese Seele zwei Personen und auch zwei Körper. Umgekehrt behauptet Locke, dass zwei nicht stoffliche oder spirituelle Substanzen dieselbe Person sein würden, wenn sie dieselbe bewusste Erinnerung teilten. Locke argumentiert für seine Sicht, indem er den Leser zu folgendem Gedankenspiel einlädt. Nehmen wir an, dass Ihr kleiner Finger bei einem Unfall abgerissen ist. Ihr Bewusstsein funktioniert wie sonst, aber nur in Ihrem kleinen Finger, nicht im Rest des Körpers. Sie erinnern sich, mit dem Körper verbunden gewesen zu sein, aber nicht, dass der Finger mit ihrem Körper verbunden war. Während des Unfalls entsteht ein neues, separates Bewusstsein, von Ihren Erinnerungen im Rest des Körpers abgetrennt. Wäre es nicht ungerecht – fragt Locke –, wenn es die Belohnungen für Ihr früheres Handeln genießen könnte? Wäre es genauso falsch, Sie, den kleinen Finger, für ein Verbrechen des neuen Bewohners Ihres Körpers zu bestrafen?

VERDAMMT!

Also wer sind Sie eigentlich? Sind Sie Ihr Körper? Sind Sie die strukturierte Aktivität Ihrer Gehirnzellen? Sind Sie eine sozial konstruierte und zugeschriebene Identität? Ist Ihr Sein abhängig von ritueller Anerkennung?

Oder genügt Ihr Bewusstsein, um Sie ein Ganzes werden zu lassen? Haben Sie die Teile Ihres Selbst verloren, die Sie vergessen haben? Würde Gedächtnisverlust Sie vernichten?

Oder haben Sie eine unstoffliche Substanz nötig, die Ihnen aus diesem Leben ins nächste hilft oder die die Lücken in Ihren Erinnerungen an Ihr vorheriges Leben überbrückt?

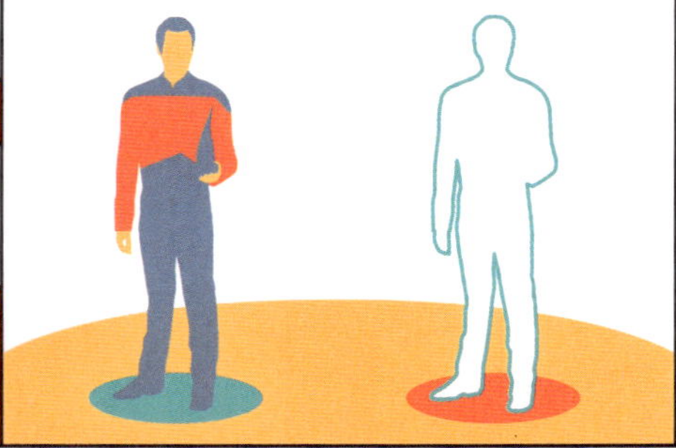

Übung 5

Teletransport-Raumfahrtmaschine

DIE AUFGABE:

Stellen Sie sich vor, Sie haben eine Transportmaschine, die Ihren Körper gründlich scannen kann, alle Informationen die Konfiguration betreffend, die relevant für Ihre Identität sind, speichert und diese dann weiterleitet an jeden gewünschten Ort, an dem ein Empfangsgerät sie verarbeitet und organisches Material verwendend ein exaktes Duplikat Ihres Gehirns und Körpers konstruiert, bis ins letzte Molekül. Der ganze Vorgang dauert einige Sekunden und hinterlässt keine psychischen Spuren. Ihr Ziel erreichen Sie intakt mit all Ihren Gedanken, Gefühlen und Erinnerungen. Die Raumfahrtmaschine ist 100 % sicher und effektiv. Wenn Sie ankommen, sind Sie dann noch Sie selbst?

DIE METHODE:

Dieses Problem basiert auf dem Teletransport-Gedanken-Experiment von Derek Parfit, das 1984 präsentiert und in den Jahrzehnten danach ausführlich von Philosophen besprochen wurde. Es ist konstruiert, um zugrundeliegende philosophische Annahmen, ganz gleich auf welche Seite Sie Ihre Intuition führt, aufzuzeigen. Parfit denkt, es zeige die Unwichtigkeit der persönlichen Identität. Lassen Sie sich nicht vom Risiko eines Reiseunfalls davon abbringen, die Transportmaschine zu gebrauchen. An Ihrem Ziel werden Sie feststellen, dass Ihr Körper exakt wieder aufgebaut ist, so robust oder so gebrechlich, mit jeder Vollkommenheit oder Unvollkommenheit, die Sie jetzt (ob bewusst oder unbewusst) besitzen.

Eine essenzielle Annahme ist, dass der Prozess des Kopierens die psychische Kontinuität und den Zusammenhang instand hält. Insofern Ihre psychischen Eigenschaften durch Gehirn und Körper bestimmt sind, werden auch diese kopiert. Empirisch ist Teletransport so etwas wie ein langes Blinzeln; Sie schließen Ihre Augen einige Zeit und öffnen sie an einem anderen Ort – oder besser, jemand mit Ihrer exakten psychischen Vergangenheit öffnet sie am neuen Ort. Die Frage ist: Sind Sie die Person?

DIE LÖSUNG:
Für dieses Rätsel gibt es keine Lösung. Praktische Lösungen sind uninteressant, da laut Hypothese Probleme unmöglich sind. Es geht nicht darum, die richtigen Antworten zu finden, sondern um unsere Reaktionen und die zugrundeliegenden Annahmen, die sie aufzeigen, zu untersuchen. Wenn Sie keine existenzielle Bedrohung im Bezug auf die Vernichtung Ihres gegenwärtigen Körpers spüren, weil an Ihrem Ziel garantiert eine Kopie ist, liegt es vielleicht daran, dass Sie nicht denken, dass Sie der Körper sind. Wenn eine gefühlte Kontinuität trotz materieller Diskontinuität genügt, um Ihre Identität mittels Teletransporter instand zu halten, glauben Sie anscheinend nicht, dass für Sie eine bleibende Seele oder kontinuierliche spirituelle Substanz notwendig ist, um zu bleiben, wer Sie sind.

Sie können den Selbstversuch erweitern, indem Sie Variationen des ursprünglichen Falles überdenken, die auf zugrundeliegende philosophische Annahmen hinweisen, die möglicherweise in Kraft sind, wenn Sie beschließen (niemals) in die Transportmaschine zu steigen.

- Angenommen, dass woanders eine Kopie generiert wird, Ihr Körper währenddessen aber nicht vernichtet worden ist. Es gibt nun zwei qualitativ identische, aber numerisch verschiedene Kandidaten für Ihr Selbst. Sind Sie noch Ihre Kopie? Wie können Sie mit der Kopie identisch sein, wenn Ihr Körper vernichtet ist, aber sich davon unterscheiden, wenn Ihr ursprünglicher Körper intakt fortbesteht.
- Angenommen, diese Variation weiterführend, dass sowohl Sie, wie auch die Kopie dasselbe Maß an psychischer Kontinuität und Zusammenhang mit Ihrem früheren Selbst haben. Gibt Ihre psychische Kontinuität Ihnen irgendeinen bevorzugten Status gegenüber Ihrem Doppelgänger? Kann es wirklich so wichtig sein, aus welchen spezifischen Kohlenstoffatomen Sie bestehen?
- Wieder überlebt Ihr Körper das Scannen, ist aber leicht verletzt, was Ihre psychische Kontinuität und Verbundenheit mit Ihrem früheren Selbst auf weniger als die Ihrer Kopie reduziert. Sind Sie aber weniger als Ihre Kopie?
- Sie sind zu einem schweren Los auf einem abgelegenen Planeten verurteilt, eine lebenslange Strafe, der Sie nur entkommen können, wenn Sie kopiert wurden. In diesem Fall gibt es eine 50 %-ige Chance, dass Ihre Kopie an Ihrer Stelle dorthin geschickt wird. Macht es Ihnen nichts aus, ob Sie oder ihre Kopie dorthin gehen? Wenn Sie ursprünglich bereit waren sich selbst zu teletransportieren, aber nun lieber Ihre Kopie verschicken lassen wollen, verurteilen Sie sich dann nicht doch noch?
- Angenommen, dass eine Ihrer Gehirnhälften stirbt. Sie überleben und halten ein hohes Maß an psychischer Kontinuität und Verbundenheit mit Ihrem früheren Selbst. Noch immer Sie, nicht wahr? Nehmen wir jetzt an, dass Ihre rechte und linke Gehirnhälfte operativ getrennt werden und Sie jede psychische Kontinuität und Verbundenheit behalten. Können beide Sie sein?

Die Konflikte in Platons Seele

Aus wie vielen Teilen besteht Ihre Seele? Wenn Sie nach innen schauen, finden Sie dann Grenzen? Und Gegensätze? Platon gebrauchte die gegensätzliche Wirkung als Argument, um darzulegen, dass die menschliche Psyche oder Seele drei Teile mit unabhängigen und manchmal gegensätzlichen Funktionen hat. Man kann Platons Theorie mit Freuds besser bekannter Einteilung der Seele in Es, Ich, Über-Ich vergleichen, auch wenn die Teile anders sind und andere Funktionen besitzen.

Plantons dreiteilige Seele

Wir wissen mit einem Teil, sind böse mit einem zweiten und verlangen mit einem dritten. Angenommen Sie haben großen Durst, aber das einzige Wasser ist salzig. Sie wissen, dass Sie es nicht trinken sollten – es würde Sie nur weiter austrocknen und durstiger machen. Also lassen Sie es, wohlweislich. Hier ist nach Platon die Begierde (der Teil der Seele, der Verlangen erfährt) der Vernunft (die Trinken verbietet und das Verlangen bezwingt) entgegengesetzt.

Angenommen Sie kommen an den Ort eines schrecklichen Unfalls. Die Polizei ist schon da und winkt Sie durch. Während Sie vorbeifahren, fragen Sie sich, ob Sie einen Blick auf das Blutbad werfen sollen. Ein Teil von Ihnen möchte das, ein anderer ist angewidert von Ihrem eigenen Interesse und widersetzt sich. In einem solchen Streit entdeckte Planton drei Faktoren: Die Vernunft verurteilt das Verlangen hinzusehen und es entsteht Wut auf sich selbst. Er stellte sich einen ähnlichen Fall vor, in dem ein Mann seinem Verlangen, sich tote Körper anzusehen, nachgibt, aber das Verlangen dann doch als abscheulich und minderwertig betrachtet. Die Bosheit, die er gegen sich selbst erfährt, ist verbunden mit dem Urteil seiner Vernunft. An anderer Stelle meint Platon, dass die Vernunft Bosheit tadelt, wodurch sie also keine Funktionen desselben Teils sein können. Auf jeden Fall können Kinder und Tiere böse sein, bevor sie folgern können. Die drei Teile müssen also verschieden sein.

Eine Sinfonie der Tugend

Obwohl es Teile der menschlichen Psyche oder Seele sind, bringt Platon sie in Verbindung mit Körperstellen. Vernunft befindet sich im Kopf, Bosheit in der Brust und Begierde in Bauch und Lenden. Gute Regulierung dieser psychischen Funktionen bedeutet, dass der Kopf über Leidenschaft herrsche – weise Herrschaft der Seele, die die anderen Teile bezwingt und eine dreiteilige psychische Harmonie gründet, die Platon als wahre Form (*Eidos*) der Gerechtigkeit sah.

Beachten Sie, dass vortreffliches Funktionieren jedes Teils der Seele eine Tugend ist: Weisheit ist die Vortrefflichkeit der Vernunft, Mut, die des feurigen Teils, der Bosheit fühlt und Mäßigkeit ist der beste Kurs für die Begierde. Gerechtigkeit ist das gut funktionierende Ganze. Dies sind die berühmten Kardinaltugenden (S. 62-63). Die dreiteilige Form der Gerechtigkeit ist auch wahrnehmbar auf dem Niveau des Stadtstaats, in harmonischer gesellschaftlicher Ordnung in Platons utopischem Kasten-System.

In einem einprägsamen Bild vergleicht Platon Begierden mit einem vielköpfigen Biest, mit einem „Ring aus Köpfen von zahmen und wilden Tieren", der sich immer verändert und stets neue formt. Der feurige Teil, der Wut im Herzen fühlt, wird mit einem Löwen verglichen (woanders auch mit einem treuen Wachhund, der Freund und Feind aufspürt und richtige Meinungen formen kann, aber kein echtes Wissen). Das Vermögen der Seele, zu argumentieren, hat eine menschliche Form, aber auch etwas Göttliches. Dieses vielförmige Monster ist die menschliche Seele. Die gerechte Seele ist eine gut verwaltete Menagerie.

Ewige Ungerechtigkeit

Platon glaubte fest an die Unsterblichkeit der Seele, aber nur des überlegenen Teils. Die anderen Teile konnten nicht wissen und waren zu eng mit dem Körper verbunden, um göttlich zu sein. Wie auch immer, nichts Ewiges könnte Teile haben oder zusammengestellt sein (da alles mit Teilen letztendlich zerfallen muss). Man könnte denken, dass eine Konsequenz daraus ist, dass die ewige Seele keine gerechte Seele sein kann.

PLATONS THEORIE DER REDLICHEN SEELE

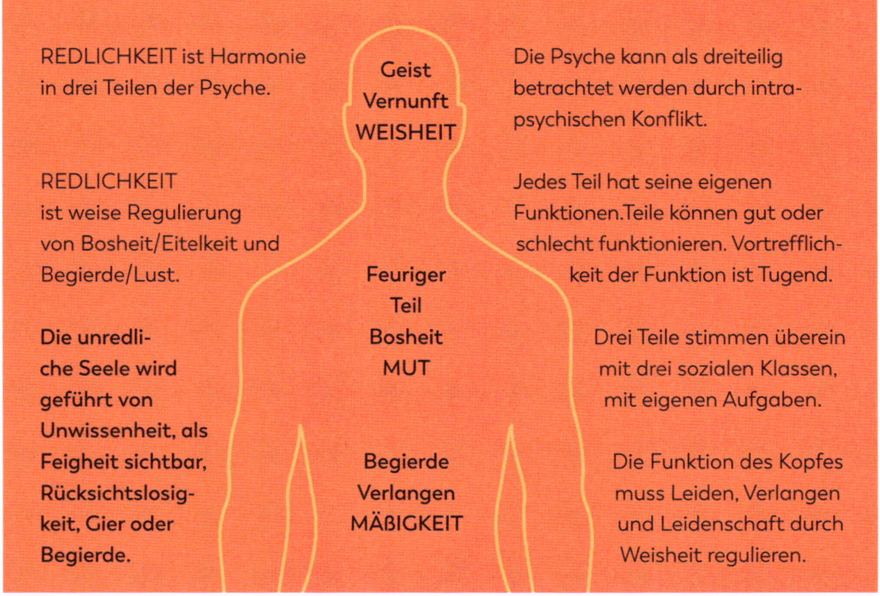

Verändere dein Bewusstsein

Geist als Bewusstsein (äh ..Sprache)

Ich bin. Mein Geist besteht. Diese erste metaphysische These Descartes' widerstand all seinen Versuchen sie anzuzweifeln, da er durch das Zweifeln dachte und er, wenn er dachte, bestand. Aber was ist dieser Geist? Nachdem er gezeigt hatte, dass der Geist besteht, musste Descartes deutlich machen, was er war. Was ist seine definierende Eigenschaft, die Beschaffenheit, die ihn zu dem machte, der er war? (Indem er an diesem entscheidenden Punkt auf den Begriff Essenz vertraute, zeigte Descartes, was er der alten griechischen Idee von wesentlicher Form fortdauernd schuldig ist. Der Beginn der Moderne kommt aus einem edlen Erbe.)

Weil er weiß, dass er besteht, aber er sich der Außenwelt noch nicht sicher ist, folgert Descartes, dass der Geist unabhängig vom Körper bestehen muss. Und angesichts dessen, dass Denken als solches alles ist, was untrennbar von ihm ist, muss die Essenz des Geistes Bewusstsein selbst sein (inklusive Denken, Zweifel, Empfindungen, Erkennen, Träume, Phantasie etc). Der Geist ist ein denkendes Ding (*res cogitans*), eine Entität mit persönlichem Bewusstsein als tiefster Natur. Nach Descartes ist Denken auch das, was uns von Tieren unterscheidet. Tiere sind nicht-bewusste Automaten. Er schrieb: „Alle Handlungen von Bestien sind nur denen ähnlich, die wir ohne Hilfe unseres Geistes verrichten." (Vierte Gegenrede). In der Tat sind viele unserer Handlungen automatisch, mechanisch, auf Gewohnheit basiert oder reflexartig und erfordern kein Bewusstsein. Es ist der Gebrauch von Worten, um Gedanken auszudrücken, was uns einzigartig macht. Tiere können keine Kommentare geben. Descartes' Gebrauch von „Denken" ist also doppelsinnig: Manchmal bedeutet es jede Form von Bewusstsein; manchmal ist es eng mit der Sprache verbunden.

„Was aber bin ich demnach? Ein denkendes Wesen! Was heißt das? Nun, – ein Wesen, das zweifelt, einsieht, bejaht, verneint, will, nicht will und das sich auch etwas bildlich vorstellt und empfindet."
– Descartes, *Meditation II*

Bewusstsein verändernde Psychophysik

Im stillen Kinosaal ist es einfach, Menschen einige Reihe weiter flüstern zu hören. In einer lauten Bar ist es, auch wenn man schreit, schwierig, sich verständlich zu machen. Hier überstimmen die Hintergrundgeräusche sogar einen lauten Schrei. In der Stille aber ist es unmöglich, ein Flüstern zu überhören. Wir können bei niedrigen Lautstärken kleinere Unterschiede bemerken, während bei einem hohen Volumen größere Unterschiede nötig sind, bevor sie über den Krach hinaus zu hören sind. Der gerade wahrnehmbare Unterschied ist klein in ruhiger Umgebung, groß ein einer lauten. Stellen Sie sich vor, Sie sind in einem dunklen Zimmer und sehen auf ein kleine Lampe mit niedrig eingestelltem Dimmer. Jemand dreht ihn einen Tick höher und notiert, ob Sie die Veränderung bemerken. Dieser Dimmer gibt die exakte Menge Strom an, die bei der Produktion der gegebenen Lichtstärke verbraucht wird. Wenn die Lampe schwa-

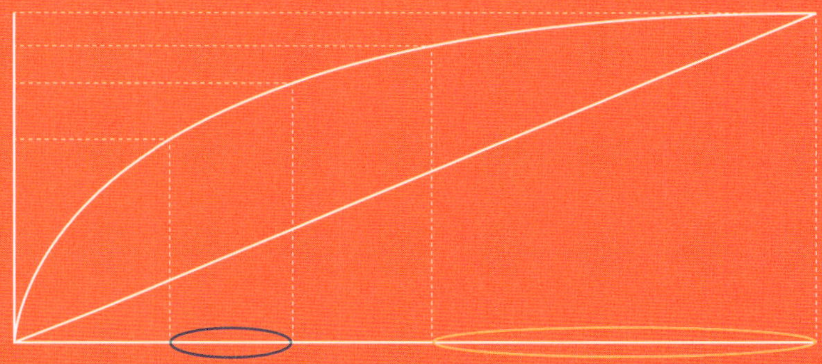

Die horizontale Achse gibt eine materielle Quantität an (Menge verbrauchter Energie beim gegebenen Stand des Dimmers), während die vertikale Achse einen mentalen oder subjektiven Faktor registriert (durch Berichte von Wahrnehmenden). Jeder höhere Punkt auf der vertikalen Achse markiert eine kleinere wahrnehmbare Zunahme der Helligkeit.

ches Licht gibt, sind kleine Veränderungen in der Energiezufuhr einfach festzustellen. Aber wenn die Lampe helles Licht gibt, muss der Dimmer viel weiter gedreht werden, bevor ein Unterschied in der Helligkeit wahrnehmbar ist. Wiederum hängt die Größe des gerade noch wahrnehmbaren Unterschieds von der Stärke des normalen oder damit verglichenen Reizes ab.

Gustav Fechner (1801–1887) war ein deutscher Mystiker und Physiker, der Geist und Körper in einem mathematischen Gesetz zu vereinen suchte. Mathematik diente nicht länger nur zur Untersuchung der Außenwelt. Er fand eine mathematische Formel, mit der er obenstehende Beobachtungen der subjektiv wahrnehmbaren Unterschiede ausdrücken konnte. Zu Papier gebracht liefert seine Formel eine Grafik wie hier oben. Um zu bemerken, dass ein schwaches Licht heller geworden ist als es erst schien, muss der Dimmer ein kleines bisschen (der blaue Kreis) höher gestellt werden. Dies ist vergleichbar mit einem Flüstern im stillen Zimmer. Um eine Zunahme der Helligkeit im Verhältnis zur Mitte zu bemerken, muss der Dimmer ein ordentliches Stück (gelber Kreis) höher gedreht werden. Weil Energie Geld kostet, spricht dies auch für Energiesparlampen. Wären unsere Sinne perfekt, würden wir die geringste Veränderung der Energiezufuhr bemerken und unsere Reaktion würde eine gerade Linie darstellen (s. Diagonale). Die Krümmung in der tatsächlichen Reaktionskurve zeigt die aktive Kraft des Geistes, folgerte Fechner. Er verwarf den Substanzdualismus von Descartes zu Gunsten eines psychophysischen Parallelismus, der Auffassung, dass Geist und Materie zweigliedrige Aspekte derselben zugrundeliegenden Substanz oder Wirklichkeit sind. Tatsächlich glaubte Fechner als Panpsychist, dass die Psyche in allem anwesend ist.

Achten Sie auf Ihren Kopf

Hume: Mein, nicht ich

Es ist bekannt, dass David Hume an Descartes unzweifelhaftem ersten Grundsatz: „Ich denke, also bin ich." zweifelte. Für Descartes war das ein unfehlbarer Beweis das Bestehens des Geistes oder der Seele (das ich). Hume bemerkte jedoch, dass alles, was er innerlich finden konnte, sehr viele Ideen, unmittelbare Eindrücke oder darauf aufbauende Reflexionen waren. Welche Ideen (welches Objekt Ihres Denkens oder Fühlens) sind Sie selbst? Das Selbst ist nur Bühne für entstehende Ideen:

„Was mich betrifft, wenn ich vollständig in das eintrete, was ich mich selbst nenne, stoße ich immer auf diese oder jene Wahrnehmung von Wärme und Kälte, Licht und Schatten, Liebe oder Hass, Schmerz oder Genuss. Ich kann mich selbst zu keinem einzigen Moment ohne eine Wahrnehmung erwischen, und kann niemals etwas anderes als die Wahrnehmung wahrnehmen."
– Humes *Treatise*, Buch 1, Teil IV, SZ. VII

Kurzum, es gibt Gedanken, aber es gibt keinen Denker. „Wir sind nichts anderes als eine Menge oder Sammlung verschiedener Wahrnehmungen, die mit unvorstellbarer Geschwindigkeit aufeinander folgen und sich ewig verändern und bewegen". Später benannte der materialistische Arzt La Mettrie (1709–1751), der das berüchtigte Buch *L'Homme Machine* schrieb, dieses Skepsis über das Selbst mit einer anderen Metapher: „die Seele ist eine Kerze, deren Flamme jedes Mal, wenn sie erlischt, wieder entzündet wird." Beide Visionen stehen in Geist, Sprache und Bildsprache nahe an der buddhistischen Lehre der Selbstlosigkeit (*Anatman*), obwohl ohne Yoga- oder Meditationsmethode, um die eigenen Gewohnheiten auszurotten.

Kant: Ich stehe außerhalb von allem

Die Abwesenheit des Selbst als unmittelbares Objekt der Intuition ist nicht das Ende der Geschichte. Was vereinigt Humes' Sammlung von Wahrnehmungen und macht sie zu mehr als einem Haufen Splitter? All meine Erfahrungen sind in der Tat vereinigt, weil sie alle meine sind. Meine Erfahrungen zielen alle auf das Selbst, das sie nicht enthüllen.

Sie sagen vielleicht nebenbei, dass Sie mit vier Jahren eine völlig andere Person waren als heute. Doch waren Sie es der derzeit all die Erfahrungen hatte, sonst wären diese jetzt nicht Ihre Erinnerungen. Für Imanuel Kant bewies die Einheit der persönlichen Erfahrung, dass er ein Selbst war, aber eines, welches über seine Erfahrungen, obwohl es sie vereinigte, hinausging.

Nur im reflektierten Denken, nicht in unmittelbarer Intuition erkennen wir uns selbst als Eins. Doch ist diese transzendentale Einheit nötig, nicht willkürlich oder zufällig. Das Selbst, wie es in sich ist, offenbart sich nicht im Selbst, wie es sich selbst erscheint.

Um Kants Forderung der Notwendigkeit zu prüfen, erwägen Sie folgendes Ereignis. Sie machen Inventur in Ihrem Innern, stöbern durch Ihre Erinnerungen, ordnen Ihre Gefühle und Gedanken wie im Lagerhaus Ihres Geistes. Völlig unerwartet stoßen Sie auf eine meiner Ideen. Dies ist nicht einfach Ihre perfekte Einsicht in das, was ich meinte, sondern buchstäblich meine Idee, die in Ihrem Geist auftaucht. (Geben Sie sie wieder her!) Wenn Sie denken, dass dies Szenario nicht nur völlig unwahrscheinlich ist, sondern a priori unmöglich, haben Sie vielleicht kantische Züge.

Huxley: Was tut Bewusstsein?

Laut Descartes besteht Bewusstsein in einem Punkt, ganz ohne geometrische Ausbreitung (trotzdem fähig zu geometrischem Denken). Unabhängig von aller räumlicher Ausbreitung ist der Geist buchstäblich nirgendwo. T. H. Huxley (1825–1895) verteidigte die Sichtweise, dass Bewusstsein nur Folge ist, niemals Ursache. Bewusstsein – als ein geworfener Schatten – tut ganz und gar nichts. Ihre subjektiven Erfahrungen entstehen aus physiologischen Ursachen, aber Ihr Bewusstsein ist davon reiner Zeuge, „hilfloser Zuschauer". Es kann leiden, aber nichts beeinflussen. Anstelle das Bestehen des Bewusstseins rundheraus zu verneinen, gesteht diese Strategie seine Existenz, verneint jedoch seine Wirksamkeit. „Wir sind bewusste Automaten."

James: „Nach außen tretender Atem"

Huxleys machtloser Geist in einer physiologischen Maschine war dem Pragmatismus des William James ein Gräuel (S.118-119). Warum, fragte sich James, erscheint Bewusstsein bei Zweifel und Entscheidungslosigkeit und verschwindet bei Gewohnheit? Es muss die eine oder andere Funktion haben, die mit Beschlüssen und Handlungen zusammenhängt. Abgesehen von dieser Funktion war das Ganze kein Ding, keine Entität. Bei näherer Analyse gab es aber noch etwas.

„Ich bin gänzlich davon überzeugt, dass in mir selbst der Strom des Denkens […] nur ein nachlässiger Name ist für etwas, das, wenn genauer untersucht, nur aus dem Strom meiner Atmung besteht. Das „ich denke", von dem Kant sagte, es müsse all seine Objekte begleiten können, ist das „ich atme", welches sie in Wirklichkeit begleitet. […] Atem, der immer schon das Original von „Geist" war, Atem, der nach Außen tritt, zwischen Stimmritze und Nasenlöchern, ist, das ist meine Überzeugung, die Essenz aus der Philosophen die Entität, die sie als Bewusstsein kennen, konstruiert haben."

– James, 1904

Übung 6

Farbenblinde Farbwissenschaft

DIE AUFGABE:

Stellen Sie sich eine zukünftige Neurowissenschaftlerin vor, die alles über Farbwahrnehmung weiß. Sie weiß alles, was die Physik uns über materielle Objekte lehren kann, auch wie sie auf Licht reagieren und wie das Licht ins menschliche Auge eintritt und im Gehirn verarbeitet wird. Mary aber ist farbenblind und hat tatsächlich noch nie Farben gesehen. Sie hat Zitronen gesehen, und weiß, dass sie gelb sind. Aber sie hat niemals Gelb gesehen oder, dass Zitronen gelb sind.

Eines Tages wird ihre Sehschwäche geheilt. Wie wird sie reagieren, wenn sie nach der Operation die Augen öffnet? Würde sie dank ihrer Expertise Farben identifizieren und unterscheiden können? Würde sie darauf hereinfallen, wenn jemand ihr eine blaue Zitrone gibt?

DIE METHODE:

Man sagt, wie jemand diese Fragen zu Mary beantwortet, kann seine zugrundeliegenden metaphysischen Annahmen enthüllen.

Frank Jackson, der den ursprünglichen Vorgänger dieses Problems erdachte, meinte dass Mary wirklich erstaunt sein würde, und benutzte die Folgerung, um gegen den Physikalismus zu argumentieren. Physikalismus steht für viele Philosophen für verschiedene Dinge, vom „alles Wirkliche ist Physik", „jedes mentale Ereignis ist ein physikalisches Ereignis" bis „jede Erklärung ist in der Bedeutung äquivalent zu einer bestimmten physikalischen Erklärung". Da Mary, laut Jackson, alle physikalischen Tatsachen über Farben kannte, zeigt sich aus ihrer Überraschung, dass es nicht-physikalische Fakten geben muss. Hierzu gehören persönliche Tatsachen, sowie das pure Gefühl von Farben, wie Farbe aussieht für jemanden, der sie sieht, der subjektive Charakter der Farberfahrung, oder was Philosophen die Essenz der Farbe nennen. Was Mary postoperativ wahrnimmt und was selbst den akkuratesten physikalischen Theorien fehlt, sind die Essenzen von Farbe.

Farben können Farbenblinden ebenso wenig erklärt werden, wie Klang den Gehörlosen. Es ist aber gut möglich, sich darüber zu einigen, dass Mary erstaunt sein wird, ohne zu glauben, dass Farberlebnisse nichtphysikalisch, völlig subjektiv oder sogar radikal persönlich sind. Andererseits ist es auch möglich zu denken, dass Marys Erstaunen unwahrscheinlich, ja absurd ist. Wenn Mary alles wüsste, was es über Farben zu wissen gibt, müsste sie wissen, wie Farbe aussieht.

DIE LÖSUNG:

Es ist wichtig, dass wir unsere imaginären Fakten nicht falsch verstehen. Keiner sagte, Mary wisse alles, was es über Farben zu wissen gibt; sie wusste alles, was Naturwissenschaften über Farben feststellen können. Die Frage wird also sein, ob alles, was es über Farben zu wissen gibt, durch die Naturwissenschaften erhellt werden kann. Kann man Essenzen z. B. auf irgendeine Weise mittels rein physikalischer Neurowissenschaften erkennen? Es gibt eine Art der Argumentation, bei der Mary gewusst hätte, wie Farben aussehen, auch wenn sie niemals welche gesehen hatte. Die Hypothese ist, dass Mary nie Farben gesehen hat und dies müssen wir vermutlich buchstäblich auffassen. Aber ist es nicht möglich, dass Mary sich Farben vorgestellt haben kann, ohne jemals echte Farben gesehen zu haben? Niemals eine Farbe gesehen zu haben, ist nicht dasselbe wie sie sich niemals vorgestellt zu haben. Angenommen, dass Marys Krankheit alle Informationen von Farben, während diese Ihre ihre Augen verlassen, filtert, sodass ihre Bereiche für Farbverarbeitung intakt sind. Angenommen sie erfindet einen Apparat, der Bereiche für Farbverarbeitung in ihrem Gehirn stimuliert, in Mustern, die mit den Gehirnen von Menschen, die Farben sehen, übereinstimmen. Diese Stimulation ruft variierende Farberlebnisse bei Mary hervor, sodass sie sich, auch wenn sie niemals Farben gesehen hat, nach Wunsch Farben vorstellen kann. Aber jedes Mal, wenn sie auf die Außenwelt schaute, konnte sie nur Grautöne sehen. Man könnte dagegenhalten, dass sich diese Erfindung nicht an die Bedingungen des ursprünglichen Problems hält, da wir sagen, dass Halluzinierende „Licht, Farben und Bilder sehen, die es nicht gibt" und Mary niemals Farben gesehen haben würde. Diese Bedeutung des Verbs „sehen" unterscheidet sich deutlich von der buchstäblichen Interpretation, die wir zu gebrauchen dachten. Betrachten wir den Unterschied als regelmäßig, aber was dann noch? Wie könnte Mary je wissen, welche Namen zu den Farben gehören, die wir Sehenden ihnen gegeben haben? Selbst wenn sie „Kobaltblau" vor ihrem inneren Auge gesehen hätte, würde sie nicht wissen, dass es Blau war, geschweige denn, welches Blau es war und wie es zu benennen sei. Also würde sie nach der Operation sagen: „Die Farbe ist also Kobaltblau!"

Dieser neue Einwurf vergisst, dass Mary allwissend in Farbwissenschaft ist. Eine einfache Erweiterung ihres Apparates wird sie wissen lassen, dass das künstlich hervorgebrachte Farberlebnis, das sie nun hat, nicht dasselbe ist, welches Menschen haben, die gelbe Zitronen sehen. Sie wird wissen, dass ihr jetziger Gehirnzustand und das Farberlebnis, das er hervorbringt, derselbe ist wie der eines Individuums, welches Kobaltblau ansieht. Mary wird also einfach nur auf Basis der Neurowissenschaften einsehen, dass das subjektive Erleben von Farbe, welches sie jetzt hat, wahrscheinlich Kobaltblau sein wird, sodass die Zitrone vor ihr ein Scherz ist.

Der Gott des Philosophen

Der ontologische Beweis Nr. 1

Ein klassisches Argument für die Existenz Gottes dreht sich um eine geniale Definition von Gott als das, was größer ist, als das, was nicht zu erfassen ist. Die Definition ist sorgfältig in Worte gefasst, um der Frage neutral gegenüber zu stehen, ob wir Gott erfassen können oder nicht. Dies ist nur verständlich, wenn wir versuchen das Absolute zu definieren oder zu umschreiben.

So definiert – dem Argument folgend – muss Gott bestehen. Wir können sicher erfassen, dass etwas besteht und wir können zugeben, dass Bestehen größer ist als Nichtbestehen. Wenn Gott also nur möglich ist und nicht wirklich besteht, könnten wir etwas noch Größeres erfassen, nämlich, dass der mögliche Gott wirklich besteht. Also ist Gott nicht nur möglich, Gott besteht.

Der ontologische Beweis Nr. 2

Der ontologische Beweis wird auch anders formuliert. Gott ist ein Wesen, das Vollkommenheit besitzt. Das Bestehen ist eine Vollkommenheit. Also besteht Gott. Dieser Beweis spricht Philosophen an, weil er a priori abläuft. Das Universum betreffend nimmt er nichts an, nur was die Vorstellbarkeit betrifft. Er nimmt auch an, das die Definition logisch konsequent ist, d. h. dass es wenigstens möglich ist, dass es etwas Größeres gibt, als das, was nicht zu erfassen ist. Der Skeptiker muss besonders unbarmherzig sein, um zu behaupten, dass etwas so Großes unmöglich ist. Im ontologischen Beweis wird Gottes Bestehen aus seiner Definition abgeleitet. Wenn angenommen werden darf, dass die Definition die Essenz zusammenfasst, können wir sagen, dass Gottes Essenz sein Bestehen umfasst.

DIE HISTORISCHE PERSPEKTIVE

Der ontologische Beweis, nachdem ihn Anselm von Canterbury (1033–1109) in die Theologie einführte, taucht oft in der Geschichte der Philosophie auf. Descartes z. B. (nachdem er bezweifelt hatte, dass etwas sei und am Ende seinen ersten unzweifelhaften Grundsatz, das Sein des Selbst, entdeckte), bahnte sich nur auf dieser kargen Basis einen Weg zur Rekonstruktion der ganzen Welt. Der erste große Schritt in die Richtung ist sein Beweis der Existenz Gottes. Während er sich ausschließlich noch sicher über das Bestehen seines eigenen Geistes ist, findet er inmitten seiner Ideen ein Konzept von Gott. Nur von diesem Konzept aus, Descartes' subjektiver Definition von Gott, beweist er sein Bestehen. Wie macht er das? Die Definition ist fast dieselbe, wie die des Anselm von Canterbury. Gottes Essenz, so definiert, impliziert sein Bestehen.

FRAGE

Wenn das Bestehen Gottes eine notwendige Wahrheit ist, was ist dann die Art der Notwendigkeit? Ist die Notwendigkeit physisch, logisch oder ethisch? Oder ist Gott seine eigene Modalität?

Gott oder Götter?

Wenn Gott größer ist als das, was wir nicht erfassen können, würde daraus folgen, dass wir nichts Größeres erfassen können. Aber könnte das Große seinen Platz nicht allein einnehmen, außerhalb unserer Vorstellung? Genau wie in der Mathematik ist es eine Sache, Existenz zu beweisen, eine ganz andere, Einzigartigkeit zu beweisen. Man könnte Anselm von Canterbury seine an sich bestehende Gottheit erlauben und sich dann fragen, was noch dahinter steckt. Gaunilo, ein Mönch aus der gleichen Zeit, fragte sich, ob dieselbe Argumentation nicht das Bestehen einer Insel implizierte, die größer war, als das, was nicht zu erfassen ist. Diese vollkommene Insel würde kleiner sein, als zu erfassen wäre ohne zu bestehen. Gaunilo meinte diese Antwort als Gegenargument.

Gott als Absolut Unendliche Substanz

Spinoza führt auch eine Definition Gottes ein. Gott ist eine „Substanz bestehend aus unendlichen Eigenschaften, von denen jede ewige und unendliche Essenz ausdrückt". Oder Gott hat unendlich viele essenzielle Eigenschaften, jede an sich unendlich. Jede Essenz muss durch sich selbst vorgestellt werden und ist letztendlich Ursache ihrer selbst. Gott ist also Ursache seiner selbst. Seine Essenz beinhaltet sein Bestehen. Zwei dieser Eigenschaften sind Denken und Ausbreitung. Spinozas Gott ist also unendlich ausgebreitet. Tatsächlich sind unsere Gedanken und selbst unsere Körper nur endliche Ausgangsformen dieser göttlichen Essenz, die „Gott oder Natur" ausdrücken.

BESTEHEN IST KEINE EIGENSCHAFT

Sich etwas vorzustellen, heißt schon sich vorzustellen, dass es besteht. Sich Nikolaus vorzustellen, ist sich vorzustellen, dass er existiert. Glauben an die Zahnfee, ist glauben, dass sie besteht. Die Vorstellung kann leer sein, die Einbildung rein und der Glaube falsch. Aber Bestehen ist nicht Teil von Vorstellungen. Anders gesagt: Bestehen ist keine Eigenschaft. Bestehen als Eigenschaft zu behandeln, ist sich vorzustellen, dass es ein Konzept dadurch verstärken kann, dass etwas hinzugefügt wird (so wie Sie Ihr Konzept meines Fahrrads verstärken können, wenn Sie hören, dass es rot ist). Im Kontext des Beweises von Anselm von Canterbury ist es nur eine unerlaubte Art, die Folgerung an den Ausgangspunkten vorbeizuschmuggeln. Der resultierende Zirkelschluss – laut Kants Kritik an Anselm von Canterbury – ist die logische Sünde der ontologischen Beweise.

Hat Gott das Universum gesungen?

OM schallt es im Raum und die Welt ist ganz und gar Vibration. Seine fundamentale Frequenz ist die Schwingung, auf der Sie sein wollen. Aber wie sich zeigt, dreht sich alles bei der Suche nach dem Zugang um Rechtschreibung. Man könnte meinen OM zu buchstabieren sei einfach. Keineswegs! Dieser bauch-resonante Gesang soll der Ursprung aller Klänge sein — aller Silben, der universelle Klang, das erste Wort. Bemerkenswerte Kräfte werden dieser göttlichen Äußerung zugeschrieben. Begonnen bei der Rechtschreibung.

Wie buchstabiert man OM

OM wird mit vier Buchstaben geschrieben (oder Klängen): AUM_, wobei der _ für die notwendige Stille, welche das Wort beendet, steht. Das A ist das Flüstern des Atmens vor dem U (dem wohlgerundeten Klang der atemlos verlängert werden kann), gefolgt von einem langsamen Schließen der Lippen im M während der Atem endet. OM wird so lange wie möglich gesungen, sodass es notwendig wurde, die Stille danach anzufügen, sodass die Yogis endlich wieder einatmen und sich auf die folgende Runde vorbereiten konnten.

Die vier Buchstaben dienen auch als Gedächtnisstütze, angewendet als vierfältiges Schema um allerlei Dinge zu vertreten. A ist die Vergangenheit, U das Heute, M die Zukunft und die Stille das zeitlose Jenseits. Oder: A ist der Ursprung, U der Bestand, M ist die Vernichtung der Welt, der vierte die ewige Stille, in der sich alles auflöst, nur um erneut geboren zu werden (das indische Universum ist immerhin eine endlose Reihe Welten, eine nach der anderen). Alle drei Klänge sind nur Verweise auf Aspekte eines unpersönlichen, ursprünglichen, absoluten Urwesens (*Brahman*). Zeit ist ein Wort, die ganze Natur eine göttliche Intonation.

Bewusstsein hat vier Zustände

Der erste – A – steht auch für Ihr Wachbewusstsein, Alltagsbewusstsein, mit nach außen gerichteten Sinnen. Dies ist der normale Zustand eines jeden. Aktiv oder abgelenkt, das Ich ist anwesend, untergetaucht in sinnlich–physischer Wirklichkeit und doch davon getrennt. Der zweite Buchstabe U steht für das Bewusstsein der Träume, die innerlichen Unterbrechungen des Schlafes, in denen die Sinne aktiv sind – nur innerlich – und frühere Taten, heutiges Verlangen oder gewünschte Zukunft verbildlichen. Sie sind in den Träumen anwesend, während Sie der Traumwelt die Stirn bieten, aber Sie sind auch der Träumer, der Traumschöpfer, der Weltschöpfer Ihres Traumes. Nur wissen Sie das in Ihren Träumen vielleicht nicht.Sie sind beides, was deutlich wird, wenn Sie erwachen.

M ist tiefer Schlaf, ohne Traum und Verlangen – ohne Geist, Trennung und Selbstverständnis. Hier bleibt ungestörte Stille, grenzenlose Tiefe und unendlicher Frieden. M ist der allmächtige Weltenschöpfer, der allwissende Herrscher, der in den Herzen aller regiert, der Handwerker der Träume. In dieser Finsternis schläft die Quelle und das Ende von allem.

Still nun...

Die Stille am Ende des OM ist das stille Bewusstwerden in Meditation, deren Quelle Sie sind. Wer Sie in Wirklichkeit sind, ist die vierte welt-träumende Stille, das universale Bewusstsein des Brahman. Es ist ein Wissen ohne Teilung, sowohl an den Sinnen, als auch am Intellekt, sogar an Geburt und Tod vorbei. Dieses Wissen heißt Freude zu kennen. Der vierte ist *Atman*, Ihr wahres Selbst. Aber Atman ist Brahman. Das sind Sie. Atman ist in Ihnen; Brahman ist außen. Das Außen ist innen. Transzendieren Sie in sich selbst hinein.

Klares Leben

Das Selbst kann durch einen meditativen Prozess des Vertragens und Selbst-Enden Lassens des Alltagsbewusstseins verwirklicht werden. Dabei lässt man das Bewusstsein stets tiefer sinken in eine innere Ruhe, es hält instand durch innere Stille, ähnlich der des Schlafes. Heftige Störungen, so wie in Träumen, treffen auch den Meditierenden. Aber auch diese werden durch Ihre Beharrlichkeit beruhigt. Die Verwirklichung des Weltenschöpfers ist ein alter, aber aufrechter Aufruf zur innerlichen Beherrschung, die bekannt ist als klares Träumen. (Klares Träumen ist ein Traum, in dem Sie wissen, dass Sie träumen.) Die Welt erschaffen ist tatsächlich einfach, Alltagsbewusstsein zu projizieren. Sich bewusst zu werden, dass Sie ihre Welt erschaffen, ist tatsächlich, es einfach in Klarheit zu tun.

Guter Gott!

Gott kennenlernen

Die Vorstellung, die Menschen von Gott haben, variiert stark. Sogar Atheisten müssen einem bestimmten Typ Gott das Bestehen entsagen. Vielleicht ist es nutzlos Gott zu definieren, zu versuchen Gott auf einen Namen zu reduzieren. Es scheint allerdings schwierig, glauben oder auch nicht glauben zu können ohne dies zu tun.

Die, die Gott kennenlernen, sind für gewöhnlich beeindruckt von seiner Majestät und Macht. Man kann sicher sagen, dass die Idee der Macht wesentlich ist für die Idee eines absoluten Wesens. Die Allmacht Gottes geht vielen Gläubigen sehr zu Herzen. Für einige Gotteskritiker hat sie auch eine totalitäre Nebenbedeutung. Ohne göttliche Allmacht zu verneinen, werden viele Gläubige diesen einseitigen Beinamen kompensieren mit vorsichtigeren, sogar gegensätzlichen Attributen, wie dem Leiden Gottes, seiner Nähe zu den verlorenen und machtlosen, der Möglichkeit der Hoffnung. Manchmal wird auch gesagt, Gott sollte nicht mit positiven und menschlichen Begriffen beschrieben werden, sondern nur mit Gegensätzen, mit Verneinung und Dialektik.

Die, die aus tiefstem Herzen glauben, betonen systematisch eine andere göttliche Eigenschaft, die Wohltätigkeit, allumfassende Güte, das absolute und pure Gute Gottes. Dies ist das Gute in Gottes eigenen Begriffen, die wir nur in menschlichen ausdrücken können. Gottes Güte ist nicht einfach zu begreifen. Niemand kann den unergründlichen Plan ergründen. Wir zerbrechen uns den Kopf, um dies zu begreifen, finden vielleicht einigen Trost in damit verbundenen Versen; suchen Hilfe bei denen, die, wie wir meinen, näher bei Gott stehen als wir. Selten werden wir in diesem Fall den Rat bekommen, Gott in verneinenden oder gegensätzlichen Begriffen zu denken (obwohl wiederum das Mitleid Gottes eine zentraldialektische theologische Replik ist).

FRAGE

Könnte Gott etwas so Schweres erschaffen, dass er es selbst nicht bewegen könnte?

Die Definition des Bösen

Man könnte das Böse kurz als Leiden definieren (so wie Utilitaristen es auch tun). In dem Sinne könnte man sogar sagen, dass Gott seinen Feinden Böses tut und dass ihr Leiden dann als göttliche Gerechtigkeit gelte, anstatt als Unrecht. Göttlich oder nicht, Vergeltung ist keine Liebe. Man kann das Böse auch als unnötiges Leiden definieren.

Der Nachteil dieser Definition ist, dass sie voraussetzt, man sei imstande, Notwen-

Die erste Wahrheit des Buddhismus ist, dass alles Leiden ist (*Dukkha*, aus dem Pali, das „ausgerenkt" oder „gebrochen" bedeutet). Die Welt ist ein steiniger Weg. Die Welt ist fundamental unbefriedigend. Es ist einfach, dies als eine deutliche Aussage über das Bestehen unnötigen und ungerechtfertigten Leidens zu lesen, kurzum, als das Problem des Bösen. Obwohl Begierde, Sehnsucht und auch Karma am Entstehen des Leidens, beteiligt sind, verbindet Buddha individuelles Leidens nicht mit persönlichen Taten im vorherigen Leben. Er gibt den Opfern nicht die Schuld. Die Welt ist nicht gerecht.

digkeit von Egoismus zu unterscheiden. Tatsächlich ist viel unnötiges Leiden der Gewalt zwischen Menschen zuzuschreiben. Heute können sogar Naturkatastrophen wie Orkane, Überschwemmungen und durch Blitze verursachte Waldbrände indirekt durch Menschen verursacht werden (z. B. wegen des Klimawandels). Trotzdem verursachen sie alle, genau wie Erdbeben und Tsunamis, (auch wenn die Vorbereitung und Reaktion auf Notsituationen hervorragend ist) weitverbreitetes Leiden unter unschuldigen Menschen. Es ist möglich, solch sinnloses Leiden als notwendig anzusehen.

In jedem Fall sorgt das weitverbreitete, sinnlose Leiden dafür, dass die heutige Welt fundamental ungerecht scheint oder zumindest, so wie der französische Autor und Philosoph Albert Camus es ausdrückt „wohlwollend gleichgültig". Glückseligkeit in der nächsten Welt macht das kaum wett. Ebenso wenig wie die zweite Familie Jobs den Verlust der ersten gut macht.

FRAGE

Könnte Gott dermaßen bösartige Geister erschaffen, die selbst er nicht lieben könnte?

DAS PROBLEM DES BÖSEN

Das Bestehen des Bösen ist allgemein bekannt. Warum besteht unnötiges Leiden? Wenn Gott allmächtig ist, könnte er es verhindern. Wenn Gott gütig ist, würde er das tun. Angesichts dessen, dass es besteht, kann oder will er es nicht verhindern. Macht und Reinheit scheinen an ihrer Obergrenze jede ihren eigenen Weg zu gehen. Das Dilemma, vor das uns das Böse stellt, ist dies: Gott ist entweder beschränkt und gütig oder allmächtig aber nicht völlig gütig.

Frage: Wenn kein freier, bösartiger Geist im Universum besteht, müsste unnötiges Leiden einem allmächtigen Gott zugeschrieben werden. Hat Gott seinen Teufel nötig, um gütig zu sein?

Ultimative Entscheidungen

Angenommen ich biete Ihnen zwei Optionen, A und B, von denen Sie eine wählen müssen. Wenn Sie A wählen, können Sie ewige Glückseligkeit gewinnen oder vielleicht etwas Zeit und Mühe verschwenden. Wählen Sie Option B, haben Sie kurzfristig Spaß, aber werden die Ewigkeit damit verbringen, die Folter der Verdammten zu erleiden. Ich kann Ihnen nicht sagen, wie die Chancen stehen, aber dies sind die möglichen Folgen Ihrer Entscheidung. Was Wählen Sie? Denken Sie erst eine Weile darüber nach, bevor Sie weiterlesen.

Pascals Wette

In der beschriebenen Situation wären Sie verrückt, das Risiko einzugehen, die Option zu wählen, die Ihnen endlos Leid, aber nur kurze Freude bringt, anstatt jene, die Sie einen kleinen Betrag kostet, aber Ihnen ewige Wohltat bringen kann. Wenn dem so ist, argumentierte der französische Philosoph Blaise Pascal im 17ten Jahrhundert, warum würde irgendjemand wählen, nicht an Gott zu glauben? Selbst wenn Sie nicht gläubig sind, selbst wenn Sie keinen rationalen Beweis seiner Existenz finden, das Christentum – so sagte Pascal – muss die beste Wahl sein, ausgehend davon, was Sie gewinnen können und was Sie durch Unglauben verlieren können.

Also worauf warten Sie? Glauben Sie, wenn Sie es nicht schon tun. Dies bringt uns zur ersten von vielen Kritiken an Pascals Standpunkt. Kann man sich dafür entscheiden zu glauben? An etwas zu glauben, muss sicherlich auf einer leisen Hoffnung auf dessen Wahrheit beruhen. Kann Glauben auf angstbasierter Berechnung entstehen? Kann Glaube eine Wette sein?

Der amerikanische Philosoph William James dachte in seiner Abhandlung *Will to Believe* (1896) anders darüber und sagte: „Wir fühlen, dass einem absichtlich angenommenen Glauben an Messen und Weihwasser nach einer solchen mechanischen Berechnung die innere Seele der Realität des Glauben fehlt; und wären wir Teil des Göttlichen, würden wir wahrscheinlich Freude daran finden, den Gläubigen die ewige Belohnung vorzuenthalten.“ Sie können versuchen, den Glauben anzunehmen, aber Sie können Gott nicht täuschen.

Der Wille zu glauben

James behauptete weiterhin in seiner Abhandlung, dass es – allerdings unter einigen Bedingungen – vollkommen rational sei, unsere Wahl des Glaubens durch Emotionen und Verlangen

beeinflussen zu lassen. Die Bedingungen sind eingeschränkt, aber viele moralische, zwischenmenschliche, religiöse Fragen kommen in Betracht. Um dies zu begreifen, erwägen Sie, dass es Optionen mehrerer Arten gibt. Eingeteilt in Bezug auf die Person, die die Wahl treffen muss, gibt es folgende Optionen:

1. lebend oder tot
2. gezwungen oder vermeidbar
3. wichtig oder unbedeutend

Für Optionen, die lebend, gezwungen und wichtig sind, erachtete James es für logisch zulässig, dass man seine „leidenschaftliche Art“ die Wahl beeinflussen lassen sollte.

Lebend meint relevant im Bereich des Möglichen, in Bezug auf den Wählenden. Gezwungen bedeutet unvermeidlich. Wichtig beschreibt eine signifikante, irreversible Wahl, große Chancen mit einbeziehend.

„Besteht Gott oder nicht?“ – diese Formulierung ist einfach zu umgehen, da man ein Agnostiker sein kann. „Soll ich an Gott glauben oder nicht?“ – diese Frage ist ziemlich unumgänglich. In Bezug auf die gezwungenen Optionen, wies James darauf hin, dass „wenn Sie eine Wahl treffen müssen und Sie tun es nicht, ist das schon eine Wahl an sich.“

Eine weitere Frage, die sich mit James' Konditionen beschäftigt: Ist Leben lebenswert? Dieses Problem kann durch wissenschaftliche Untersuchung nicht gelöst werden. Dagegen kann Ihr Glaube in jedem Fall einen Einfluss auf ihre Antwort haben.

James sagte: „Glauben Sie daran, dass das Leben lebenswert ist und Ihr Glaube hilft Ihnen, diese Tatsache zu erschaffen.“ Glauben Sie etwas anderes und Sie werden es vielleicht so erschaffen.

REICH ZU DEN STERNEN

„Kann ich Erfolg haben?“ Diese Frage beschäftigt viele Zweifler. Natürlich wissen Sie es nicht, wenn Sie es nicht versuchen, aber die Antwort, die Sie sich vornehmen, kann den Ablauf beeinflussen. Unter diesen Bedingungen „kreiert Glaube eine echte Tatsache“. James' Folgerung? „Es gibt also Fälle, in denen eine Tatsache gar nicht entstehen kann, es sei denn, es besteht ein vorhergehender Glaube an ihre Entstehung“. Manche Dinge müssen wir glauben, sollen sie Wirklichkeit werden. Soziales Vertrauen, Freundschaft, Wohlwollen und andere Taten der Menschlichkeit haben auch das Potenzial, sich selbst erfüllende Vorhersagen zu sein. James wirft uns allerdings auch einige fundamentale metaphysische Fragen vor die Füße, wenn er schreibt:

„Wir können so tun, als gäbe es einen Gott; uns fühlen, als wären wir frei; die Natur betrachten, als sei sie voller spezieller Entwürfe; Pläne schmieden, als seien wir unsterblich; und dann begreifen wir, dass diese Worte einen wirklichen Unterschied in unserem moralischen Leben machen.“

Profil

Gautama der Buddha

Als Sohn eines Königs führte Gautama ein bevorzugtes Leben ohne Hässlichkeit oder Leiden. Diese beschützte Unschuld ließ er hinter sich, als er mit Krankheit, Alter und Tod konfrontiert wurde. Er verließ die Familie und zog sich in die Wälder zurück, um die Wahrheit der Dinge zu entdecken und so Tod und Schwäche zu überwinden. Yogis lehrten ihn, transzendente Geisteszustände zu entdecken. Später lehrten ihn Asketen zu fasten, um so den Körper zu bezwingen. Er meisterte sie alle, aber fand sich nicht näher an der höchsten Wahrheit und endgültigen Befreiung, die er suchte.

Der Weg zur Erleuchtung

Gautama suchte nach einem Mittelweg zwischen Verlangen und Selbstaufopferung. Er setzte sich unter einen Baum und richtet seine Aufmerksamkeit auf den Moment, besonders auf alle feinen Empfindungen des Körpers, die wir täglich fühlen und die so gewöhnlich sind, dass wir sie beinahe vergessen.

Diese Empfindungen verändern sich mit unseren Emotionen und reagieren als Antwort auf Umstände und unser innerliches Gerede. Mal sind sie sehr schmerzlich, dann wieder sehr angenehm. Wenn wir unsere Aufmerksamkeit nicht darauf richten, werden unsere gewohnten Reaktionsmuster dominieren.

Durch die Ausübung achtsamer Erkenntnis der körperlichen Empfindungen, ob angenehm oder unangenehm, gemeinsam mit unzerstörbarem Gleichmut oder mentaler Ruhe der reinen Beobachtung, hebt man alte Reaktionsmuster auf und findet seine natürliche Freiheit wieder. Dieses mentale Gleichgewicht, das sich zwischen Schmerz und Genuss befindet, unterbindet das Verlangen und den Widersinn, die uns von einem Moment auf den anderen überkommen können. In dieser Nacht folgte Gautama diesem Mittelweg bis zum Endziel, Nirwana, das Befreiung von Leiden ist. Bei Tagesanbruch war er ein Buddha, einer, der erwacht ist.

Selbst als Illusion

Der Ausgangspunkt Buddhas ist, dass die Welt nicht im Einklang ist. Leiden ist endemisch, Teil einer jeden Lebensgeschichte. Nicht das Opfer machte er verantwortlich, wenn er sagte, die Ursache des Leidens sei Verlangen, ein unwissendes Festklammern und Lebenshunger. Wir wollen, was wir nicht haben. Wir haben, was wir nicht wollen. Das tobende Selbst ist die Wurzel dieser Frustrationen, aber das Selbst ist nur eine Fiktion unserer Lebensgeschichte. Es ist ein rhetorisches Mittel, mit dem wir uns mit der Welt und unseren Beziehungen verbinden. Unsere mentalen Dramen verstärken das Leiden; Abstand davon zu nehmen, erleichtert es. Dies erfordert kein Einsiedlerdasein. Im Gegenteil, die Haltung des reinen Beobachtens hält genügend Abstand und die Entwicklung dieser

mentalen Disziplin (Yoga) bringt uns näher an Erfahrung, zur ultimativen Befreiung, indem reflexartige Gewohnheitsmuster, basierend auf der Illusion des Selbst, geschwächt werden.

Von der Selbstlosigkeit zum Mitgefühl

Buddhas Lehre des Nicht-Selbst ist eine schockierende Umkehr der vorherrschenden indischen Weisheit, dass Atman Brahman ist, oder Ihr seid Das. Diese Doktrin lehrte, dass unsere vollendete Identität (Atman = selbst) eins mit Gott war (Brahman = unpersönliches Absolutes). Doch Buddha hielt sich fern dieser Streitfragen. Sein Argument war eine Einladung, sich selbst zu finden. Was Sie dort finden werden, wo Sie sich selbst vermuteten, sind verworrene Wechselwirkungen, die alle Lebensformen und alle Gesellschaftsschichten verbinden. Es gibt kein unabhängiges Selbst, sondern nur ein Netz gegenseitiger Verpflichtungen, ein Netzwerk wechselseitiger Bedürfnisse. Genau wie Gleichmut wirkt das Mitgefühl schwächend auf alle selbstsüchtigen Tendenzen. In der Praxis liegt der Beweis der Verwirklichung des Nicht-Selbst in uneigennützigem Altruismus, in Dienstbarkeit gegen andere. Erleuchtung ist nicht nur ein erkenntnistheoretisches Unternehmen, Ethik ist untrennbar von der Weisheit.

WORTE BUDDHAS

„Was wir heute sind, kommt aus unseren Gedanken von gestern, und unsere jetzigen Gedanken bilden unser Leben von morgen: unser Leben ist die Schöpfung des Geistes."
– *Dhammapada*, I, 1

„In diesem fadenlangen Gerippe, mit seinem Geist und seinen Gedanken, erkläre ich, dass die Welt bestehen bleibt, der Beginn der Welt, das Ende der Welt, und der Weg, der zum Ende der Welt führt."
– *Samyutta Nikya*, I, 62

„Vergebens habe ich den Kreislauf vieler Leben durchlaufen, immer trachtend, den Erbauer des Hauses von Leben und Tod zu finden.
Wie groß ist die Traurigkeit von sterbendem Leben. Aber nun habe ich Sie gesehen, Erbauer des Hauses: niemals mehr werden Sie dieses Haus bauen. Die Dachsparren der Sünde sind gebrochen, der Firstbalken der Unwissenheit ist vernichtet. Das Fieber der Begierde ist gesunken: denn mein sterblicher Geist ist hingegangen in die Freude des unvergänglichen Nirwana."
– *Dhammapada*, XI, 153-154

Kapitel 4

Logik und Unendlichkeit

Logik ist die Wissenschaft und die Lehre des begründeten Schlussfolgerns. Technisch liegt der Logik zu Grunde, dass sie mit kleinen Worten wie „wenn“, „und“, „nicht“, „alles“, „etwas“ und „oder“ gewaltige Konzepte wie die Unendlichkeit definiert, welche so große Fragen aufwirft, dass sie selbst ins vorherige Kapitel nicht passten. Wir versuchen, die Mathematik der Unendlichkeit für unsere endlichen geistigen Fähigkeiten bekömmlich zu servieren, bauen aber auch einige Paradoxien, Unmöglichkeiten und scheinbare Widersprüche ein.

Was ist Logik?

Den Ausdruck „logisch" verwenden wir für einen Gedanken, einen Verstand, sogar für Sitzordnungen. Die Philosophie kennt nur zwei Bedeutungen für „logisch": eine logische Wahrheit und eine logische Inferenz.

Logische Wahrheiten sind beispielsweise: *Alle Junggesellen sind unverheiratet. Dreiecke haben drei Seiten. Sieben ist eine Zahl.* Sie sind nicht nur wahr, sondern zwingend wahr. Allerdings klingen sie ein wenig schal. Die Hoffnung, dass es auch logische Wahrheiten gibt, die nicht leer sind, ist seit Langem Treibstoff für die Philosophie.

Die *Inferenz* bezeichnet das Nachdenken von den Prämissen – also den Aussagen als Grundlage des Arguments – bis zur Konklusion. Sie besitzt eine Wenn-Dann-Struktur: *Wenn dies und das wahr ist, dann auch jenes.* Ohne Ausnahme beinhaltet sie Annahme (Prämisse) und Konklusion (Schlussfolgerung).

Eine Inferenz ist eine Debatte, die nicht lautstark, sondern durch Argumentation geführt wird. Sollte Logik einen schickeren Namen erhalten, könnte das Wissenschaft der Inferenz sein. Sie legt die Regeln für gute Argumente, gültige Inferenz und logische Konklusionen fest. Wird eine Schlussfolgerung als logisch bezeichnet, dann nicht in dem gesellschaftlichen Sinne, wenn jemand beim gemeinsamen Essen eine vernünftige Gedankenkette geknüpft hat. Umgangssprachlich nennt man plausible Vermutungen „logisch". Aber in der Philosophie bedeutet logisch viel mehr als das.

Zunächst hängt die Logik der Konklusion von den Prämissen ab. Technisch gesehen ist nicht die Schlussfolgerung logisch, sondern ihre Beziehung zu den Prämissen: Entweder wird die Konklusion logisch von ihnen abgeleitet oder eben nicht. Die Inferenz ist logisch, aber die Schlussfolgerung an sich nicht unbedingt. Nur die logische Wahrheit leitet sich gültig von einer willkürlichen Anzahl von Prämissen ab. Eine zwingende Wahrheit ist immer für sich allein gültig. Oder anders gesagt: Es ist leicht, das Offensichtliche zu beweisen. Wo in einer bestimmten Menge von Prämissen eine Behauptung logisch ist, ist sie es für eine andere Gruppe Prämissen nicht.

Die Inferenz lässt eigene Annahmen zu. Aber man muss ihnen genau folgen oder sowohl Inferenz als auch Schlussfolgerung verloren geben. Diese Relativität hat einen Vorteil: Ein schlechtes Argument muss nicht das Ende einer Debatte sein. Wenn Sie plötzlich merken, dass Ihr Argument schwach ist, geben Sie nicht auf! Sie könnten auf bessere stoßen, die Ihre Position festigen. Eine Konklusion, die am Ende des einen Wegs unlogisch ist, kann woanders logisch sein. Finden Sie nach gründlichem Nachdenken keine Argumente für Ihre Sache, stecken Sie bereits mitten drin in der Philosophie! Es ist nun Zeit, umzudenken.

ÜBUNGEN

Die Philosophen der Logik haben Worten, die alltagssprachlich benutzt werden, andere Bedeutungen gegeben. Unten sind Beispiele des unterschiedlichen Wortgebrauchs in Fach- und Alltagssprache aufgeführt.

In der Tabelle finden Sie links allgemeingültige Ausdrücke für Gespräche und Debatten. Daneben sind Alternativen, die den philosophischen Gepflogenheiten entsprechen. Die allgemein üblichen Redewendungen widersprechen häufig den Regeln der philosophischen Gesprächsführung. Nur in wenigen Zusammenhängen haben die Aussagen links und rechts dieselbe Bedeutung. Wenn Sie die zukünftig benutzen, entgehen Sie der Korrektur eines übergebildeten Debattiergegners.

Eine logische Schlussfolgerung!	**Eine gültige Inferenz!**
Worauf wollen Sie hinaus?	Wie lautet Ihre Schlussfolgerung? (Welche These versuchen Sie zu stützen?)
Sein Argument ist, dass die Armen davon am stärksten profitieren sollen.	Seine grundlegende Prämisse (oder Obersatz) ist, dass die Armen am stärksten profitieren sollen.
Er brachte einige gute Argumente vor, aber seine Logik (Prämissen) war fehlerhaft.	Er führte einige relevante Erwägungen an, aber sein Argument war ungültig. Die Schlussfolgerung darf nicht aus Annahmen resultieren.
Ihre Schlussfolgerung war falsch.	Der Beweis (Prämisse), den sie anführte, führte zu einer anderen Konklusion.
Er hat gut argumentiert, aber seine Schlussfolgerung war falsch.	Er brachte ein gültiges Argument, aber seine Prämissen waren falsch. (Erklärung: Wenn das Argument gültig ist und die Schlussfolgerung falsch, muss wenigstens eine der Prämissen falsch sein.)
Ich akzeptiere Ihre Schlussfolgerung nicht.	Entweder sind Ihre Prämissen falsch oder Ihr Argument ist ungültig.
Er wiederholte sich einfach immer.	Er brachte einen Zirkelschluss vor. Er versäumte es, die Bedeutung anderer Beweise einzubeziehen.
Seine Perspektive war gültig.	Seine Perspektive war erfreulich (eher gesellschaftlich als logisch).

Was ist ein gutes Argument?

Logik analysiert Argumente und bewertet sie. Ein Argument ist der Versuch, eine Position durch Vorbringen von Gründen zu untermauern. Die Gründe sind Prämissen, die Position die Konklusion. Das Argument ist die Grundlage einer Inferenz von der Prämisse bis zur Konklusion.

Es gibt starke und weniger starke Argumente, die die Konklusion entsprechend kraftvoll oder schwach unterstützen. Dieselben Prämissen sind für die eine Konklusion erfolgreich, für die andere vielleicht nicht. Aufgabe der Logik ist es, schwache und starke Argumente zu erkennen und festzustellen, wodurch ein Argument gut, schlecht oder miserabel wird.

Der erste Schritt in der logischen Analyse ist das Identifizieren der Prämissen und der Konklusion, was nicht immer einfach ist. Häufig werden Prämissen nicht genannt, sondern als bekannt vorausgesetzt. Der angesprochene Gegner hingegen kennt sie vielleicht nicht oder erachtet sie als falsch. Eine der Fähigkeiten, die in der Logik vonnöten sind, ist das Erkennen einer stillschweigend angenommenen Prämisse. So findet man die Lücken in Argumenten, wo Prämissen sein sollten.

Die Konklusion ist normalerweise leichter zu finden. Aber ebenso kann die Konklusion eines Arguments die Prämisse für das nächste Argument sein und bildet so eine Beweiskette. Einem Satz ist nichts eigen, was ihn zur Prämisse oder Konklusion macht. Er wird dazu erst im Kontext. Manchmal bleibt die Konklusion selbst unerwähnt, wenn sie widerwärtig oder es zu unhöflich ist, sie auszusprechen. Dann werden die Prämissen auf einen Punkt hin ausgerichtet. So wie man bei einem Film, der mit einer Kussszene endet, weiß, wie es weitergeht, aber das wird nicht gezeigt.

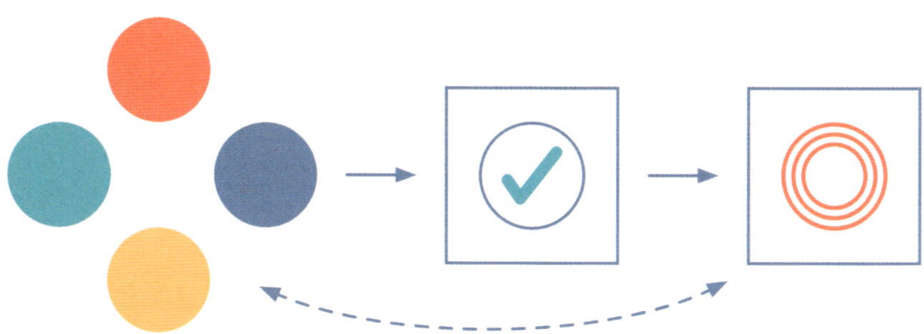

Überprüfung eines Arguments

Der zweite Schritt der logischen Analyse ist es, das Argument zu bewerten und herauszufinden, wie stark es ist. An diesem Punkt kommen Fragen nach Gültigkeit und Korrektheit auf. Es gilt drei Hauptkriterien zu beachten: die Relevanz, die Annehmbarkeit und Hinlänglichkeit der Prämissen, immer in Beziehung zu einer bestimmten Konklusion.

Kriterium 1

Die *Relevanz* lässt sich einfach feststellen: Die Prämissen müssen in direktem oder indirektem Bezug zur *Konklusion* stehen. Aus Prämissen über Katzen lässt sich nichts über Hunde ableiten. Häufig tauchen Prämissen nicht direkt auf, sondern können *indirekt relevant* werden, wenn auf verbundene Prämissen hingewiesen wird. Prämissen über das Gestern sagen nichts über das Morgen, fügen wir aber eine Verbindung zwischen Vergangenheit und Zukunft hinzu, kann Relevanz erreicht und die Argumentation gestärkt werden.

Kriterium 2

Prämissen müssen annehmbar sein. Anders ausgedrückt: Sie müssen wahr oder wahrscheinlich sein. Eine Menge Prämissen mag für die Konklusion ausreichen, ist aber eine oder mehrere erkennbar nicht wahr, wird das Argument niemanden überzeugen. Die Grundaufgabe des Arguments ist, gedanklich von Wahrheit zu Wahrheit zu führen. Gibt es keine Gewähr für die Prämissen, gibt es sie auch nicht für die Konklusion. Mit falschen Prämissen lässt sich nichts beweisen. Jedoch werden in der Philosophie häufig hypothetische Überlegungen angestellt, *als-ob*-Prämissen werden als wahr betrachtet.

Ein Kennzeichen eines gebildeten Verstandes ist nach Aristoteles die Fähigkeit, einer Idee nachzugehen, ohne sie zu akzeptieren. Was Prämissen annehmbar macht, ist andernorts unter Wahrheit, Wert und Notwendigkeit bekannt.

Kriterium 3

Gründe mögen annehmbar und relevant, dennoch nicht ausreichend sein. Ob sie für die Konklusion *hinreichend* sind, hängt von Umständen und Erfordernissen ab. Die höchste Stufe heißt (*deduktive*) *Gültigkeit*: Die Wahrheit der Prämissen gewährleistet die Wahrheit der Konklusion – zu 100 % hinreichend. In einem gültigen Argument kann es nicht sein, dass die Prämissen richtig sind, aber die Konklusion falsch. Die Paradigmen der Argumentation (folgender Abschnitt) präsentieren Beispiele für diesen goldenen Standard. Die Mathematik benötigt deduktive Gültigkeit in allen Beweisen, in der Philosophie ist Gültigkeit ein regelrechter Fetisch.

Die Paradigmen der Argumentation

Es gibt verschiedene Arten, gut zu argumentieren, und viele zulässige Argumentationsformen. Wir zeigen drei Klassiker mit allerdings falschen Prämissen. Ihnen fehlt, dass die Konklusion aus der Annahme der Prämissen folgt. Angenommen, die Prämissen sind wahr, dann ist es auch die Konklusion.

Ein stichhaltiges Argument ist ein gültiges Argument mit wahren Prämissen. Die ersten Prämissen in den Beispielen 1 und 2 sind nicht nur falsch, sondern manipulativ – eins romantisch, das andere politisch. Gültige Argumentation allein reicht nicht, die Wahrheit entsteht aus der Wahrheit, nicht aus Annahmen.

Beispiel 1: Modus Ponens
Wenn ein Tier Haare hat, ist es ein Säugetier. Dieses Tier hat Haare, also ist es ein Säugetier.

Wenn P, dann Q
P
Also, Q

Beispiel 2: Die Konsequenz leugnen
Wenn du mich lieben würdest, würdest du mich ins Kino einladen. Da wir nicht ins Kino gehen, liebst du mich nicht.

Wenn P, dann Q
Nicht-Q
Also Nicht-P

Beispiel 3: Disjunktiver Syllogismus
Entweder bist du für uns oder gegen uns! Du bist nicht für uns, also bist du gegen uns.

Oder P oder Q
Nicht P
Also, Q

ANTWORTEN

Erklärung 1
Die Wenn-Dann-Prämisse ist eine sogenannte *konditionale* Prämisse. Beispiel 1 sagt, dass P eine *hinreichende Bedingung* ist, damit Q wahr ist. Die zweite Prämisse sagt, dass diese hinreichende Bedingung erfüllt wurde. Oder man liest: Q ist eine *notwendige Bedingung* für P. Daher folgt notwendig Q aus den zwei Prämissen und das Argument ist gültig. Dieses Argument wird auch das *Antezedens bestätigen* genannt (Antezedens ist der Bedingungssatz).

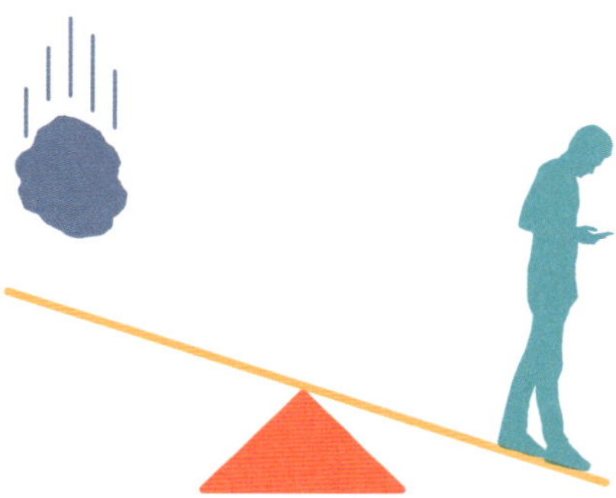

Erklärung 2

In *Die Konsequenz leugnen* ist die Prämisse dieselbe wie vorher. Wieder heißt es, P ist ausreichend für Q. Q wäre wahr, wenn P es nur wäre. Aber gemäß der zweiten Prämisse ist Q nicht wahr. Tatsächlich kann keine Bedingung für Q ausreichend sein, wenn Q nicht wahr ist. Die erste Prämisse lässt sich auch als Disjunktion ausdrücken: „Entweder du lädst mich ins Kino ein oder du liebst mich nicht." Das lässt die Ähnlichkeit zum nächsten Beispiel erkennen (S. 138-139).

Erklärung 3

Die erste Prämisse lässt vermuten, dass es höchstens zwei Alternativen gibt. Die zweite Prämisse lehnt eine davon ab, so bleibt die andere übrig.

Der griechische Skeptiker Sextus Empiricus erzählte die Geschichte von dem Hund mit Verstand, der einen disjunktiven Syllogismus mit drei möglichen Alternativen verwendete.

Ein Hund jagt hinter seiner Beute her und kommt an eine Stelle, an der sich der Weg dreifach gabelt. Er untersucht zwei Wege, ohne die Beute zu wittern und rennt ohne zu zögern den dritten Weg entlang. Der Hund überlegt: „Das Tier muss entweder hier, hier oder hier entlang gelaufen sein. Aber es hat nicht diesen und nicht jenen Weg genommen, also muss es den dritten gewählt haben."

Wenn Hunde einen komplexen disjunktiven Syllogismus einsetzen, dann können sie Logik anwenden. Können sie Logik anwenden, dann sind sie rationalen Denkens fähig. Wenn sie rationalen Denkens fähig sind, dann sind Menschen nicht die einzigen rationalen Säugetiere.

Reduktion und Induktion
(Reductio ad absurdum)

Wenn P, dann ist das Absurde wahr
Also ist P nicht wahr

Ähnlich wie in *Die Konsequenz verleugnen*, aber hier verleugnet sie sich selbst, weil sie absurd ist. Absurd ist eine Aussage, die unmöglich wahr sein kann und logischer Wahrheit widerspricht: *Einige Junggesellen sind verheiratet.*

Üblicherweise dient so ein Argument dazu, die gegnerische Position zu widerlegen. Sie übernehmen deren Annahme und Prämissen und leiten einen Widerspruch oder eine Absurdität ab. (Ein Widerspruch ist eine Aussage, die dieselbe Position gleichzeitig bestätigt und widerlegt und die also nicht wahr sein kann.)

Die *Reductio ad absurdum*-Methode zeigt, dass eine Position logisch unzulänglich ist und überdacht oder fallengelassen werden muss.

Für die meisten Argumente braucht man mehr als eine Prämisse, eher eine ganze Menge davon: nicht nur P, sondern P und Q und R, usw). Wenn Sie den Widerspruch ableiten, können Sie aber nur schließen, dass zumindest eine Prämisse falsch ist. Idealerweise sind alle Prämissen bis auf eine zulässig. Die Beweiskette bricht gewöhnlich am schwächsten Glied (die unsicherste Prämisse).

Es gibt ein berühmtes Beispiel für diese Form des Arguments in der Mathematik, das beweist, dass √2 kein Bruch ist. √2 ist die Wurzel aus 2 – eine Zahl, die 2 ergibt,

ÜBUNGEN

Logische Formeln erkennen

Es gibt also unterschiedliche Arten von Prämissen und Argumenten. Finden Sie heraus, ob es sich bei den folgenden Beispielen um Argumente oder einfache Aussagen handelt und stellen Sie die logische Formel durch Ps und Qs oder andere Buchstaben für die Sätze dar. Übung 1 ist zur Anschauung bereits gelöst

1. Wenn du nicht zur Party gehst, sehen wir uns im Schwimmbad.
2. Jeder Normaldenkende würde die Vorratspackung kaufen. Du hast die kleine gekauft, daher bist du kein Normaldenkender.
3. Sollte es regnen, wird die Parade abgesagt. Es regnet, also wird die Parade abgesagt.
4. Ich weiß, dass es in diesem Fluss ausschließlich Lachse gibt, weil ich noch nie etwas anderes gefangen habe.
5. Ein Tier hat nur dann Haare, wenn es ein Säugetier ist.

Übersetzen Sie diese Argumente in Ps und Qs, wie beispielsweise das erste: Entweder P oder Q. Wenn nicht P, dann Q.

wenn man sie mit sich selbst multipliziert. Ein Bruch ist das Verhältnis von Zahlen zueinander. Der Beweis beginnt mit der Annahme, dass es tatsächlich zwei ganze Zahlen a und b gibt, also $\sqrt{2} = a/b$. Das ist absurd, da man einen Widerspruch ableiten kann (a ist sowohl gerade als auch ungerade). Der entscheidende Punkt ist, dass $\sqrt{2}$ kein Bruch ist, kein Verhältnis von ganzen Zahlen. $\sqrt{2}$ ist eine *irrationale Zahl*, deren Dezimaldarstellung nicht abbricht und nicht periodisch ist.

Die philosophische Bedeutung dieser mathematischen Reduktion wird an anderem Ort diskutiert (s. Pythagoras, S. 88-89).

Induktion

Ich tauche meine Hand in eine große Dose mit bunten Perlen und hole einige heraus. Die Hälfte von ihnen ist rot. Daraus schließe ich, dass die Hälfte der Perlen rot sein muss. Ist meine Konklusion begründet?

Wir picken häufig einige Beispiele heraus und ziehen daraus einen allgemeinen Schluss. Der Prozess beginnt mit dem Beispiel (dem Untersatz), dann nach einer Betrachtung des Untersatzes kommen wir zu einer Erkenntnis (Obersatz) und leiten eine Regel (Konklusion) ab. „Snuggles ist eine Katze. Snuggles mag Fisch. Alle Katzen mögen Fisch.“ Die Induktion ermöglicht uns Konklusionen jenseits der logischen Ableitung, aber wir müssen dafür ein gewisses Maß an Ungewissheit in Kauf nehmen. Ob ein induktives Argument wahr ist, ist nicht sicher. Dafür besteht lediglich die Möglichkeit und die hängt davon ab, wie typisch das Verhalten von Snuggles für die komplette Gattung Katze ist.

Mathematische Induktion

Stellen Sie sich eine unendlich lange Reihe von aufgestellten Dominosteinen vor: der erste Stein, dann der nächste und immer so weiter. Sie sind allesamt so ausgerichtet, dass der Stein, der umkippt, den nächsten anstößt. Stoßen Sie in Gedanken den ersten an. Wie lautet Ihre Konklusion?

Die Antwortet lautet: Alle Steine kippen um. Die Konklusion lässt sich logisch ableiten. Der Name mathematische Induktion ist irreführend, denn dies ist ein deduktiv gültiges Argument. Allerdings ein besonderes, denn dadurch können Konklusionen über unendlich viele Objekte zu treffen (normalerweise Zahlen, aber in diesem Fall Dominosteine).

ANTWORTEN

1. (kein Argument) Wenn nicht die Party, dann das Schwimmbad. Wenn nicht P, dann Q. Alternativ P oder Q. Du gehst zur Party oder wir sehen uns im Schwimmbad (aber nicht beides).
2. Die Konsequenz verleugnen. Wenn P, dann Q. Aber Q nicht (klein, nicht Vorratspackung). Konklusion: Nicht P (kein Normaldenkender).
3. Den Antezedens bestätigen (Modus ponens). Wenn R, dann nicht P. Aber R, also keine Parade.
4. Ein schwaches induktives Argument, das durch besseren Köder sogar noch weiter geschwächt werden kann.
5. (Kein Argument) Wenn H, dann M. Wenn M, dann H. Alternativ entweder H und M oder weder H noch M.

Fehlschluss

Ein Fehlschluss ist ein Argument, das plausibel wirkt, aber auf fehlerhafter Beweisführung beruht. Wer bewusst einen Fehlschluss vorträgt, ist im Grunde ein Lügner. Allerdings fallen wir unseren unbeabsichtigten Fehlschlüssen hin und wieder zum Opfer.

Eine Frage der Relevanz

Eine Konklusion kann ausschließlich von relevanten Prämissen abgeleitet werden, die Prämissen müssen also Informationen enthalten, die die Konklusion rechtfertigen. Ein *Petitio principii* ist ein Gegenbeispiel dazu, da hier die Konklusion durch die Prämissen bereits als wahr vorausgesetzt wird.

Zirkelbeweis

In einem Zirkelbeweis wird ein und dieselbe Information als Prämisse und Konklusion vorgebracht, was häufig schwer zu erkennen ist, da das Argument gültig ist. Natürlich ist es wahr, dass A gleich A ist, aber es gibt keinen Grund, A überhaupt zu glauben.

Irrelevanter Bezug

Eine Prämisse kann uns ansprechen oder wir finden es falsch, ihr nicht zuzustimmen. Aber nichts davon bezieht sich auf das eigentliche Argument. Kinder verwenden häufig das unter Philosophen als *tu quoque* („selber“) genannte Argument. Wenn Sie als Fingernagelkauer Ihrer Tochter erklären, warum sie damit aufhören sollte, hat das Ihnen entgegengeschleuderte „aber selber“ nichts mit dem Wahrheitsgehalt Ihrer Aussage zu tun.

Ein *Argumentum ad hominem* (lateinisch „Beweisrede zum Menschen“) greift die Person und nicht das Argument an. Eine extreme Form hiervon wird „Brunnenvergiften“ genannt – den Debattiergegner als Quellenlieferanten verunglimpfen, sodass niemand mehr dessen Argumente oder Informationen zur Kenntnis nimmt.

Annehmbarkeit von Prämissen

„Ich weiß ganz genau, dass sich unterschiedliche Arten miteinander fortpflanzen können, denn in dem Dorf meiner Oma gab es einen Jungen namens Hootie. Sein Vater war eine Eule.“ Die Information ist relevant und wenn sie wahr ist, auch überwältigend, aber kann man sie akzeptieren? Werden Argumente überzeugend vorgetragen, übersehen wir bisweilen, dass sie wackelig sind. Überzeugungen sind häufig schwer zu attackieren, aber Prämissen müssen sorgfältig untersucht werden, und auch, wenn keine Sicherheit gewährleistet werden kann, sollten wir zumindest Wahrscheinlichkeit verlangen.

Unzureichende Prämissen

„Wenn ein Tier Haare hat, ist es ein Säugetier. Dieses Tier hat Haare, also ist es ein Säugetier.“ Wir wissen inzwischen, dass diese Argumentationsweise – oder Syllogismus – gültig ist. Akzeptieren Sie die Prämissen, so akzeptieren Sie die Konklusion. Ansonsten müssen Sie beweisen, dass nicht alle Tiere mit Haaren

Säugetiere sind oder dass das bewusste Tier haarlos ist. Genau kann man argumentieren: „Alle Säugetiere haben Haare. Dieses Tier hat keine Haare. Also ist es kein Säugetier." Manch plausibel klingender Syllogismus ist allerdings ein Fehlschluss. Was kann aus den folgenden Prämissen abgeleitet werden?

FRAGE

Kein des Mordes Verdächtigter wird auf Kaution freigelassen. John wurde nicht wegen Mordes verhaftet, also …

1. wird eine Kaution festgelegt.
2. darf er nicht auf Kaution frei.
3. ist er unschuldig.
4. Keine der Konklusionen ist gültig.

Man ist versucht zu glauben, dass John auf Kaution frei kommt – ein Fehlschluss. Dies ist ein Fall von *Die Konsequenz leugnen* mit der Form „wenn A, dann B. Wenn A nicht, dann B nicht." (Wenn Mord, dann keine Kaution. Wenn kein Mord, dann Kaution.) Von den Prämissen lässt sich das nicht ableiten. Es gibt auch andere Verbrechen, für die man in Haft bleiben muss. Im Grunde sagen die Prämissen noch nicht einmal aus, dass John verhaftet wurde. Antwort Nummer 4 ist richtig.

FRAGE

Alle Säugetiere haben Haare. Dieses Tier hat Haare, also …

1. ist es ein Säugetier
2. ist es kein Säugetier
3. Nicht alle Säugetiere haben Haare.
4. Keine Konklusion ist gültig.

Wieder ist Option 1 ungültig. Die Form ist „A beinhaltet B. Da B ist, ist auch A." Die Aussage, dass alle A B sind, bedeutet nicht, dass alle B A sind. Wir erfahren nicht, ob alle haarigen Tiere Säugetiere sind, also können wir anhand der Prämissen keine definitive Konklusion über das Tier ableiten.

Übung 7

Unendliche Finanzierung

DIE AUFGABE:

Bei Anlagemöglichkeiten dauert es oft lange, bis sie sich rentieren. Bis dahin heißt es Vorsicht walten lassen. Auch ein gutes Geschäft kann durch Unvorsichtigkeit zunichte gemacht werden. Wir zeigen Ihnen, dass es sogar in einer unendlichen Planungszeit die kleinen Dinge sind, die den Erfolg ausmachen oder verhindern. Mein Angebot ist dies: Von heute an bis in alle Ewigkeit zahle ich Ihnen täglich 10 €, vorausgesetzt, dass Sie mir jeden Tag 1 € zurückgeben. An jedem Tag einer unbegrenzten Zukunft gebe ich Ihnen einen Stapel mit zehn 1€-Scheinen und Sie müssen mir jeden Tag einen Euro zurückzahlen. Jeden Tag legen Sie den neuen Stapel auf den alten und nehmen den zurückzuzahlenden Euro von diesem Gesamtstapel. Hier nun die Frage: Wird es am Ende von Bedeutung sein, ob Sie mir immer den jeweils untersten oder den obersten Euroschein vom Stapel geben?

DIE METHODE:
Warum dieses Geschäft für Sie schlecht enden könnte? Das hängt tatsächlich davon ab, woher Sie den Schein nehmen. In Ihrem eigenen ewigen Interesse sollten Sie den obersten Schein nehmen, nicht den untersten. Um das zu verstehen, lesen Sie die folgenden Hinweise. Vielleicht gelangen Sie zu demselben Schluss.

Täglich den obersten Schein:
Wenn Sie mir den obersten Schein geben und jeden Tag einen neuen Stapel oben drauf legen, wird der Betrag täglich wachsen. Noch wichtiger ist es, dass Sie mir täglich einen der frischen Scheine zurückgeben. Der Rest bleibt im Stapel (bis er ausgegeben wird).

Täglich den untersten Schein:
Geben Sie mir jeden Tag den untersten Schein und legen den neuen Stapel immer wieder oben drauf, dann haben Sie mir nach 10 Tagen alle Scheine des ersten Tages zurückgegeben. Nach 20 Tagen habe ich alle Scheine der ersten zwei Tage wieder. Am n-ten Tag habe ich Ihnen insgesamt 10n Scheine gegeben, die ich aber am 100n-ten Tag alle wieder zurück habe.

DIE LÖSUNG:

Der oberste Schein

Zahlen Sie mir immer den obersten Schein zurück, werden Sie mir nie alle Scheine des jeweiligen Tages zurückgeben. Am Tag n haben Sie 9n Scheine, nachdem Sie mir einen zurückgegeben haben, und diese werden Sie nie an mich zurückzahlen müssen, da Sie mir täglich nur von den frischen Scheinen einen zurückgeben.

Der unterste Schein

Wenn Sie mir aber immer den untersten Schein geben, werden Sie mir irgendwann alle Euroscheine zurückzahlen, die ich Ihnen gegeben habe. Am ersten Tag zahlen Sie Schein 1. Am zweiten Tag zahlen Sie Schein 2. Am Tag n zahlen Sie Schein n. Aber wenn Sie mir Schein n am Tag n geben, müssen Sie mir Schein Nummer n+1 am Tag n+1 zurückgeben. Bei Anwendung der mathematischen Induktion heißt das, dass Sie mir Schein n für jeden Tag n zurückzahlen. Sie geben mir also alle zurück.

Es gibt aber auch gute Neuigkeiten für die, die dummerweise von unten bezahlt haben. Das langfristige Ansparen ist zwar unmöglich. Das kurzfristig Ausgeben allerdings nicht! Wenn Sie alles sparen, werden Sie am Ende alles zurückzahlen, zumindest nach unserem Argument. Aber in der Zwischenzeit funktioniert das mit dem Sparen ganz gut.

Wenn Sie erstmal sparen, um spätere Kauforgien finanzieren zu können, wird Ihr Stapel täglich um 9 Euro anwachsen, so wie der Stapel, dessen oberster Schein zurückgezahlt wird. Bei beiden Methoden wächst Ihr Stapel täglich um 9 Euro, wenn Sie sparen, nachdem Sie Ihre Gebühr an mich gezahlt haben.

Wenn Sie genug gespart haben, um sich einem Kaufrausch hinzugeben, tun Sie das! Egal, ob Sie den 1-Euroschein von oben oder von unten zahlen, Sie dürfen ans Ersparte und damit anstellen, was Sie möchten. Sie brauchen auch nichts zurückzubehalten, weil Sie Ihrer Verpflichtung mir gegenüber mit den Scheinen des nächsten Tages nachkommen können. Zahlen Sie mir den obersten Schein zurück, dann können Sie frei über den Überschuss verfügen, und was Sie nicht ausgeben, bleibt Ihnen bis in die Ewigkeit. Diejenigen ohne unendliche Voraussicht, die von unten zahlen, haben nicht so viel Glück. Sie können zwar genauso viel Geld ausgeben, versuchen Sie aber, etwas für ihre unendliche Rentenzeit anzusparen, werde ich mir alles restlos zurückholen (irgendwann).

Und und oder und nicht

Aussagenlogik

P, Q, R etc. stehen für Aussagen. Diese sind entweder wahr oder falsch (auch Wahrheitswerte genannt).

Durch die Verwendung von Verbindungsworten wie „nicht“, „und“, „oder“ und „wenn-dann“ lassen sich immer komplexere Aussagen konstruieren. Dies sind die *logischen Bindeworte*. Ob die komplexeren Sätze wahr oder falsch sind, hängt völlig von den Wahrheitswerten ihrer Bestandteile ab. Diese *Wahrheitsfunktion* kann durch die nachfolgenden Symbole und Tabellen dargestellt werden.

Das Symbol ¬ steht für logische Verneinung, sodass ¬P als „nicht P“ oder „es stimmt nicht, dass P“ gelesen wird. Das Zeichen ∧ steht für „und“ (logische Konjunktion), ein anderes Zeichen ∨ für „oder“ (logische Disjunktion). (P ∧ Q) heißt also „P und Q“, während (P ∨ Q) „P oder Q“ bedeutet. (Den „Wenn-Dann“-Aussagen wenden wir uns später zu.)

Diese logischen Beziehungen lassen sich tabellarisch darstellen.

Wie man eine Wahrheitstabelle liest

Jede Zeile der Tabelle steht für eine mögliche Situation oder, wie es in der Philosophie heißt, eine mögliche Welt. Die Wahrheitswerte der weißen Zellen einer Zeile bestimmen den Wahrheitswert aller anderen Zellen in der Zeile. Zeile 1 in Tabelle 1 wird gelesen: wenn P wahr ist, dann ist ¬P falsch. In Zeile 2, Tabelle 2 steht, dass P wahr ist und Q falsch. Zeile 2 für die ganze Tabelle 2 gelesen, bedeutet: Wenn P wahr ist und Q falsch, dann ist (P ∨ Q) korrekt, aber (P ∧ Q) ist falsch. Oder: Es ist wahr, dass P oder Q, aber es ist falsch, dass P und Q.

Wir nahmen an, P könnte entweder wahr oder falsch sein. Der Block ganz links hat zwei Zeilen, die beide Möglichkeiten widergeben. Im nächsten Block lesen wir, dass ¬P immer den entgegengesetzten Wahrheitswert von P hat.

Kennen wir den Status von P, können wir den Status von ¬P bestimmen.

Tabelle 1

P	¬Q
W	**F**
F	**W**
	↑

Die anderen logischen Bindeworte verbinden zwei Aussagen, daher benötigen wir vier Zeilen in der Wahrheitstabelle, um darzustellen, dass jede der zwei zusammengesetzten Aussagen jeden

Tabelle 2

P	Q	P ∨ Q			P ∧ Q		
W	W	W	**W**	W	W	**W**	W
W	F	W	**W**	F	W	**F**	F
F	W	F	**W**	W	F	**F**	W
F	F	F	**F**	F	F	**F**	F
			↑			↑	

Wahrheitswert haben könnte. Vier Zeilen, weil wir davon ausgehen, dass P, Q und alle zusätzlichen Aussagen letzten Endes unabhängig sind. Sind P und Q unabhängig, dann können sie sowohl wahr als auch falsch sein, und dann gibt es insgesamt vier mögliche Kombinationen.

Die Semantik der Wahrheitstabellen

Jetzt verfügen wir über ein Aussagen-Alphabet (P, Q, R usw.) und einige logische Bindewörter (¬ ∧ ∨ und später →). Mit diesen Symbolen und präzisen Grammatikregeln können wir wohlformulierte Sätze gleich welcher Länge darstellen. Aufgrund der Wahrheitsfunktion der logischen Bindewörter ist der Wahrheitswert des längeren Satzes immer Funktion des Wahrheitswertes seiner kürzeren Bestandteile.

Die Bedeutung der logischen Bindewörter wird durch ihre Wahrheitstabellen festgelegt. (P ∨ Q) ist nur wahr, wenn entweder P oder Q wahr sind. Die vierte Zeile der Tabelle zeigt die einzige Bedingung, unter der das nicht wahr ist: wenn P und Q beide falsche sind. In allen anderen Zeilen ist die Disjunktion (P ∨ Q) wahr, weil mindestens ein Bestandteil in jeder Zeile wahr ist. (P ∧ Q) ist nur dann wahr, wenn P und Q beide wahr sind. Nur die oberste Zeile der Wahrheitstabelle zeigt diesen Fall.

Wir können eine Wahrheitstabelle für jeden wohlformulierten Satz (egal, wie lang) anlegen, um so die Zeilen (mögliche Situationen) zu finden, die für „wahr" stehen. Wahrheitstabellen legen die genauen Bedingungen (Zeilen) offen, unter denen Aussagen wahr sind. Die Wahrheitsbedingung für eine Aussage ist ihre Bedeutung (die Aussage meint, das, was sie sagt, ist wahr). Wahrheitstabellen sind die Semantik der Aussagenlogik.

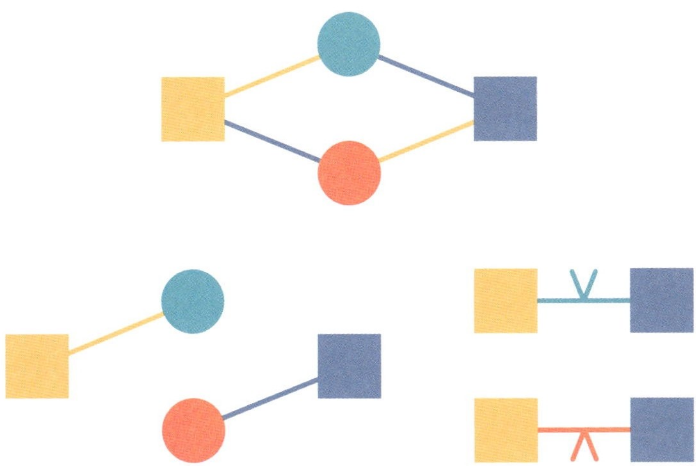

Bedingungen

Die Logik der Wenn-Dann-Sätze

Bisweilen möchten wir Aussagen konditional ausdrücken, nämlich dass eine Aussage Bedingung für eine andere ist. Sie können nicht gewinnen, ohne dass Sie ein Los kaufen. Sie bekommen 50 % Rabatt, wenn Sie heute kaufen.

In der Aussagenlogik steht ein Pfeil $\rightarrow$ für das konditionale Bindewort. $(P \rightarrow Q)$ wird „wenn P, dann Q“ gelesen. In der Tabelle gibt es eine kleine Terminologie zu den konditionalen Bindewörtern.

$(P \rightarrow Q)$ kann auch anders in Worte übertragen werden: Q ist die notwendige Bedingung für P oder P ist hinreichend für Q. Es mag anders aussehen, aber $(P \rightarrow Q)$ kann auch als „P *nur, wenn* Q“ gelesen werden. Wenn $(P \rightarrow Q)$, und wenn Q nicht wahr ist, ist auch P es nicht. Beweisen Sie als Übung, dass $(\neg Q \rightarrow \neg P)$ logisch äquivalent zu $(P \rightarrow Q)$ ist, also dass sie dieselbe Wahrheitstabelle haben.

Bedingungssätze in der Logik und der Philosophie sind wichtig, weil alle Argumente eine Wenn-Dann-Struktur haben. Das *Antezedens* ist die Konjunktion aller Prämissen und die Konsequenz ist die Konklusion. In einem deduktiv gültigen Argument sind die Prämissen eine hinreichende Bedingung für die Konklusion. Die Konklusion eines gültigen Arguments wird *notwendig* von den Prämissen *abgeleitet*.

Wir kennen unterschiedliche Arten der Notwendigkeit und tolerieren einige Stufen des Hinreichenden, je nach Zusammenhang. Folglich ist die Semantik der

	$(P \rightarrow Q)$		
Wenn	P,	dann	Q
	Antezedens		Konsequenz
	hinreichende Bedingung		notwendige Bedingung
	Prämisse		Konklusion

Tabelle3

P	Q		$P \rightarrow Q$		
W	W		W	**W**	W
W	F		W	**F**	F
F	W		F	**W**	W
F	F		F	**W**	F
				↑	

Wie die Tabelle zu lesen ist

Sie erinnern sich: Jede Zeile steht für eine mögliche Welt. Die Wahrheitswerte in den grauen Zellen links bestimmen die Wahrheitswerte in allen anderen Zellen dieser Zeile. $(P \rightarrow Q)$ ist in nur einer Situation falsch (Zeile 2) und auch, wenn Q wahr ist. Diese schwache Interpretation von Wenn-Dann wird auch Philonische Bedingung genannt, nach Philon von Megara, der ca. 300 v. Chr. lebte.

Wenn-Dann-Sätze höchst komplex. Die Aussagenlogik umgeht diese Probleme, indem sie die Bedeutung für → in der Wahrheitstabelle am Ende der folgenden Seite festlegt. Können Sie einen Satz konstruieren [und nur P, Q, ∨, und ¬ verwenden] mit derselben Wahrheitstabelle wie P → Q? So einen Satz gibt es, er zeigt, dass → ein redundantes Symbol ist.

Tabelle 3 definiert das logische Bindewort →. In Zeile 4 wird deutlich, wie schwach diese Definition ist. Es spricht nicht viel für diese Bedeutung als Interpretation der Wenn-Dann-Sätze in unserer Alltagssprache, aber keine andere 4-Zeilen-Tabelle definiert brauchbare Bedingungswörter.

Noch einmal zur Gültigkeit

Wie beschrieben, haben alle Argumente eine Wenn-Dann-Struktur und somit ein *entsprechendes Konditional*. Ist ein Argument gültig, sind seine Prämissen hinreichend für die Konklusion. Ihre Wahrheit sichert die Wahrheit der Konklusion. Die Gültigkeit eines Arguments ist die notwendige Wahrheit eines Bedingungssatzes. *Die Gültigkeit eines Arguments besteht in der logischen Wahrheit seines entsprechenden Konditionals.*

Die Semantik der Wahrheitstabelle bestimmt die notwendige Wahrheit als in jeder Zeile wahr. Dank der Wahrheitsfunktion der logischen Bindewörter kann man mit den Wahrheitstabellen den Wahrheitsgehalt jedes Arguments prüfen. Das Verfahren dazu: die entsprechenden Konditionale formulieren und deren Wahrheitstabelle zeichnen. Wenn die entsprechenden Konditionale (als langer → Satz) in allen Zeilen wahr sind, ist das Argument gültig. Nur dann.

Erstaunlicherweise ist diese todsichere Methode allgemeingültig. Dabei ist es gleichgültig, wie viele Prämissen es gibt oder wie lang jede ist. Die Wahrheitsfunktion der Bindewörter erlaubt die Erstellung und Fertigstellung der Tabelle. Die Kehrseite ist, dass nicht alle Argumente der Aussagenlogik so ausgedrückt oder über die Semantik der Wahrheitstabellen interpretiert werden können. Im Weiteren vertiefen wir uns in die Logik durch Analyse, tauchen tief ein in die Aussagen P und Q, bislang als atomisch betrachtet. Hierfür wenden wir eine ausdrucksstärkere Darstellung an: die Quantifizierung.

Argument	Entsprechendes Konditional
Prämisse-1 Prämisse-2 ... Prämisse-n Konklusion	(Prämisse-1 ∧ Prämisse-2 ∧ ... ∧ Prämisse-n) → Konklusion

Profil

Ludwig Wittgenstein

Es gibt den frühen und den späten Wittgenstein. Vielleicht sogar einen weiteren. Unser Interesse gilt seinem frühen Buch *Tractatus Logico-Philosophicus*, das er während des Ersten Weltkriegs schrieb, in den er als Soldat zog. 1918 wurde er verhaftet. Das Manuskript wurde aus dem Gefängnis geschmuggelt und zu führenden Logikern gebracht, aber erst 1921 veröffentlicht.

Wittgenstein entstammte einer hochmusikalischen Familie: Er selbst war ein begabter Klarinettist und konnte vollendet pfeifen. Zeit seines Lebens faszinierten ihn Maschinen. Sein frühes Interesse führte ihn zum Ingenieurswesen, er arbeitete an Düsentriebwerken und Propellern. Bald jedoch nahmen ihn die Probleme der Logik und der mathematischen Philosophie gefangen. Er lernte Frege kennen (S. 146-147) und auch den Pazifisten Bertrand Russell, dennoch meldete er sich freiwillig als Soldat, was als Anzeichen eines Hangs zum Selbstmord in der Wittgenstein-Familie gewertet werden kann.

Der *Tractatus*: Die Leiter zum Wegwerfen

Der *Tractatus* besteht aus sieben nummerierten Aussagen, zu denen mehrere Ebenen nummerierter Kommentare gehören. Er führt Freges *Anmerkung zu Wahrheitsfunktionen* fort, kritisiert Russells verzweigte Typentheorie und präsentierte als erster die Wahrheitstabellen. Das Buch führt von Metaphysik der Fakten über die ausführliche Analyse der Logikelemente zu mysteriöser und poetischer Stille. Niemand hatte jemals zuvor so etwas geschrieben.

Die sieben Hauptaussagen sind:

1. Die Welt ist die Gesamtheit der Tatsachen.
2. Was der Fall ist, die Tatsache, ist das Bestehen von Sachverhalten.
3. Ein logisches Bild einer Tatsache ist ein Gedanke.
4. Ein Gedanke ist eine sinnvolle Aussage.
5. Eine Aussage ist eine Wahrheitsfunktion von elementaren Aussagen.
6. Die allgemeine Form einer Wahrheitsfunktion ist $[p, \zeta, N(\zeta)]$. Das ist die allgemeine Form einer Aussage.
7. Wovon man nicht sprechen kann, darüber muss man schweigen.

Nur Aussage 6 ist total undurchsichtig. An anderer Stelle drückt Wittgenstein dies einfacher aus: „Die allgemeine Formel einer Aussage ist: So sieht es aus." Oder: Es ist, wie es ist.

Die Formel in Aussage 6 lässt sich nicht auf die Schnelle erklären. Wir lassen es dabei bewenden, dass sie die Anleitung zur Konstruktion von Aussagen aus grundlegenden Aussagen ist, so wie die Wahrheitstabellen komplexerer Aussagen aus Wahrheitstabellen einfacherer Art gebildet werden. Wittgenstein fand es überflüssig, viele Symbole zu verwenden (¬!n→), wo doch bekanntlich eins reicht: Das N entsprecht dem ¬, nur dass es wie andere Bindewörter zwei Aussagen P, Q, usw. verbindet. Mit dieser einen Bindung lassen sich alle Wahrheitstabellen darstellen (S. 136-137).

Philosophie à la Tractatus

Das Buch enthält viele wichtige Aussagen, alles Kommentare zu früheren Aussagen. Einige sind nachfolgend aufgeführt. Wittgenstein kam zu einer skeptischen Konklusion bezüglich kausaler Notwendigkeit, ähnlich wie Humes.

„Wir können zukünftige Ereignisse nicht von den gegenwärtigen ableiten. Der Glaube an einen kausalen Zusammenhang ist Aberglaube."

„Es muss nicht zwangsläufig eine Sache geschehen, weil eine andere geschehen ist. Die einzige Notwendigkeit, die es gibt, ist die logische Notwendigkeit."

Manchmal wird der Tractatus direkt mystisch:

„Meine sprachliche Grenze stellt die Grenze meiner Welt dar."

„Die Welt und das Leben sind eins."

„Ich bin meine Welt (der Mikrokosmus)."

„Nicht wie die Welt ist, ist das Mystische, sondern dass sie ist."

Dann nimmt Wittgenstein dem Leser allzu hohe Erwartungen:

„Die Aussagen der Logik sind alle tautologisch."

„Daher kann es in der Logik *niemals* Überraschungen geben."

„So etwas wie das *Rätsel* gibt es nicht."

Die Anti-Überraschungs-These führt Freges Kampf gegen die Kant'sche Idee der a priori-Synthese fort. Wenn Wittgenstein ein Problem nicht lösen konnte, verwässerte er es:

„Die meisten Aussagen und Fragen in philosophischen Werken sind nicht falsch, aber unsinnig ... Es überrascht nicht, dass die schwersten Problemen tatsächlich überhaupt keine sind."

Später schrieb er:

„Philosophische Probleme treten auf, wenn die Sprache Urlaub macht."

Aber auch im Tractatus behauptete Wittgenstein: „Die ganze Philosophie ist eine Sprachkritik." Er forderte Klarheit, wo sie möglich ist, und ansonsten Schweigen:

„Alles, was gedacht werden kann, kann klar gedacht werden. Alles, was in Worte gefasst werden kann, soll klar ausgedrückt werden."

„Was gezeigt werden *kann, kann nicht* gesagt werden."

Quantifizierung

Quantifizierungen sind Worte wie „alle“, „einige“, oder „keine“. In der Logik sind sie wichtig und seit der Antike nicht wegzudenken. Wir schauen uns einige ihrer Besonderheiten an.

Die Logik des Aristoteles fußt auf seiner Auffassung von der Bedeutung der Quantifizierungen. Er unterschied zwischen bejahenden und verneinenden Aussagen einerseits und allgemeinen und partikulären Aussagen andererseits. Das ergibt vier Typen, die in komplexer und interessanter logischer Beziehung zueinander stehen. Aristoteles gründete seinen Syllogismus auf diesen Beziehungen, die in seinem logischen Quadrat verdeutlicht werden.
Einige Beispiele dieser Aussagetypen:

A: Alle Faulpelze sind Versager.
E: Kein Faulpelz ist ein Versager.
I: Einige Faulpelze sind Versager.
O: Einige Faulpelze sind keine Versager.
A: Alle Zeitungen verbreiten Propaganda.
E: Keine Zeitung verbreitet Propaganda.
I: Einige Zeitungen verbreiten Propaganda.
O: Einige Zeitungen verbreiten keine Propaganda.

BEISPIELE

Ein gültiger Syllogismus wäre:

Alle Hummer sind Krustentiere
Einige Hummer sind Delikatessen
Einige Krustentiere sind Delikatessen

Dieses Argument hat die gültige Form:

Alle H sind K
Einige H sind D
Einige K sind D

Da dies gültig ist, ist jedes Argument in dieser Form gültig.

Ist der folgende Syllogismus gültig?

Alle Hummer sind Krustentiere.
Einige Krustentiere sind Asseln.
Einige Hummer sind Asseln.

Beachten Sie die Form:

Alle S sind P
Einige P sind X
Einige S sind X

Hinweis: Ist die Form ungültig, finden Sie wahre Prämissen und eine falsche Konklusion.

ANTWORTEN

Ungültig. Verwenden wir einmal L = Vögel, C = Tiere und B = Säugetiere. Alle Vögel sind Tiere, einige Tiere sind Säugetiere, aber (im Gegensatz zur Konklusion einige L sind B), keine Vögel sind Säugetiere.

LOGISCHES QUADRAT

Diese Tabelle stellt die logischen Beziehungen zwischen den Aussagetypen dar. Wie in einfachen Argumenten mit einer Prämisse können wir fragen, welche Aussage andere beinhaltet. Auf diesem Wissen aufbauend, erdachte Aristoteles eine Theorie der komplexeren Argumente, *Syllogismus* genannt.

Diagonal sind die direkten Gegensätze aufgeführt: einen zu bestätigen, heißt den andere zu verneinen. Wenn alle Enten watscheln, ist es falsch, das einige es nicht tun. Wenn kein Wein im Glas ist, ist es falsch, zu sagen, es wäre welcher darin.

Oben stehen konträre Aussagen, unten subkonträre. Konträre Aussagen können nicht beide wahr sein, subkonträre können nicht beide falsch sein. In Beziehung stehende Aussagen mit „alle“ und „keine“ sind konträr: Sie können nicht beide wahr sein, aber sie können beide falsch sein. Zyniker sagen, dass Politiker Lügner sind. Die Naiven glauben, kein Politiker ist ein Lügner. Sie können nicht beide recht haben, aber beide können daneben liegen, wenn einige Politiker lügen, andere nicht.

Die subkonträren Aussagen stehen sich gegenüber: Sie können beide wahr sein (Einige Menschen können lesen, andere nicht.). Aber sie können nicht beide falsch sein. Wenn es falsch ist, dass einige Leute lesen können, kann niemand lesen. Wenn niemand lesen kann, dann können einige nicht lesen. Wenn eine I-Aussage falsch ist, ist die subkonträre O-Aussage richtig.

Wenn wir allerdings annehmen, dass eine O-Aussage (Einige Menschen können nicht lesen.) falsch ist, dann kann jeder lesen. Wenn jeder lesen kann, können natürlich einige lesen (I-Aussage ist wahr).

Behauptet man, einige S sind P, nimmt man an, dass es mindestens ein S gibt. Oder anders: partikuläre Aussagen sind auch Existenzaussagen. Bis vor Kurzem galt, dass auch allgemeine Aussagen Existenzaussagen treffen. Dann wäre es falsch, dass „alle Einhörner ein Horn“ haben, weil es ja keine Einhörner gibt. Wenn allgemeine Aussagen Exitenzaussagen sind (wenn Ss keine leeren Aussagen sind), dann implizieren allgemeine Aussagen ihre Unterordnung. Sind S und P konstant, schließen Aussagen vom Typ A die Typ I-Aussagen ein und E-Typ-Aussagen die O-Typ-Aussagen. Aber nur, wenn die Annahme auf wenigsten einem S beruht.

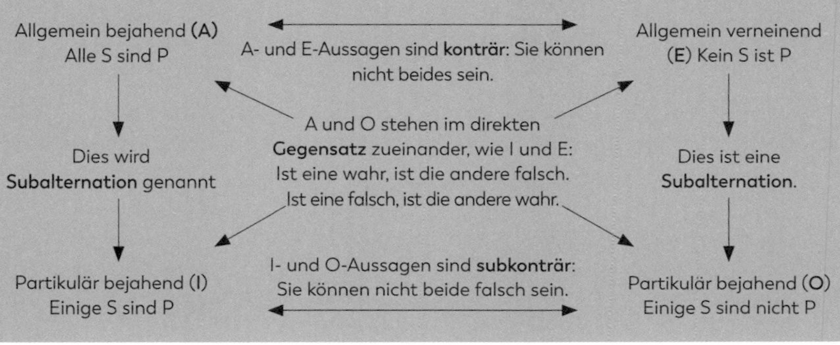

Verschachtelte Kreise
(Beispiel eines gültigen Syllogismus)

Alle A sind B
Alle B sind C
Also:
Alle A sind C

Das kann so dargestellt werden:

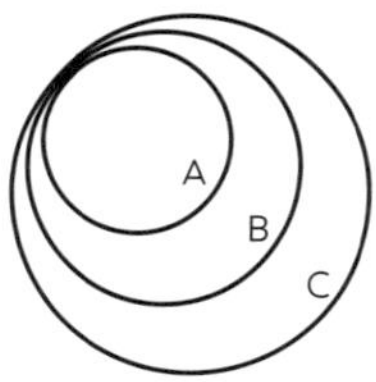

Wie oben sind A und B Objektarten. Die erste Prämisse sagt, dass A ein Unterbegriff von B ist. Wenn wir also alle As und alle Bs in einen Kreis steckten, würden wir alle As bei den Bs finden. Die Kreise wären wie dargestellt verschachtelt, weil alle Objekte im A-Kreis auch im B-Kreis wären.

Dies Argument kann auch so ausgedrückt werden: Wo $\subseteq$ „ist Unterbegriff von" bedeutet, können wir die Prämissen in eine Reihe schreiben:

$$\frac{A \subseteq B \subseteq C}{\text{Also, } A \subseteq C}$$

Derselbe Gedanke kann folgendermaßen ausgedrückt werden:

Wenn x ein A ist, dann ist x ein B
Wenn x ein B ist, dann ist x ein C
Also wenn x ein A ist, ist x ein C

Das Diagramm der drei verschachtelten Kreise zeigt alle diese Argumente, obwohl alle einzeln aufgeführt sind. Sie teilen sich eine logische Form. Die logische Form des Konditionalen (Wenn-Dann-Aussagen) steht in Beziehung zum Unterbegriff und ist grundlegend, auch wie „alle" in diesen Beispielen gebraucht wird.

Logiker nennen „alle" einen Allquantor. Wir gucken uns an, wie Allgemeinheit (Gebrauch eines Allquantors) das Konditional (Wenn-Dann-Struktur) einbezieht und wie das Konditional benutzt werden kann, um die Einbeziehung der Untergruppe zu definieren.

Die moderne Logik unterscheidet sich von der antiken oder mittelalterlichen, weil sie über neue Einsichten in die Quantifizierung verfügt. Dies stammt teilweise von erfolglosen Versuchen, solch komplexe Quantifizierungen zu enträtseln:

- Jede Minute wird ein Trottel geboren.
- Kein Netz wird alle Fische fangen.
- Kein Fisch wird jedem Netz entwischen.
- Nach jedem Moment kommt der nächste Moment.

In der modernen Quantifizierung können diese Aussagen dargestellt werden, aber keine lässt sich über das logische Quadrat des Aristoteles analysieren. Wie schätzen Sie die folgenden Sätze ein?

- Alles vergeht.
- Einiges ist wichtig.

Lassen Sie uns neue Symbole und verwenden, um sie auszudrücken:

$\forall x\ (Vx)$ für alle x, x vergeht.

$\exists x\ (Dx)$ Es gibt ein x, sodass x wichtig ist.

Verneint man diese Sätze, wird es interessant: Wenn es falsch ist, dass alles vergeht, dann muss es einiges geben, das nicht vergeht. Anders: $\neg\forall x\ (Vx)$ bedeutet dasselbe wie $\exists x\ (\neg Vx)$. Und wenn es falsch ist, dass einiges wichtig ist, dann ist nichts wichtig. Oder: Alles ist nicht wichtig: $\neg\exists x\ (Dx)$ ist logisch äquivalent zu $\forall x\ (\neg Dx)$. Nun können wir das logische Quadrat in moderne quantifizierende Form bringen. Wir häufen Quantifizierungen auf und können jetzt die oben genannte Aussage analysieren (s. oben rechts in der Tabelle). Diese Beispiele sind relativ simpel, dennoch reichen sie aus, um einige der wichtigsten logischen Ergebnisse darzustellen, wie beispielsweise Gödels Unvollständigkeitssatz (S. 152-153).

Nehmen Sie das Beispiel auf der gegenüberliegenden Seite, das bekräftigt, dass die Zukunft ewig andauert. Der Ausdruck $\forall x \exists y\ (x < y)$ kann ausschließlich in unendlichen Gebieten wahr sein. Faktisch sagt er aus, dass es für jede Zahl eine höhere gibt. Daraus folgt, dass es eine höchste Zahl nicht gibt.

Eine andere Version befasst sich mit der Beziehung *dazwischen liegen*. Wir schreiben Byxz für „x liegt zwischen y und z." (Und wir nehmen an, dass Byxz nur wahr ist, wenn y, x und z alle verschieden sind.) So können wir die unendliche Teilbarkeit des Raums ausdrücken:

$$\forall y\ \forall z\ \exists x\ (Tyxz).$$

Kurz gesagt: Zwischen zwei Punkten liegt immer ein Dritter.

Allgemeine Bejahung (A) $\forall x(Sx \rightarrow Px)$ Alle S sind P	Allgemeine Verneinung (E) $\forall x(Sx \rightarrow \neg Px)$ Kein S ist P
Partikuläre Bejahung (I) $\exists x(Sx \wedge Px)$ Einige S sind P	Parikuläre Verneinung (O) $\exists x(Sx \wedge \neg Px)$ Einige S sind nicht P

Jede Minute wird ein Trottel geboren.	$\forall t \exists x$ (x ist ein Trottel $\wedge$ x wird zum Zeitpunkt t geboren)
Einige Netze fangen jeden Fisch.	$\exists n\ \forall f$ (n fängt v)
Kein Netz wird alle Fische fangen.	$\neg\exists n\ \forall f$ (n fängt v) Äquivalent: $\forall n \exists f$ (v wird nicht von n gefangenn)
Kein Fisch wird allen Netzen entkommen.	$\neg\exists f\ \forall n$ (v entkommt n) Äquivalent: $\forall f\ \exists n$ (n fängt v)
Nach jedem Moment kommt der nächste Moment.	$\forall x \exists y$ (y ist später als x) Noch kürzer: $\forall x \exists y\ (x < y)$

Profil

Gottlob Frege

Frege war zweifellos der größte Logiker seit Aristoteles. Seinem Verstand entstammt die moderne Quantifizierungslogik (erste und zweite Stufe), die Analyse der inneren Aussagenstrukturen, basierend auf mathematischen Funktionen (statt auf Grammatik), eine Deduktionstheorie von Reihen und Zahlen, nur auf Logik fußend (im Gegensatz zu dem, was alle von Aristoteles bis zu Kant gemacht haben), eine Formelsprache mit ausführlichen Regeln auf der Grundlage von Form oder Syntax, nicht von Inhalt oder Bedeutung.

Frege schrieb Bücher, die wie Tapeten aussehen, aber er begründete eine völlig neue Denkrichtung für analytische Philosophen, besonders in den Bereichen Bezug, Bedeutung, Funktion und Wahrheit. Seine wahrscheinlich eindrucksvollste Ansicht war, dass alle wahren Sätze sich auf dasselbe beziehen (Das Wahre), während alle falschen Sätze sich auf Das Falsche beziehen.

Frege erfand die Begriffsschrift zur Logiknotation. Frege ließ die Ungenauigkeit der Alltagssprache hinter sich und schuf einen Symbolismus nicht nur für logische Bindewörter, sondern auch für logische Quantifizierungen. Sein Einsatz der Quantoren ging weit über eine Neuformulierung des logischen Quadrats hinaus, sodass er viele Quantifizierungen in eine einzige Formel einflocht. Das setzt voraus, dass das Prädikat relativ ist (wie < oder „weniger als"), so konnte Frege Aussagen formulieren, die nur für unendliche Reihen wahr sind.

Daraus entstand Freges Analyse der mathematischen Folge, er definierte (über die sogenannte Prädikatenlogik der zweiten Stufe) ausführlich das Grundkonzept der natürlichen Zahlen. Diese und andere Studien überzeugten ihn, dass Mathematik pure Logik ist – Freges Logizismus. Bertrand Russell übernahm aus Freges Werken die neue Lehre, die er auf eigene Art weiter etablieren wollte.

Frege gehörte zu den wenigen Mathematikern, die Cantors erstaunliche Ergebnisse (S. 164-165) begrüßten. Die neuen Unendlichkeitstheorien waren ebenfalls Teil der Logik. Er erkannte die Prinzipien von Hume und Dedekind an (letzteres definiert eine Menge als unendlich, wenn sie in Größe oder Mächtigkeit gleich einer echten Teilmenge von sich selbst ist, S. 160-161).

Frege erfand die Prädikatenlogik zweiter Stufe. Er lässt Quantifizierungen in P hinein zu, nicht nur in x. Diese kleine Erlaubnis für die Definition eines akzeptablen symbolischen Satzes hat massive Auswirkungen. Auf der Seite gegenüber haben wir Beispiele aus der Alltagssprache aufgeführt und sie metaphysischen Prinzipien gegenübergestellt, die wir dank Frege nun darstellen können.

Einige Kritiker bewundern sich nur gegenseitig. Einige Computer kommunizieren nur untereinander.	∃C(∃xCx ∧ ∀x∀y(Cx ∧ x bewundert y → Cy ∧ y ≠ x)). **Lesart:** Es gibt Kritiker, die, wenn sie überhaupt jemanden bewundern, andere Kritiker bewundern. Ähnlich: Ersetzen Sie „x kommuniziert mit y".
Einige Werfer beim Baseball haben schon mindestens einen der anderen am Kopf getroffen.	∃P∃x[Px ∧ ∀y(Px → ∃y(x abgeworfen y ∧ Py ∧ y ≠ x))]
Eins von diesen Dingen ist anders als die anderen; einige Dinge sind von gleicher Art. – Liedzeile	∃S ∃D ∃x(Sx ∧ ¬Dx ∧ ∀y(Sy ∧ y ≠ x → Dy)) **Lesart:** Mindestens eins der Dinge besitzt nicht dieselben Eigenschaften wie alle anderen. Dieser Satz besagt, dass es davon mindestens eins gibt, im Lied ist es genau eins. Das Lied ist zweideutig und handelt von einem schmerzenden Daumen, dem etwas fehlt, das die anderen haben (sie sind alle Finger) und etwas hat, das die anderen nicht haben (Schmerzen).
	Das Beispiel mit den Kritikern wird Peter Geatch und David Kaplan zugeschrieben. Die Werfer und die Formel dazu stammen von George Boolos (1984).

Nun einige Prädikatsaussagen zweiter Stufe, die für die Philosophie bedeutend sind:

Was sich nicht unterscheidet, ist nicht anders. Es gibt keine Unterscheidung ohne Unterschied.	∀P (Px ↔ Py) → x = y **Lesart:** Wenn x und y ausschließlich dieselben Eigenschaften besitzen, sind sie identisch. Dieses Prinzip nennt man auch Identität der Ununterscheidbarkeit, manche denken, es folgt dem Prinzip des hinreichenden Grunds (nichts geschieht ohne Ursache oder Grund).
Identische Dinge teilen sich alle Eigenschaften. Eine mögliche Anwendung: Wenn ein Mörder groß gewachsen ist, hat kein kleiner Mensch das Verbrechen begangen.	x = y → ∀P (Px ↔ Py) **Lesart:** Wenn x und y gleich sind, dann ist das, was für den einen wahr ist, auch für den anderen wahr. Dies Prinzip wird Ununterscheidbarkeit des Identischen genannt. Eine Rose mit anderem Namen würde genauso duften.

Lügner! Teil 1

Gesetzt den Fall, jemand sagt zu Ihnen: „Was ich jetzt sage ist unwahr!" Spricht diese Person dann die Wahrheit?

Epimenides von Knossos behauptet, dass die Kreter immer lügen. Hat er gelogen? Wenn er die Wahrheit sagt, dann lügt er, weil er Kreter ist. Aber niemand kann lügen, indem er die Wahrheit spricht. Also log er nicht und sagte auch nicht die Wahrheit.

Gesetzt den Fall, jemand, den Sie nicht kennen, kommt zu Ihnen und sagt: „Sie werden nie erfahren, ob das, was ich Ihnen erzähle, wahr ist." Sie erfahren nie mehr etwas von dieser Person. Also ist das, was er gesagt hat, wahr, aber Sie können es niemals wissen, sonst wäre es unwahr.

WAHR ODER UNWAHR?

„Dieser Satz ist wahr."

Ist die vorige Aussage wahr? Hier ist nicht die Rede von einem Paradoxon, sondern von einer endlosen Banalität. Um herauszufinden, ob die Aussage wahr ist, schauen wir uns an, wovon sie spricht. Wir stellen fest, dass sie von sich selbst spricht. Sie spricht die Wahrheit über sich selbst, wenn das, was sie sagt, auch tatsächlich der Fall ist. Anders ausgedrückt: Sie ist wahr, wenn sie wahr ist.

Aber das bringt uns keinen Schritt weiter – genauso wenig wie die entgegengesetzte Annahme, dass sie unwahr ist. Wenn sie unwahr ist, so ist das, was sie über sich selbst sagt, unwahr. Aber sie sagt, dass sie wahr sei. Ist sie also unwahr, so ist sie nicht wahr. Aber dies ist genauso leer, wie es sich anhört, weil dies für jede Aussage gilt. Auch das bringt uns keinen Schritt weiter. Wir können endlos so fortfahren, uns endlos im Kreise drehen. Die Aussage ist als Aussage semantisch unbegründet. Sie ist kein Paradoxon, sondern leer.

Man sagt oft, dass wir nicht wissen, was wir nicht wissen. Das hört sich nach einer Tautologie an, ist aber eine tiefe Wahrheit, die uns dazu einlädt, unseren intellektuellen Horizont zu erweitern. Aber schauen wir uns einmal diese Aussage an: „Wir können nicht etwas benennen, was wir nicht benennen können". Auch das hört sich nach einer Tautologie an, ist aber tatsächlich eine Unmöglichkeit.

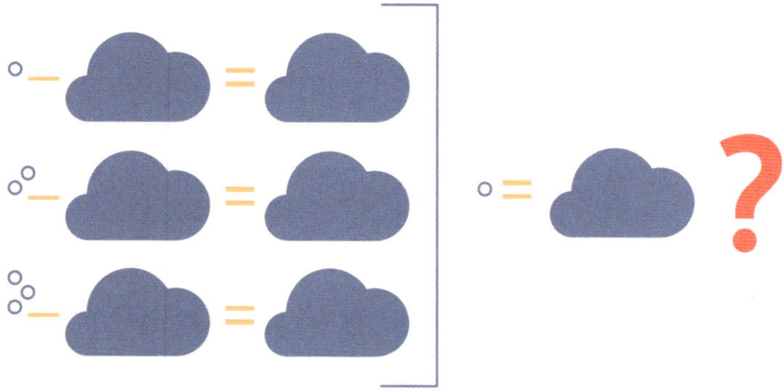

1. Das Honorar für Protagoras

Euathlos studierte Rechtswissenschaft bei Protagoras. Protagoras war so überzeugt von seinem Unterricht, dass er mit seinem Schüler vereinbarte, dieser brauche ihm sein exorbitantes Honorar erst dann zu zahlen, wenn er seinen ersten Prozess gewonnen habe. Euathlos schloss sein Studium ab, prozessierte aber nie. Daraufhin führte Protagoras lange Prozesse gegen ihn. Dabei argumentierte er, wenn Euathlos den Prozess gewinnen würde, müsste er ihm das Honorar zahlen, weil das so abgemacht worden sei. Wenn Euathlos den Prozess verlöre, müsste er, weil er den Prozess verloren habe, jedoch auch zahlen.

Aber Euathlos hatte viel von seinem Meister gelernt. Er argumentierte, dass er bei einem Sieg vor Gericht aufgrund dieses Sieges nicht zu zahlen brauche. Und wenn er verlieren würde, bräuchte er aufgrund des Vertrages nicht zu bezahlen!

2. Das Paradoxon des Sandhügels

Wenn man aus einem Sandhügel ein Sandkorn entfernt, bleibt immer noch ein Haufen übrig. Wiederholt man diese Handlung, bleibt auch nach dem Entfernen eines zweiten Sandkorns noch ein Haufen übrig. Schließlich bleibt nur noch ein Sandkorn übrig, das dann logischerweise immer noch ein Sandhügel ist. Aber: Kann ein einzelnes Sandkorn ein Sandhügel sein? Oder kann kein einziges Sandkorn ein Sandhügel sein?

3. Das Paradoxon des Examens

Ein Lehrer kündigt ein unerwartetes Examen an einem nicht näher genannten Tag in der nächsten Woche an. Ein Schüler argumentiert, dass dieses Examen nicht an einem Freitag stattfinden könne, denn wenn der Donnerstag ohne Examen vorbeigehe, müsse das Examen logischerweise am Freitag stattfinden und dies sei dann keine Überraschung mehr. Damit ist der Freitag ausgeschlossen. Das Examen muss also an einem anderen Tag der nächsten Woche stattfinden. Das Examen könne jedoch auch nicht am Donnerstag stattfinden, da man dann wisse, wenn der Mittwoch ohne Examen vorbeigeht, dass das Examen am Donnerstag stattfinde, was die Überraschung erneut zunichtemache. So kann man nacheinander auch den Mittwoch, Dienstag, und Montag ausschließen. Folglich gibt der Schüler bekannt, dass – zur Überraschung aller – das Examen nächste Woche nicht stattfindet.

Lügner! Teil 2

4. Das Berry-Paradoxon

Man nehme die Aussage „die kleinste ganze Zahl, die nicht in weniger als 30 Silben ausgesprochen werden kann“. Es ist klar, dass manche ganzen Zahlen mit weniger als 29 Silben auszusprechen sind. 19 zum Beispiel kann in zwei Silben ausgesprochen werden: neun-zehn. Im Allgemeinen braucht man bei immer größeren ganzen Zahlen auch immer mehr Silben, um sie auszusprechen. (Es gibt nur eine begrenzte Anzahl von Silben, und wir müssen sie früher oder später kombinieren).

Das Problem dabei ist, dass „die kleinste ganze Zahl, die nicht in weniger als 30 Silben auszusprechen ist“ in 28 Silben definiert werden kann. Und welche sind das? Diese: „Die kleinste ganze Zahl, die nicht in weniger als 30 Silben ausgesprochen werden kann“!

5. Ein Paradoxon von Zenon von Elea

Man nehme zwei verschiedene Punkte A und B. Zwei Punkte bilden eine Linie, also stellen Sie sich die Linie vor, die sich ständig zwischen diesen Punkten befindet. Zwischen zwei Punkten befindet sich ein Dritter, nennen wir ihn C. A und C sind unterschiedliche Punkte, folglich muss (nach demselben Prinzip) noch ein Punkt dazwischen liegen, nennen wir ihn D. A und D sind wiederum verschiedene Punkte, also muss noch ein fünfter Punkt dazwischen liegen. Auf diese Weise können wir ewig fortfahren. „*Deshalb gibt es zwischen zwei Punkten unendlich viele Punkte.*“

Dies wird als die *unendliche Teilbarkeit* des Raumes bezeichnet. Da die Lage von A und B willkürlich ist, gibt es zwischen zwei Punkten immer unendlich viele Punkte, gleichgültig, ob sie nah oder weit voneinander entfernt sind. Es gibt sogar unendlich viele Punkte zwischen Ihrem Daumen und Ihrem Zeigefinger, wie dicht Sie sie auch aneinander halten, wenn sie einander nur nicht berühren.

Stellen Sie sich jetzt einen Pfeil vor, der von A nach B fliegt. A ist Ihr jetziger Standort, wo sie den Pfeil im Anschlag haben. B ist das Zentrum einer Schießscheibe am Ende eines Feldes. Wenn der Pfeil die Schießscheibe erreichen will, muss er von Punkt A nach Punkt B fliegen. Zwischen zwei Punkten befinden sich aber unendlich viele andere Punkte. Der Pfeil muss also, während er von A nach B fliegt, durch unendlich viele Punkte hindurchfliegen.

Der Pfeil fliegt so schnell, dass er, wie man so sagt, praktisch sofort ankommt. Dies ist

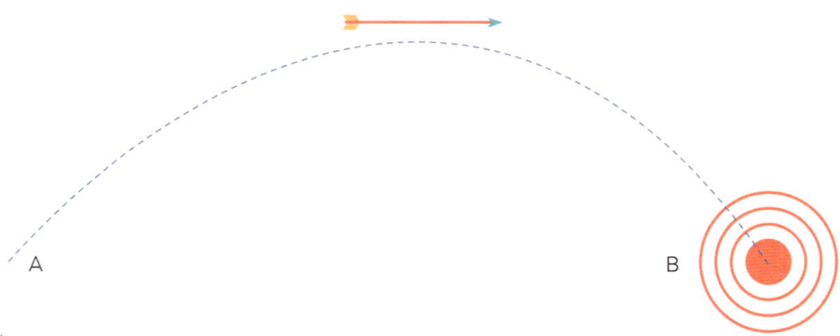

jedoch im buchstäblichen Sinne nicht wahr. Es kostet auf jeden Fall eine endliche Zeit, um die Schießscheibe zu erreichen. Wie viel Zeit verbringt der Pfeil dann in jedem Punkt?

Es scheint nur drei Möglichkeiten zu geben, die einen sogenannten dreiteiligen disjunktiven Syllogismus bilden (von der Art, die auch Hunde kennen, wie wir vorher gesehen haben.) Entweder die (durchschnittliche) Zeit, die der Pfeil an jedem Punkt verbringt, ist null oder sie ist endlich oder sie ist unendlich.

Es wäre absurd anzunehmen, dass an jedem Punkt des Fluges unendlich viel Zeit vergeht, weil der Pfeil dann den Bogen nie verlassen würde, geschweige denn so schnell ankäme wie es tatsächlich der Fall ist. Die durchschnittliche Zeit an jedem der Punkte scheint eher endlich zu sein, wenn auch sehr kurz. Aber jede Zahl, gleichgültig wie klein sie ist, wird unendlich, wenn man sie mit Unendlichkeit multipliziert. Jede endliche Zeitdauer wird also zu lang, weil es unendlich viele Punkte gibt und der Pfeil diese Zeitmenge auf jedem der Punkte verbringen muss. Unendlich viele Nanosekunden sind immer noch eine Ewigkeit. In normaler Sprache werden wir später sagen, dass $\frac{1}{n} \times \aleph_0 = \aleph_0$ (jeder Bruch multipliziert mit unendlich ist unendlich).

Die einzig übriggebliebene Möglichkeit besteht darin, dass der Pfeil während seines Fluges in jedem Punkt Null Zeit (keine Zeit) verbringt.

In Null Zeit gibt es jedoch keine Bewegung. Null Bewegung ist Stillstand, der Pfeil befindet sich also in jedem Moment seines Fluges im Stillstand. Und im Übrigen: Wie können unendlich viele Nullen zusammen die genaue Flugzeit ergeben?

Zenons eigene Schlussfolgerung lautete, dass jegliche Bewegung unmöglich sei, sie sei eine Illusion. Dies ist die einzige philosophische Hypothese, die man mit einer Handbewegung wegwischen kann. Aber auch wenn einem die Schlussfolgerung nicht gefällt – wo liegt der Fehler? Können Sie sich eine Alternative vorstellen?

ÜBUNGEN

Ja oder nein?
Haben Sie aufgehört, in der Öffentlichkeit zu masturbieren? (Wenn ja, herzlichen Glückwunsch! Wenn nein, Sie sollten einen Therapeuten aufsuchen!)

Wahr oder unwahr?
Diese Aussage ist unwahr.
Diese Aussage ist wahr.
Die nächste Aussage ist unwahr.
Die vorige Aussage ist wahr.

Andere Fragen (Kognitive Illusionen)

1. Sie beteiligen sich an einem Wettlauf. Sie überholen die zweite Person. In welcher Position befinden Sie sich jetzt?

2. Wenn Sie die letzte Person im Wettlauf überholen, dann sind Sie ...?

3. Meries Vater hat fünf Töchter. Die ersten vier heißen: Nana, Nene, Nini und Nono. Wie heißt die fünfte Tochter?

ANTWORTEN

1. Sie sind zweiter.
2. Sie können die letzte Person nicht überholen. Sie müssten hinter ihr oder ihm anfangen, damit wäre sie oder er aber Vorletzter.
3. Merie.

Profil

Kurt Gödel

Gödel wird als größter Logiker des 20. Jahrhunderts gerühmt. Der schwächliche, hochintelligente Knabe lieferte schon in jungem Alter den Beweis für revolutionäre Standpunkte in der mathematischen Logik. Gödel wurde als Kind deutscher Eltern in Moravien geboren. Er war erst österreichischer (er hatte gelegentliche Kontakte mit dem positivistischen Wiener Kreis), dann amerikanischer Staatsbürger. Einstein war dabei, als er seinen Treueeid schwor. In den letzten Jahren seines Lebens beschäftigte sich Gödel mit universellen philosophischen Themen, wie der Immaterialität des Geistes, dem Wesen der Zeit und der Existenz eines Jenseits.

Unbeweisbare Arithmetik

Als erster bewies Gödel die Existenz unbeweisbarer Aussagen in der Mathematik. Wir alle kennen die Arithmetik mit ihrer Addition und Multiplikation natürlicher Zahlen (Null und alle positiven ganzen Zahlen). Sie wurde zum Axiom erklärt, indem eine übersichtliche Anzahl von Sätzen in der Sprache der Arithmetik ausgewählt wurde. Man hoffte, aus ihnen alle Wahrheiten der Arithmetik in gültiger Weise ableiten zu können. Jede mögliche Liste von Axiomen wird durch eine Gesamtheit von Prinzipien definiert, das heißt einer Gesamtmenge arithmetischer Sätze. Ausgehend von diesen Axiomen können damit im Rahmen des Systems gültige Aussagen abgeleitet werden. Prinzipien beziehen sich immer auf eine Reihe von Axiomen, so wie eine Schlussfolgerung sich nur auf mehrere Ausgangspunkte beziehen kann.

Bei jeder willkürlichen Axiomatisierung der Arithmetik können wir uns fragen, ob die aus den Axiomen beweisbare Gesamtheit von Aussagen mit der Gesamtmenge arithmetischer Wahrheiten exakt übereinstimmt oder nicht. Dazu könnte man sich die Axiomatisierung als Netz vorstellen, die Beweisbarkeit als den Fang, den wir durch Auswerfen des Netzes machen können. Alle Fische im Meer sind die Wahrheiten der Arithmetik. Wir wollen keinen Nebenfang mit dem Netz an Land ziehen, also keine Unwahrheiten. (Unsere Beweise müssen deduktiv gültig sein). Aber wir wollen auch alle Fische fangen. Das Fangen aller Fische wird Vollständigkeit genannt.

Gödel bewies, dass man mit keinem Netz alle Fische fangen kann. Alle Axiomatisierungen in der Arithmetik sind also unvollständig. Dabei behauptete er aber nicht, dass manche Wahrheiten niemals bewiesen werden könnten, genauso wenig wie er behauptet hat, manche Fische könne man niemals fangen. Wohl machte er deutlich, dass aus jedem ausgeworfenen Netz immer bestimmte Fische entwischen. Diese Fische sind die Wahrheiten, die im Rahmen einer bestimmten Axiomatik unbeweisbar sind. Andere Netze, die woanders ausgeworfen werden, fangen diese Fische vielleicht, aber auch aus diesen Netzen werden wieder Fische entkommen.

Es hilft auch nicht, alle Netze zusammenzuknüpfen und zusammen auszuwerfen, denn selbst dann – so der findige Gödel – entkommen manche Fische trotzdem. Und er fängt einen und zeigt ihn uns!

Es ist ziemlich einfach, eine Methode aufzustellen, um alle richtigen oder unrichtigen Aussagen der Arithmetik aufzuzählen. Es sind schließlich alles endliche Aussagen in endlicher Sprache. Auch ist es relativ einfach, eine Methode aufzustellen, aus der sich Aussagen ableiten lassen (d. h. nur Aussagen, die aus einer gegebenen Gesamtheit von Axiomen ableitbar sind), denn ein Beweis ist lediglich eine endliche Reihe endlicher Aussagen, die entweder selbst Axiome sind oder durch geltende Regeln aus vorherigen Sätzen hergeleitet werden können. Es ist jedoch unmöglich, eine zielgerichtete Methode aufzustellen, um alle (zufällig?) wahren Aussagen, die in der Sprache der Arithmetik geschrieben sind, zu erfassen. Obwohl die Gesamtheit arithmetischer Wahrheiten ein Teil der Sammlung arithmetischer Aussagen ist, ist die Teilsammlung viel schwieriger zu definieren als das Ganze. Sie enthält viel mehr Informationen.

Einer entkam

Gödels erster Unvollständigkeitssatz wird auf verschiedene Weise dargestellt, aber die unterhaltsamste Version stammt von Raymond Smullyan. In der Geschichte steckt etwas von dem Fisch, der einem ausgeworfenen Netz entkommt, aber von Gödel doch noch erwischt wird.

Man stelle sich eine Insel vor, die von Rittern und Narren bevölkert wird. Die Ritter erzählen immer die Wahrheit („ gültige Beweise"), die Narren lügen immer. Die Schwierigkeit ist allerdings, dass man einen Ritter nicht von einem Narren unterscheiden kann. Gesetzt den Fall, ein Bewohner der Insel erscheint und sagt zu Ihnen: „Sie werden nie erfahren, ob ich ein Ritter bin." Sollte es Ihnen gelingen zu beweisen, dass er ein Ritter ist, so ist das, was er sagt, unwahr (er kann also kein Ritter gewesen sein). Ist er aber ein Narr, dann werden Sie auf keinen Fall erfahren, ob er ein Ritter ist, einfach weil er das nicht ist. Was er gesagt hat, ist also wahr, woraus folgt, dass er kein Narr ist. (Dies wird wohl nicht innerhalb des Systems bewiesen).

Gödel bietet eine effektive Methode, mit der jegliche Axiomatisierung der Arithmetik in eine Aussage über Arithmetik verwandelt werden kann, die innerhalb des Systems nicht beweisbar ist. „Diese Aussage ist arithmetisch nicht beweisbar" lautet eine übliche Erläuterung. Wäre sie arithmetisch beweisbar, so wäre sie nicht arithmetisch beweisbar. Also ist sie nicht arithmetisch beweisbar und dies bedeutet, dass sie wahr ist, weil sie das ist, was sie sagt. Wir können wissen, ob die Aussage wahr ist, aber nur indem wir darüber außerhalb des Systems der Arithmetik diskutieren können.

Gödel hat damit bewiesen, dass die Mathematik ihre eigene Konsistenz niemals beweisen kann. Natürlich glauben nur wenige Mathematiker, dass die Mathematik inkonsistent ist, denn wenn ihre Aussagen stimmen, ist sie eindeutig konsistent. Aber die Wissenschaft (wenn sie das schon ist) ist selbst nicht mathematisch zu beweisen.

Die letzten Jahrzehnte seines Lebens verbrachte Gödel in der Abgeschiedenheit des Institute for Advanced Studies an der Princeton University in den USA. Er wurde ein enger Freund Einsteins und hatte täglich Kontakt mit ihm. Einsteins Tod im Jahr 1955 berührte ihn sehr. Wie Einstein war auch Gödel lange Zeit sehr an Kants Philosophie von Raum und Zeit interessiert und er entwickelte seine eigene mathematische Interpretation der physikalischen Gleichungen Einsteins (Einsteins Feldgleichungen bilden das Fundament seiner Allgemeinen Relativitätstheorie, die sich auf die Krümmung des Raumes bezieht). Laut Gödels Interpretation kann die Zeit auch rückwärts verlaufen und sind selbst Zeitreisen möglich.

Die Sammlung von nichts

NULL IST NICHT NICHTS; SIE IST EINE ZAHL

Die Entdeckung der Null war ein wichtiges Ereignis. Die Idee einer Zahl für nichts stieß zunächst auf Widerstand, weil die Aussage „Null existiert“ sich genauso anhörte wie die Behauptung, dass nichts existiert. Aber schon als Lückenfüller bei Berechnungen macht das Zahlwort Null die mathematischen Darstellungen und Rechenregeln viel einfacher. Niemand macht sich heute noch Sorgen über die Null, weil sie so praktisch ist. Nichts ist so nützlich wie die Null!

DAS POTENZMENGENAXIOM

Ein absolut unverzichtbares Axiom in der Mengenlehre ist das Potenzmengenaxiom. Man nehme eine Menge. Die Potenzmenge dieser Menge ist die Menge ihrer Teilmengen. Das Potenzmengenaxiom besagt, dass jede Menge eine Potenzmenge hat. Nehmen wir an, Sie dürfen aus einem Garten so viele Blumen pflücken wie Sie wollen, einschließlich jeder, keiner oder allen. Wenn n Blumen in dem Garten blühen, welche Möglichkeiten haben Sie dann? Jede Auswahl ist eine Teilmenge der ursprünglichen Menge (Grundmenge) von n Blumen. Und jede einzelne Teilmenge ist eine Auswahl. Die Anzahl der ausgewählten Mengen ist ein Maß für den Umfang (oder die *Kardinalität*) der Potenzmenge. Hat eine Menge n Teile, so hat die Potenzmenge 2^n Teile. Die Potenzmenge verdankt ihren Namen dem Exponenten: 2^n (in Worten: 2 hoch n), das bedeutet 2n mal 2×2×2×...×2 (n Mal) multipliziert mit sich selbst, da für alle endlichen n, $n < 2^n$ die Potenzmenge immer größer ist als die ursprüngliche Menge. Endliche Mengen haben immer weniger Teile als sie Teilmengen haben. Das Potenzmengenaxiom hat großen Einfluss, denn es erweitert die Zahl der Dinge, von denen man denken könnte, dass sie existieren, enorm.

Gehen wir davon aus, dass nur zehn Blumen im Garten wachsen. Wenn wir von der Existenz einer Menge aus diesen zehn Blumen ausgehen, so erhöht das Potenzmengenaxiom unsere logischen Versprechungen mit mehr als 1000 neuen Entitäten ($2^{10}=1024$) Würden im Garten 100 Blumen wachsen, so würde die Existenz einer Menge, die sie alle enthielte, ungefähr 1267650600228229401496703205376 = 2^{100} zusätzliche Identitäten enthalten. Die ganze Sache nimmt extreme Formen an, wenn wir das Unendlichkeitsaxiom hinzufügen. Wie viele Möglichkeiten hätte man, wenn im Garten unendlich viele Blumen wachsen würden? Das Potenzmengenaxiom verträgt sich überhaupt nicht mit „Ockhams Rasiermesser“ (S. 92), einem heuristischen Forschungsprinzip, das die Annahme von mehr Entitäten als erforderlich ablehnt.

Die leere Menge ist nicht nichts: Sie ist eine Menge, die nichts enthält

Auf dem mathematischen Gebiet der Mengenlehre gibt es ein Phänomen, das als leere Menge bezeichnet wird. Diese leere Menge enthält keine Elemente. Die Gemeinsamkeit mit der Null ist so groß, dass die Null in der Mengenlehre als leere Menge definiert werden kann. (Rechnen kann man übrigens auch in der Mengenlehre. Zahlen, Rechenregeln und sogar Beweise werden dann gänzlich in Begriffen der Menge kodiert.)

Die leere Menge ist ein besonderes Phänomen. Sie ist jedoch nicht nichts, sie enthält nur nichts. Sagt man, dass eine leere Menge existiert, so bedeutet das nicht, dass nichts existiert, oder sogar dass es null Dinge gibt, sondern man meint damit nur, dass es etwas gibt, das nichts enthält.

Die leere Menge wird manchmal mit einer leeren Schachtel verglichen. Das Problem mit diesem Vergleich ist jedoch, dass Mengen durch ihre Teile bestimmt werden. Mengen sind eine Art Gruppen von Objekten: Wenn Sie eine andere Gruppe nehmen, haben Sie eine andere Menge. Mengen werden identifiziert und voneinander unterschieden durch die Objekte, die sie enthalten. Nichts anderes ist dabei von Bedeutung. Aber die leere Menge enthält nichts. Sie erinnert also eher an die Leere einer Schachtel als an eine Schachtel ohne Inhalt. Schließlich sind Mengen nicht wirklich Schachteln, eine leere Menge dagegen ist wirklich leer.

Dies ist eine merkwürdige Aussage, aber sie ist kein Paradox. Besser ausgedrückt: Wenn sie ein Paradox wäre, dann wäre sie ein *wahrhaftes Paradox*: sie sieht unlogisch oder nicht selbstverständlich aus, ist aber dennoch wahr. Sie gehört damit zur Kategorie der seltsamen Wahrheiten, denn der Schein des Paradox lässt sich beseitigen, wenn man sich die logische Form folgender Formulierungen anschaut:

Nichts existiert.
Es gibt etwas, was nichts enthält.

Wir können die Quantorenlogik verwenden, um den Unterschied auszudrücken. Die Aussage „nichts existiert" lässt sich nur schwer in Quantifizierungsbegriffen ausdrücken, aber hier ein erster Versuch:

$$\neg \exists P\ \exists x Px$$

Die Formel ähnelt eher der Aussage, dass nichts auch nur irgendwelche Eigenschaften besitzt. Eine üblichere Form dies auszudrücken wäre:

$$\neg\exists x\ (x=x)$$

oder als Äquivalent: $\forall x\ (x \neq x)$

Dabei lautet die Annahme, dass alles, das existiert, mit sich selbst identisch sein muss. Wenn nichts mit sich selbst identisch wäre, gäbe es überhaupt nichts. Die einfachste Art, um „nichts existiert" auszudrücken, wäre $\neg\exists x$, aber diese Formel ist unvollständig und behauptet also nichts (was etwas anderes ist als zu behaupten, dass nichts existiert). Andererseits ist es natürlich relativ einfach zu behaupten, dass es eine Menge gibt die nichts enthält. Wenn wir $\in$ benutzen können, um das „zu einer Menge gehören" darzustellen, so erhalten wir:

$$\exists y \forall x (x \notin y)$$

Wir können sagen, dass die leere Menge sich auch durch ihre Teilmengen unterscheidet: Sie ist die einzige Menge ohne Teilmengen. Die leere Menge ist wie ein Club, der so exklusiv ist, dass er keine Mitglieder hat. Sie unterscheidet sich also durch das Nicht-Haben von Mitgliedern/Teilmengen.

Die Menge aller Mengen

Das Potenzmengenaxiom gilt nicht für Gärten, sondern auch für Mengen. Deshalb stellt sich die Frage: Welche Mengen gibt es? Ursprünglich sah es so aus, dass es, wenn es eine Menge ohne Inhalt geben kann, auch eine Menge mit allem geben kann. Diese universelle Menge hat alles als Teilmenge. Sie ist nicht das Universum, aber alles im Universum ist Teil dieser Menge. Kann es eine solche Menge geben?

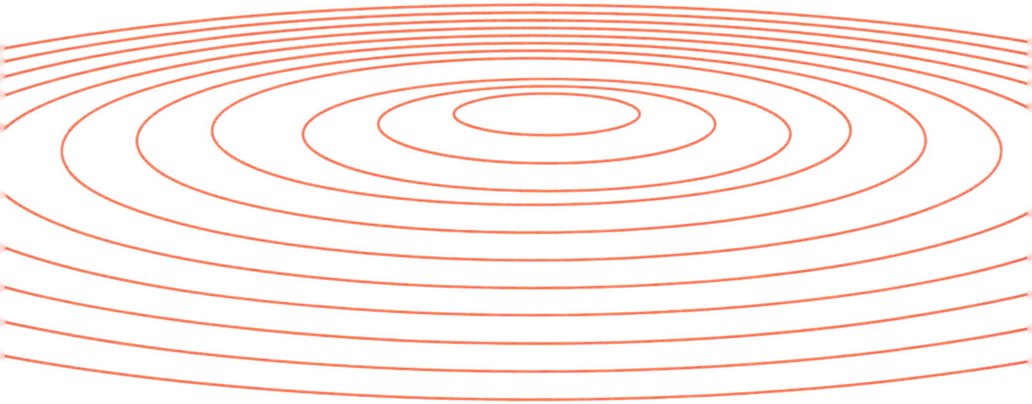

Diese Universalmenge ist paradoxal *in extremis*. Wenn es sie gibt, so ist sie eindeutig ein Teil ihrer selbst. Wenn das Potenzmengenaxiom gilt, muss es auch von der Universalmenge eine Potenzmenge geben: Also gehört zur Universalmenge auch ihre eigene Potenzmenge. In der Tat muss auch jede Teilmenge der Universalmenge existieren: Alle ihre Teilmengen sind auch ihre Teile.

An dieser Stelle entsteht ein Problem. Wie wir gesehen haben, ist die Potenzmenge einer Menge immer größer als die Menge, wie auch der Garten mehr Wahlmöglichkeiten für Blumen als Blumen selber enthält. Wie kann es aber mehr Teilmengen von Objekten geben als es Objekte gibt? Die Universalmenge enthält alles, sie müsste also das größte Objekt sein, das existiert. Was könnte größer sein als die Menge von allem? Wenn die Universalmenge tatsächlich jede Teilmenge von sich selbst als Teil enthält, dann muss sie in der Tat mindestens so groß sein wie ihre Potenzmenge. Ihre Potenzmenge ist ja eine Teilmenge ihrer selbst, da jede Teilmenge der Universalmenge als Teil zur Universalmenge gehört.

Georg Cantor hatte bewiesen, dass die Potenzmenge einer Menge immer größer ist als die Menge selbst. Als Bertrand Russell sich im Jahre 1901 mit dieser

Hypothese auseinandersetzte, fühlte er ein gewisses Unbehagen und versuchte, sie zu widerlegen. Er versuchte dies mittels einer 1:1 Korrelation zwischen der Universalmenge und ihrer Potenzmenge zu zeigen. Mithilfe von Cantors eigener diagonaler Technik (S. 164-165) unterschied er folgende Mengen:

- die Menge aller Mengen, die sich nicht selbst als Teil enthalten;
- die Menge y, die alle Mengen x und nur diese enthält, sodass $x \notin x$;
- die Menge y, sodass $\in y \leftrightarrow x \notin x$.

Dies ist vergleichbar mit Grellings Paradoxon über das Adjektiv *heterologisch*. Ein Wort ist heterologisch, wenn und nur wenn es nicht für sich selbst gilt. Das Wort „lang" ist zum Beispiel heterologisch, weil es kein langes Wort ist. Ist *heterologisch* also heterologisch? Wenn es für sich selbst gilt, ist das nicht der Fall. Wenn es nicht für sich selbst gilt, ist es wohl so.

Die nächste Frage, die Russell sich stellte, lautete, ob dann nicht $y \in y$. Keine der beiden Antworten erschien möglich:

$$y \in y \leftrightarrow y \notin y$$

oder

wenn $y \in y$, dann $y \notin y$.
und wenn $y \notin y$, dann $y \in y$.

DIE RUSSELLSCHE ANTINOMIE

Die Russellsche Antinomie zeigte eigentlich, dass die Universalmenge nicht existiert. Stellen Sie sich ein Dorf vor mit einem Herrenfriseur, der alle Dorfbewohner – und nur die! – rasiert, die sich nicht selbst rasieren. Wer rasiert den Herrenfriseur?

Wenn er sich selbst rasiert, gehört er nicht zu denen, die sich nicht selbst rasieren (und das sind die einzigen Menschen, die er rasiert). Wenn er sich selbst nicht rasiert, so wäre er einer von denen, die er rasiert (er rasiert alle). Wir können deshalb die Schlussfolgerung ziehen, dass weder ein solcher Herrenfriseur noch ein solches Dorf existiert. Dieses Paradoxon resultiert in beiden Fällen in einer *Reductio ad absurdum*.

Russells Reaktion darauf war dramatisch. In den nächsten Jahren leugnete er, dass es Mengen überhaupt gebe. Da dies jedoch nicht alle Probleme lösen konnte, führte Russell die sogenannte Typentheorie ein, um die Widersprüche zu lösen. Diese Typentheorie verbot den Gebrauch des Wortes „alle", wenn damit auf absolut alles verwiesen werden sollte. Absolut alles lässt sich nicht quantifizieren, nur alles von einem bestimmten Typus kann quantifiziert werden. Als Antwort darauf sagte ein führender Logiker einmal: „Wenn ich alles sage, so meine ich alles". Schließlich musste Russell zugeben, dass wenn die Typentheorie logisch wäre, die Mathematik selbst nicht logisch wäre. Damit brach sein Logizismus zusammen – wie der von Frege.

Paradoxien der Unendlichkeit

Der Kegel von Demokrit

Wie fast jeder von uns noch aus der Schule weiß, kann man die Oberfläche eines Kreises mit der Formel $A = \pi r^2$, berechnen, wobei r der Radius des Kreises, und π Pi eine besondere irrationale Zahl ist: 3,1415926… Die Formel für den Inhalt eines Zylinders lautet nicht viel anders: $V=\pi r^2 h$, wobei h die Höhe des Zylinders bedeutet. Man kann einen dreidimensionalen Zylinder als einen Stapel aus unendlich vielen zweidimensionalen Scheiben mit demselben Strahl r betrachten. Dasselbe gilt für einen Kegel. Allerdings wird hier der Strahl der Scheiben immer kleiner, wenn man sich dem höchsten Punkt des Kegels nähert. Dort beträgt er null. Die Formel für den Inhalt eines mathematisch festen Körpers in Form eines Kegels lässt sich folgendermaßen berechnen: $V = \frac{1}{3} \pi r^2 h$.

Diese Formel wurde von Demokrit entwickelt, einem Mathematiker aus dem griechischen Altertum (5. Jahrhundert v. Chr.), der als Philosoph wegen seiner Theorie des physischen Atomismus berühmt wurde. Demokrit stellte sich die Atome als unteilbare Bestandteile der materiellen Wirklichkeit vor. Obwohl Atome seiner Meinung nach unteilbar waren, hätten sie einen winzigen endlichen Umfang und eine spezielle Form, wodurch sie unterschiedliche sinnliche Reaktionen hervorrufen könnten (wie süß, rot, schief usw.).

Mathematischer Atomismus

Demokrit entwickelte auch eine Art mathematischen Atomismus mit unendlich kleinen Atomen, die er verwendete, um die Formel für den Inhalt des Kegels abzuleiten. Stellen Sie sich einen rein mathematischen drei-

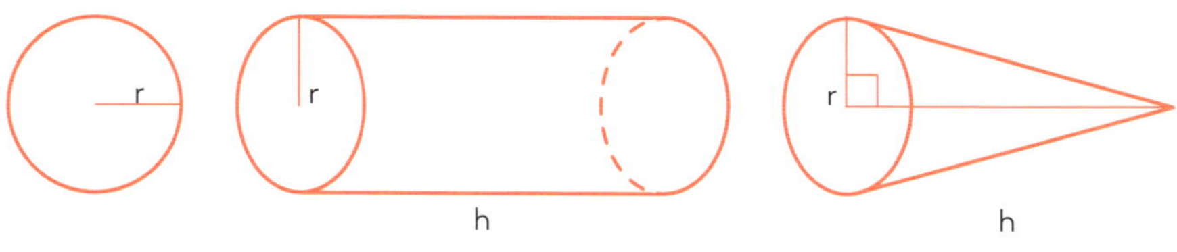

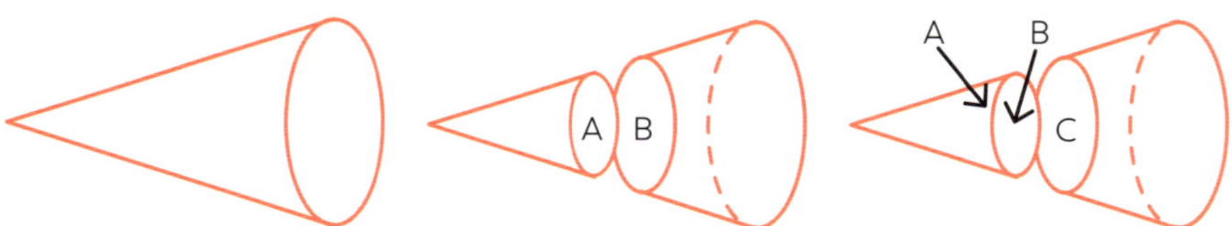

A = neue Basis für den höchsten Punkt.
B = neue Spitze der Unterseite (wird als Rostrum bezeichnet).

Dies zeigt eine angenommene, daran angrenzende Scheibe. B ist jetzt die Basis des höchsten Punktes, angenommen wird, dass sie sowohl an A als auch an C grenzt.

dimensionalen Kegel vor. Legen Sie ihn einfachheitshalber auf die Seite und schneiden Sie ihn parallel zur Basis ganz durch, *gleichgültig* wo. Man würde jetzt denken, dass zwei runde Flächen sichtbar werden, zwei angrenzende 2D- Scheiben, aus denen der Kegel zusammengesetzt ist. Nennen wir sie A und B.

Vergleichen Sie jetzt die Oberflächen von A und B (Abbildung in der Mitte). Offensichtlich sind die einzigen zwei wahrscheinlichen Möglichkeiten, dass A < B oder das A = B.

Demokrit jedoch betrachtete beide Antworten als problematisch. Und man kann auch verstehen warum, nämlich weil A < B A nicht an B anschließen würde, wenn man den Kegel wieder zusammensetzt: an seiner ansonsten geraden Seitenfläche würde eine Unterbrechung erscheinen.

Sind andererseits jedoch A=B, dann müssten zwei beliebige aneinander grenzende Scheiben immer gleich sein. (Bedenken Sie, dass der Ort des Schnitts willkürlich gewählt wurde.) Und wenn zwei aneinander grenzende Scheiben gleich groß sind, müssten natürlich auch drei aneinander grenzende Scheiben gleich groß sein. Hätte man den Kegel noch einmal durchschnitten, sodass B der Mittelpunkt der Spitze gewesen wäre und die Scheibe direkt rechts daneben die Oberseite des Rostrums gebildet hätte, dann wäre A (jetzt eine Innenseite der unteren Fläche der Spitze) gleich B und B gleich C. Anders ausgedrückt, wo immer man durchschneidet, es wären überall gleich große Flächen entstanden.

Dies führt jedoch zu einem neuen Problem. Laut den Regeln des Syllogismus gilt: Wenn A = B = C, dann A = C. Das heißt, wenn man den Kegel völlig in Scheiben schneiden würde, müssten die 2D-Scheiben mit ihren Nachbarn identisch und die wiederum mit ihren Nachbarn identisch sein usw. Aber wenn Sie die gleich großen Scheiben wieder zusammensetzen, erhalten Sie einen Zylinder, keinen Kegel.

Es sieht also danach aus, dass weder A < B noch A = B gilt. (Und auf keinen Fall B < A.) Der Unterschied zwischen A und B muss deshalb unendlich klein sein, das heißt eine Nicht-Null-Menge, die kleiner ist als jeder Bruch 1/n. Diese unendlich kleinen Mengen werden Infinitesimale genannt. Heute wissen wir, dass die Theorie der Infinitesimale vollkommen konsistent ist (falls die Arithmetik mit realen Zahlen selbst logisch konsistent ist).

Dennoch ist diese Argumentation problematisch. Im Raum gibt es keine nahtlos aneinander liegenden Nachbarn, bzw. aneinander grenzenden Flächen. (Bedenken Sie, dass sich zwischen zwei beliebigen Punkten immer ein Dritter befindet). Wenn man einen mathematisch dreidimensionalen Körper durchschneidet, wird eigentlich nur eine Oberfläche sichtbar. Anstelle der anderen liegt ein endliches, aber unbegrenztes Gebiet.

GEDANKENEXPERIMENT

Überlegen Sie sich einmal die folgende unendliche Reihe von Brüchen, n/(n+1):

$^1/_2, {}^2/_3, {}^3/_4, {}^4/_5, {}^5/_6, {}^7/_8, {}^8/_9, {}^9/_{10}, {}^{10}/_{11}, \ldots$

Diese Reihe von Brüchen hat kein Ende, aber jeder Bruch liegt dichter bei 1 als der vorhergehende. Dennoch wird kein Bruch in dieser Reihe jemals gleich 1 sein. Die enthüllte Nicht-Oberfläche entspricht diesem offenen Zwischenraum.

Unendlich und weiter

Der Fächer von Galilei

Stellen Sie sich einen Punkt V vor, die Spitze eines zweidimensionalen Kegels (ein Fächer). Stellen Sie sich jetzt zwei parallele Linien vor (L & M) die genau lang genug sind, um die Seiten des Fächers (wie hier abgebildet) zu erreichen. L und M können so weit auseinander liegen wie Sie wollen, jede beliebig nahe oder weit von V entfernt. (M könnte zum Beispiel die Entfernung von der Sonne zum nächsten Stern sein, und L die Entfernung zwischen Ihrem Daumen und Ihrem Zeigefinger, kurz bevor Sie sie zusammendrücken).

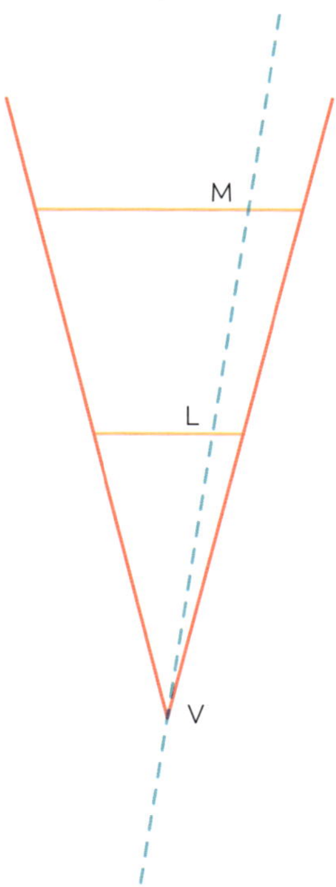

Stellen Sie sich jetzt eine beliebige gerade Linie vor (hier abgebildet als gestrichelte Linie), die wie ein Strahl durch V hindurchgeht und in den Fächer fällt, sodass er sowohl L als auch M durchschneidet.

Jeder beliebige Strahl, der V und L durchschneidet, schneidet M nur an einem Punkt. Jeder Strahl der V und M durchschneidet, hat L in einem und nur in diesem einen Punkt durchschnitten. Anders ausgedrückt, die Strahlen die durch V in den Fächer fallen, stellen eine punktgemäße Korrespondenz zwischen den Punkten her, die L bilden und den Punkten, die M bilden.

Aus dieser 1:1 Korrespondenz folgt, dass L genauso viele Punkte zählt wie M, trotz der Tatsache, dass sich L und M in puncto Länge enorm unterscheiden. Wenn die Arme des Fächers sich bis ins Unendliche ausstrecken würden und man die unendliche Linie dazwischen nimmt, würde diese unendlich lange Linie nicht mehr Punkte enthalten als sich zwischen Ihrem Daumen und Zeigefinger befinden, wie nahe zusammengedrückt auch immer. Dasselbe Argument stellt eine 1:1 Korrelation zwischen L und einer unendlichen Linie fest.

Galilei kannte diese 1:1 Korrespondenz und zog daraus den Schluss, (ganz in Übereinstimmung mit Aristoteles und Thomas von Aquin) dass Menschen sich keine Vorstellung von der Unendlichkeit machen können. Das Paradoxon wurde als unlösbar betrachtet und die menschliche Idee der Unendlichkeit als inkohärent. Aber was Galilei als unmöglich betrachtete, wird heute als normal akzeptiert. Die gleiche Anzahl Punkte in Linien willkürlicher Länge ist merkwürdig, aber wahr.

Das Festessen von Hume

Stellen Sie sich vor, Sie betreten einen langen schmalen Speisesaal mit einem rechteckigen Tisch, der sich bis ins Unendliche erstreckt. Soweit Sie sehen können, sehen die Gedecke gleich aus: eine Gabel, ein Löffel und ein Messer, ein Suppenteller und ein Teller. Eine Ober teilt Ihnen mit, dass noch niemand jemals das gegenüberliegende Ende des Tisches gesehen hat, dass jedes wahrgenommene Gedeck immer gleich aussieht, und dass man annehmen darf, dass der Tisch unendlich lang ist.

Wenn alle Gedecke identisch sind, kann man beweisen, dass die gleiche Anzahl Gabeln wie Messer auf dem Tisch liegt, ohne dass man sie zu zählen braucht (das ist praktisch, weil das Zählen eine Ewigkeit dauern würde). Nochmals: Es besteht eine 1:1 Korrelation zwischen den Löffeln und den Suppentellern, für jeden Löffel gibt es einen Suppenteller, für jeden Suppenteller gibt es einen Löffel. Wenn man das weiß, kann man wissen, dass es genauso viele Löffel wie Suppenteller gibt, ob der Tisch jetzt unendlich lang ist oder nicht. Dieses Prinzip (eine 1:1 Korrespondenz beweist eine gleiche Anzahl) gilt für endliche und unendliche Mengen und wird nach dem schottischen Skeptiker David Hume meistens als das Prinzip von Hume bezeichnet. Ein weiteres Prinzip, das hier eine Rolle spielt (unendliche Mengen haben die gleiche Größe wie Teilmengen von sich selber) wird die Menge von Dedekind genannt, zu Ehren von Richard Dedekind, der dieses Prinzip entdeckte. Er betrachtete es aber nicht als Absurdität, sondern als eine (schwache) Definition von Unendlichkeit.

RÄTSEL

Auf wie viele Arten können Sie eine dreistufige Treppe besteigen?

Sie können auf jede Stufe steigen. Sie können über alle Stufen hinwegsteigen oder eine bestimmte Kombination von Stufen nehmen. Wie viele Möglichkeiten, die Treppe zu besteigen, gibt es? Wenn Sie dahinter gekommen sind, dann versuchen Sie Folgendes: Gesetzt den Fall, die Treppe hat n Stufen, wobei n irgendeine endliche Zahl ist. Sie dürfen annehmen, dass Ihre Beine willkürlich lang sind, sodass Sie über alle Stufen hinwegsteigen können, um die Treppe zu besteigen. Jede Kombination von Stufen ist also erlaubt. Wie viele Möglichkeiten gibt es, wenn die Treppe n Stufen hat?

ANTWORTEN

Sie können die verschiedenen Möglichkeiten, um eine dreistufige Treppe zu besteigen, ganz einfach zählen. Wenn Sie dabei auf 8 kommen, haben Sie recht. Beachten Sie dabei, dass $8 = 2^3$. Im Allgemeinen beträgt bei einer Treppe mit n Stufen die Zahl der Möglichkeiten, sie zu besteigen, 2^n. Die verschiedenen Möglichkeiten, eine Treppe mit n Stufen zu besteigen, sind sozusagen Teilmengen dieser Treppe.

Die Treppe zum Himmel

Stellen Sie sich jetzt eine unendliche Treppe vor: nach jeder Stufe folgt eine höhere Stufe. $\forall x \exists y$ (y ist eine Stufe höher als x).

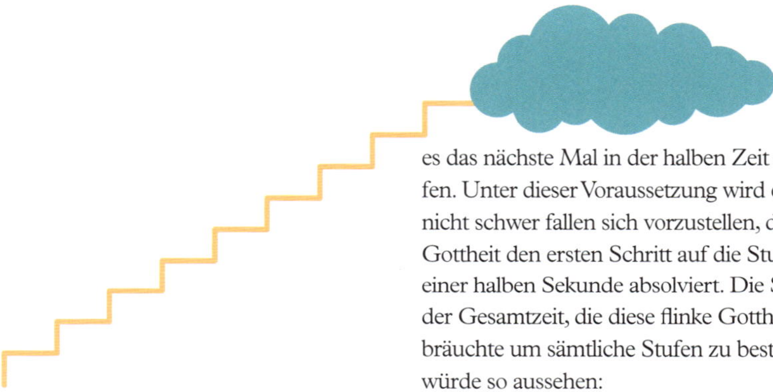

Stellen Sie sich außerdem vor, dass jede Stufe aufleuchtet, wenn Sie sie betreten. Betreten Sie sie noch einmal, geht das Licht wieder aus. Am Anfang sind alle Stufen unbeleuchtet. Wenn Sie die Treppe mit zwei Stufen gleichzeitig nehmen, leuchtet jede zweite Stufe auf. Sie hinterlassen damit ein Muster, das diese bestimmte Art des Besteigens der Treppe anzeigt. Andere Arten hinterlassen andere Muster. Die Frage lautet jetzt: *Gibt es mehr Muster als Treppenstufen? Auf wie viele Arten können Sie eine unendliche Treppe besteigen?*

Normalsterbliche Leser werden jetzt zweifellos antworten: null! Niemand kann eine unendliche Treppe hochsteigen. Wenn Sie jetzt weiterlesen, sollten Sie deswegen noch einen göttlichen Funken der Vorstellungskraft besitzen. Lösen wir uns von menschlichen und physischen Einschränkungen – negieren wir sie einfach!

Eine Gottheit wäre imstande, in einem immer schnelleren Tempo zu lernen. Wenn sie etwas zum ersten Mal getan hat, so würde sie es das nächste Mal in der halben Zeit schaffen. Unter dieser Voraussetzung wird es Ihnen nicht schwer fallen sich vorzustellen, dass die Gottheit den ersten Schritt auf die Stufe in einer halben Sekunde absolviert. Die Summe der Gesamtzeit, die diese flinke Gottheit bräuchte um sämtliche Stufen zu besteigen, würde so aussehen:

$$\tfrac{1}{2} + \tfrac{1}{4} + \tfrac{1}{8} + \tfrac{1}{16} + \tfrac{1}{32} + \tfrac{1}{64} + \tfrac{1}{128} + \tfrac{1}{256} + \ldots$$

Diese unendliche Summe ist jedoch gleich 1. Das heißt.: Nach 1 Sekunde hat die Gottheit alle Stufen betreten und die gesamte Treppe ist beleuchtet. Damit übertrifft sie die Lichtgeschwindigkeit, was physisch unmöglich ist, aber beweist, dass unser Wesen göttlich und nicht einfach irgendetwas Körperliches ist.

Es spricht für sich, dass dieses mächtige Wesen dazu imstande ist, jede Anzahl von Stufen gleichzeitig zu besteigen. Wenn es seinen Fuß einmal hochhebt, kann es ihn jede beliebige Anzahl Stufen höher wieder aufsetzen. Damit kann es in einem Zug über die gesamte Treppe hinwegsteigen, genauso schnell wie Sie eine Treppe mit drei Stufen besteigen, indem Sie lediglich ein Bein nach oben ausstrecken.

Mithilfe dieser bemerkenswerten Annahmen verstehen wir, dass diese Gottheit, die die Treppe in gerade einmal einer Sekunde bestiegen hat, jedes nur mögliche Muster von beleuchteten und unbeleuchteten Stufen hinterlassen könnte. Jetzt lautet unsere Frage: Auf wie viele verschiedene Arten kann eine in dieser Weise begabte Gottheit eine unendliche Treppe hochsteigen? Wie viele unendliche An-Aus-Muster gibt es? Auf wie viele Arten kann eine Gottheit in den Himmel tanzen? Wie bereits dargestellt, können wir die unterschiedlichen Muster als verschiedene Teilmengen der Treppe betrachten. Jede Teilmenge besteht aus allen beleuchteten Stufen innerhalb eines bestimmten Musters. Da die Treppe eigentlich nur die natürlichen Zahlen vertritt, fragen wir eigentlich, wie viele Teilmengen natürlicher Zahlen es gibt. Oder: Wie groß ist die Potenzmenge der natürlichen Zahlen? Gibt es mehr Teilmengen von natürlichen Zahlen als es natürliche Zahlen gibt?

Nehmen wir $\aleph_0$ (ausgesprochen Alephnull) für die Zahl der Stufen dieser Treppe. 0 ist eine unendliche Kardinalzahl, d. h., ein Maß für Unendlichkeit. $\aleph_0$ wird auch *zählbar unendlich* genannt. Die Zahl der Teilmengen einer zählbaren unendlichen Teilmenge beträgt $2^{\aleph_0}$. Es brauchte das Genie des Mathematikers Georg Cantor um zu beweisen, dass $\aleph_0 < 2^{\aleph_0}$. Oder: Im Prinzip gibt es mehr Muster als Stufen, mehr Teilmengen als natürliche Zahlen und mehr Wege, um in den Himmel zu tanzen, als es Stufen in einer Treppe zum Himmel gibt. Cantor ging noch weiter und generalisierte das zu einem Satz, der „Der Satz von Cantor" genannt wird (s. nächste Seite).

FRAGE

Überlegen Sie: Wie viele Brüche gibt es? D. h. wenn a und b natürliche Zahlen sind, wie viele rationale Zahlen gibt es dann in der Form a/b?

Nehmen Sie hier nur die Brüche zwischen 0 und 1, die sogenannten echten Brüche. Also: Wie viele Zahlen der Form a/b gibt es, sodass folgt $0 < a/b < 1$? Beachten Sie dabei, dass alle bis jetzt genannten Brüche (und noch viel mehr) inbegriffen sind:
.... 1/256 ... 1/128 ... 1/64 ... 1/32 ... 1/16 ... 1/8 ... 1/4 ... 1/2 ... 2/3 ... 3/4 ... 4/5 ... 5/6 ... 7/8 ... 8/9 ... 9/10 ... 10/11

1/1	1/2	1/3	1/4	1/5	...
2/1	2/2	2/3	2/4	2/5	...
3/1	3/2	3/3	3/4	3/5	...
4/1	4/2	4/3	4/4	4/5	...
5/1	5/2	5/3	5/4	5/5	...
...	...	...	...	...	...

1	1/2	1/3	1/4	1/5	...
2	1	2/3	2/4	2/5	...
3	3/2	1	3/4	3/5	...
4	2	4/3	1	4/5	...
5	5/2	5/3	5/4	1	...
...	...	...	...	...	...

Eigentlich könnte man eine Tabelle mit allen Brüchen aufstellen (oberste Tabelle). Alle Brüche sind vorhanden, obwohl es darunter zahlreiche Verdoppelungen gibt. Wir könnten die gleiche Tabelle anders wiedergeben. Eine Diagonale erscheint aus lauter Einsen. Oberhalb dieser Diagonale sind alle Brüche kleiner als Eins.

ANTWORT

Die Teilmenge von Brüchen ist zählbar unendlich. Nummerieren Sie jedes Fach in einem Zickzackmuster. Da alle Brüche in dieser Tabelle vorkommen, wird jedem Bruch eine natürliche Zahl zugewiesen, aus der hervorgeht, dass Brüche nicht zahlreicher sind als die natürlichen Zahlen.

Profil

Georg Cantor

Der Mathematiker Georg Cantor schuf fast im Alleingang seine mathematische Theorie der Unendlichkeit (Mengenlehre). Diese verdankte er seinen fundamentalen Entdeckungen bei der Analyse des mathematischen Kontinuums. Dieses hartnäckige Problem, von Leibniz als „Labyrinth des Kontinuums" bezeichnet, entsteht durch die Kombination der Paradoxa von Zenon mit unvergleichbaren pythagoreischen Größen. Dabei lautete die Frage, ob es eine Theorie der sogenannten reellen Zahlen (die Gesamtheit der rationalen und irrationalen Zahlen) gebe, die den intuitiven Begriff Kontinuität genau und vollständig analysiert.

Mysterium aufgedeckt

Demokrit wurde von der Hoffnung inspiriert, dass eine Zahlentheorie das Geheimnis des Kontinuums als Antwort auf das Paradoxon des Kegels lösen könne. Galilei stellte bereits die These auf, dass das Buch der Natur in der Sprache der Arithmetik geschrieben sei. Das bekannte x-y-Koordinatensystem (die kartesische Fläche) sollte mathematische Formeln auf Koordinatenpaare mit reellen Zahlen zurückführen. Die mathematischen Berechnungen der modernen Physik nach Newton und Leibnitz setzen jedoch eine Theorie der reellen Zahlen voraus, die es zu Zeiten von Cantor noch nicht gab. Cantor war einer der Mathematiker, die dieses Problem lösten. Seine Zahlentheorie ging unmittelbar aus seiner Mathematik des Unendlichen, der Mengenlehre, hervor.

Es hagelte harsche Kritik. Wie sollte das eine Mysterium (Unendlichkeit) mit einem anderen (dem Kontinuum) erklärt werden? Ein Professor für Mathematik und Erzrivale schimpfte: „Gott schuf die ganzen Zahlen, der ganze Rest ist Menschenwerk." Cantor erlitt einen Nervenzusammenbruch und verbrachte seine letzten Tage in einem Sanatorium.

Seine Mengenlehre wurde aber trotzdem akzeptiert und entwickelte sich im 20. Jahrhundert rasch weiter. Wegen des unendlichen Gebiets der Mathematik, das durch diese Theorie erschlossen wurde, bezeichnete der große Mathematiker David Hilbert die Mengenlehre als das Paradies von Cantor. Er meinte, die Theorie sei unwiderlegbar.

Paradoxon oder Beweis?

Interessanterweise entdeckte Cantor die Russellsche Antinomie viel früher als dieser selbst. Für ihn war es lediglich der Beweis, dass es keine Menge gebe, die alles enthalte. Er sprach sogar von „konsistenten Mengen" im Gegensatz zu „inkonsistenten Mengen", wie „absolut alles". Cantor entdeckte außerdem eine „absolute Unendlichkeit", die unmöglich mathematisch zu determinieren sei, größer als jede andere unendliche Zahl und so unermesslich, dass selbst das Denken an sie schon ein Widerspruch sei.

DIE DIAGONALE ZIEHEN

Die These von Cantor

Für jede unendliche Größe gibt es eine größere unendliche Größe. Genauer gesagt, für jede unendliche Zahl gilt $\aleph, \aleph < 2^{\aleph}$

Cantor bewies seine These anhand der sogenannten Cantor-Diagonalisierung. Wir können uns eine gewisse Vorstellung dieser genialen Methode machen, wenn wir an die Frage über die unterschiedlichen Möglichkeiten zum Besteigen einer unendlich hohen Treppe zurückdenken. Cantors Argumentation ist eine „Reductio“: Alle Möglichkeiten lassen sich aufzählen und wir nehmen an, dass sie in einer unendlichen Tabelle wie der folgenden wiedergegeben werden können.

0	1	0	1	0	...
1	0	1	0	1	...
0	0	1	0	1	...
1	0	1	0	1	...
1	1	0	1	1	...
0	0	0	1	0	...
...	...	...	...	...	...

Jede Reihe stellt eine Möglichkeit dar, die Treppe zu besteigen, beziehungsweise ein von Gottheit hinterlassenes Muster. Dabei stehen I's (auf) für Stufen, die betreten wurden, O (ab) steht für Stufen, die übersprungen wurden.

Wir nehmen an, dass alle Muster in dieser Tabelle vorkommen. Indem Cantor der Diagonale folgte und die Werte für jede Stufe umkehrte, gelang es ihm jedoch, ein Muster zu konstruieren, das nicht in dieser Tabelle vorkommt. Angesichts der gegebenen Aufzählung aller möglichen Muster zeigte Cantor, dass man ein Muster konstruieren kann, das nicht in der Aufzählung vorkommt. Diese von ihm angewandte diagonale Methode ergab folgendes Muster, das mit Sicherheit nirgendwo in der Tabelle vorkommt, weil es sich von der n-ten Reihe an dem n-ten Ort unterscheidet.

1	1	0	1	0	...

Die Zahl der Möglichkeiten, eine unendliche Treppe zu besteigen, ist unzählbar, d. h. nicht aufzählbar und damit „unzählbar unendlich“.

Laut Cantor war die Russellsche Antinomie ganz einfach die Absurdität, zu der die Annahme führte, dass Unendlichkeit auf die – von ihm selber entdeckten – endlos unendlichen Zahlen beschränkt sei. Dies hatte Folgen für Cantors Theorie der reellen Zahlen. Der Umfang der Menge reeller Zahlen war größer als $\aleph_0$ (Aleph-null), also unzählbar unendlich. Cantor kam zu der Hypothese, dass die Menge reeller Zahlen nicht nur größer sei als $\aleph_0$, sondern tatsächlich $2^{\aleph_0}$ entspreche. Diese berühmte Hypothese wird auch als „Kontinuum-Hypothese“ bezeichnet. In ihrer allgemeinsten Form ist sie wohl von Cantors Mengenlehre logisch abhängig. Kurzum: Bis heute weiß niemand, wie es sich damit verhält.

Übung 8

„Hilbert's Heartbreak Hotel"

DIE AUFGABE:

Sie reisen in eine fremde Stadt, um dort das seltsame „Oddfellows-Treffen" zu besuchen. Leider haben Sie vergessen, ein Zimmer für die Nacht zu buchen. Sie fragen nach. Anscheinend wohnen alle Teilnehmer am gleichen Ort, nämlich im Heartbreak Hotel. Sie erfahren, dass dieses Hotel Sie bestimmt nicht enttäuschen wird, trotz seines Namens. Man versichert Ihnen, dass es ein Zimmer für Sie geben wird. Sie vermuten, dass es sich um Werbung handelt, aber man versichert Ihnen voller Überzeugung, dass Sie sich nur am Schalter zu erkundigen brauchen und sicherlich eine Unterkunft für die Nacht finden werden – auch wenn das Hotel ausgebucht ist.

DIE METHODE:

Auf dem Schild über der Tür steht „Hilbert's Heartbreak Hotel". Am Schalter begrüßt Sie höflich ein gewisser Professor David Hilbert, genialer Mathematiker und Architekt und Besitzer des Hotels. Was er Ihnen erzählt, könnte Ihnen helfen, das Problem zu lösen: Obwohl das Hotel tatsächlich ausgebucht ist, ist es auch unendlich. Genauer: Es hat eine zählbar unendliche Anzahl von Zimmern, nummeriert 1, 2, 3 usw. Die Anzahl der Zimmer kann mittels der vorher eingeführten Symbole als $\aleph_0$ dargestellt werden. Jedes Zimmer hat nur Platz für eine Person. Wie Sie hören, sind Sie sogar der erste Teilnehmer, der sich anmeldet! Prof. Hilbert versichert Ihnen, dass Sie auf jeden Fall ein Zimmer bekommen, genau wie alle anderen Konferenzeilnehmer auch. Etwas eingeschüchtert fragen Sie: „In welchem Zimmer übernachte ich denn, wenn alle Zimmer belegt sind?" „Ich gebe Ihnen Zimmer Nummer 1" antwortet der unbekümmerte Professor, „und lasse jeden, der jetzt Zimmer n hat, (wobei n jede ganze oder natürliche Zahl ist) in Zimmer n+1 umziehen. Sehen Sie, jeder zieht einfach ein Zimmer weiter. Das ist kein Problem, weil es keine höchste Nummer gibt. Für jede Zimmernummer gibt es noch eine höhere Zimmernummer. Deshalb sind wir ein unendliches Hotel!"

Das ist ja prima, denken Sie, aber es handelt sich um ein großes Treffen mit sehr vielen Teilnehmern. Der Professor erklärt: „Wenn heute Abend nur 1000 dazukommen, könnte ich Ihnen mit der gleichen Strategie einen Platz bieten. Dazu bräuchte ich nur den jetzigen Bewohner von Zimmer n in das Zimmer n + 1000 umziehen zu lassen. Es werden ausreichend Zimmer da sein, weil für jedes n eine Zimmernummer n + 1000 vorhanden ist. Mit diesem Trick bleiben die ersten 1000 Zimmer frei für Ihre Kollegen, die anderen Besucher des Treffens. Aber Sie besuchen das Oddfellows-Treffen, das ein Treffen mit zählbar unendlich vielen Teilnehmern ist. Ich weiß das, weil jedem Teilnehmer eine einmalige ungerade Nummer zugewiesen wurde und umgekehrt jede ungerade Nummer irgendeinem Teilnehmer. Da es für jede ungerade Nummer eine höhere ungerade Nummer gibt (zählen Sie einfach 2 dazu) folgt daraus, dass es $\aleph_0$ ungerade Nummern gibt. Da es genauso viele Teilnehmer gibt wie ungerade Nummern, gibt es unendlich viele Teilnehmer (nach dem Prinzip von Hume, S. 161). Deshalb brauche ich ein anderes System, um die Zimmer unter den 0 neuen Gästen zu verteilen, die heute Abend ankommen. Aber ich kann Ihnen allen einen Platz bieten, jedem in einem eigenen Zimmer."

Das Prinzip, um das es bis jetzt geht, lautet: für jede endliche Nummer n gilt

$$n + \aleph_0 = \aleph_0$$

So können die mehr als 1000 Freunde in Hilberts Hotel untergebracht werden, obwohl es ausgebucht ist. Wie können die Zimmer neu verteilt werden, sodass jetzt $\aleph_0$ Zimmer frei werden, um die $\aleph_0$ Besucher der Konferenz unterzubringen, die jetzt in Massen in der Lobby ankommen und laut nach ihrem Zimmer rufen? Strengen Sie sich an und versuchen Sie, diese Frage zu beantworten, bevor Sie weiterlesen!

DIE LÖSUNG:

Alle Zimmer sind momentan belegt. Aber nehmen wir an, dass Gäste, die jetzt in Zimmer n wohnen, gebeten werden, in Zimmer 2n umzuziehen. Dann werden die jetzigen Gäste in allen gerade nummerierten – und nur in diesen! – Zimmern bleiben, wodurch alle ungerade nummerierten Zimmer den neuen Gästen zur Verfügung stehen. Da allen Teilnehmern des Treffens eine eigene ungerade Nummer zugewiesen wurde, können sie in das jetzt freie Zimmer mit derselben Nummer einziehen. Wenn also $\aleph_0$ die Anzahl der Elemente in einer zählbar unendlichen Menge darstellt, heißt es:

$$\aleph_0 + \aleph_0 = \aleph_0$$

Die Anzahl der ungeraden Nummern ist gleich groß wie die Anzahl gerader Nummern, aber auch gleich groß wie die Gesamtanzahl aller natürlichen Zahlen. Damit sind zählbar unendliche Mengen genauso groß wie die Hälfte – oder sogar nur ein Zehntel – von sich selbst. Dies ergibt sich auch, wenn Sie die folgende Reihenfolge betrachten:

1	3	5	7	9	11	15	15	...
↕	↕	↕	↕	↕	↕	↕	↕	↕
1	**2**	**3**	**4**	**5**	**6**	**7**	**8**	**...**
↕	↕	↕	↕	↕	↕	↕	↕	↕
10	20	30	40	50	60	70	80	...

Register der Philosophen

Epimenides
6. Jhdt. v. Chr.
Nationalität: Griechisch
Bekanntestes Werk:
Paradoxon von Epimenides
Siehe S. 148

Euathlos
5. Jhdt. v. Chr.
Nationalität: Griechisch
Siehe S. 149

Fechner, Gustav
1801–1887
Nationalität: Deutsch
Bekanntestes Werk:
Elemente der Psychophysik
Siehe S. 107

Frege, Gottlob
1848–1925
Nationalität: Deutsch
Bekanntestes Werk:
Die Grundlagen der Arithmetik
Siehe S. 140-141, 146-147, 157

Freud, Sigmund
1856–1939
Nationalität: Österreichisch
Bekanntestes Werk:
Drei Abhandlungen zur Sexualtheorie
Siehe S. 104

Galileo Galilei
1564–1642
Nationalität: Italienisch
Bekanntestes Werk:
Dialogo di Galileo Galilei sopra i due Massimi Sistemi del Mondo Tolemaico e Copernicano
Siehe S. 92, 160, 164

Gaunilo
11. Jhdt.
Nationalität: Französisch
Bekanntestes Werk:
Im Namen des Narren
Siehe S. 113

Gautama
Siehe Buddha

Gettier, Edmund
1927–2021
Nationalität: Amerikanisch
Bekanntestes Werk:
Is Justified True Belief Knowledge?
Siehe S. 12, 26-27

Gilligan, Carol
geb. 1936
Nationalität: Amerikanisch
Bekanntestes Werk:
In a Different Voice
Siehe S. 70

Gödel, Kurt
1906–1978
Nationalität: Österreichisch-Amerikanisch
Bekanntestes Werk:
Gödelscher Unvollständigkeitssatz
Siehe S. 145, 152-153

Goldman, Alvin
geb. 1938
Nationalität: Amerikanisch
Bekanntestes Werk:
A Causal Theory of Knowing
Siehe S. 27

Grelling, Kurt
1886–1942
Nationalität: Deutsch
Siehe S. 157

Helmhotz, Hermann von
1821–1894
Nationalität: Deutsch
Bekanntestes Werk:
Über die Erhaltung der Kraft
Siehe S. 31

Heraklit
535–475 v. Chr.
Nationalität: Griechisch
Siehe S. 14, 21

Hilbert, David
1862–1943
Nationalität: Deutsch
Siehe S. 164, 166-167

Hobbes, Thomas
1588–1679
Nationalität: Englisch
Bekanntestes Werk:
Leviathan
Siehe S. 29

Hume, David
1711–1776
Nationalität: Schottisch
Bekanntestes Werk: *Treatise of Human Nature*
Siehe S. 29, 44-45, 87, 93, 99, 108, 141, 146, 161, 167

Huxley, T. H.
1825–1895
Nationalität: Englisch
Siehe S. 109

Pythagoras
580–500 v. Chr.
Nationalität: Griechisch
Bekanntestes Werk: *Satz des Pythagoras*
Siehe S. 15, 88-89, 131

Quine, Willard Van Orman
1908–2000
Nationalität: Amerikanisch
Bekanntestes Werk: *Two Dogmas of Empiricism*
Siehe S. 6

Rawls, John
1921–2002
Nationalität: Amerikanisch
Bekanntestes Werk: *A Theory of Justice*
Siehe S. 66

Rousseau, Jean-Jacques
1712–1778
Nationalität: Schweizerisch
Bekanntestes Werk: *Du contrat social*
Siehe S. 66

Russell, Bertrand
1872–1970
Nationalität: Englisch
Bekanntestes Werk: *Principia Mathematica*
Siehe S. 140, 146, 157, 164-165

Shankara
788–820
Nationalität: Indisch
Bekanntestes Werk: *Viveka Chudamani*
Siehe S. 86

Sartre, Jean-Paul
1905–1980
Nationalität: Französisch
Bekanntestes Werk: *L'être et le néant*
Siehe S. 51

Singer, Peter
geb. 1946
Nationalität: Australisch
Siehe S. 68

Sokrates
470–399 v. Chr.
Nationalität: Griechisch
Bekanntestes Werk: *Sokratische Methode*
Siehe S. 6, 13, 14-15, 20-23, 38, 57, 62-63, 90-91

Spinoza, Baruch
1632–1677
Nationalität: Niederländisch
Bekanntestes Werk: *Ethica Ordine Geometrico Demonstrata*
Siehe S. 87, 113

Thales von Milet
624–546 v. Chr.
Nationalität: Griechisch
Siehe S. 14

Wason, P. C.
1924–2003
Nationalität: Englisch
Bekanntestes Werk: *Wason Selection Task*
Siehe S. 16-17

Wittgenstein, Ludwig
1889–1951
Nationalität: Österreichisch
Bekanntestes Werk: *Tractatus Logico-Philosophicus*
Siehe S. 140-141

Xenophanes
570–480 v. Chr.
Nationalität: Griechisch
Siehe S. 24

Zengzi
505–436 v.Chr
Nationalität: Chinesisch
Siehe S. 79

Zenon von Elea
ca. 490–430 v. Chr.
Nationalität: Griechisch
Bekanntestes Werk: *Zenons Paradoxa*
Siehe S. 150-151, 164

Zhuangzi
370–301 v. Chr.
Nationalität: Chinesisch
Siehe S. 18

Register

Quellenangaben

Allgemeine Beispiele, Rätsel, Paradoxa und Überlieferungen wurden ohne Quellenangaben benutzt. In diesem Buch wurde fast durchgängig auf Literaturhinweise verzichtet, damit das flüssige Lesen darunter nicht leidet. Die Hinweise auf verwendete und weitere Literatur sind nach den Kapiteln aufgeführt, in denen sie erscheinen (eine mehrfach benutzte Quelle wird nur einmal pro Kapitel erwähnt).

Kapitel 1

Annas, J., und J. Barnes. *The Modes of Scepticism: Ancient Texts and Modern Interpretations*: Cambridge University Press, 1985.

Cornford, Francis M. *Before and After Socrates*: Cambridge University Press, 1932.

Taylor, A.E. *Socrates: the Man and his Thought*. New York: Doubleday Anchor, 1933.

Heine, S.J., und D.R. Lehman. 'Culture, self-discrepancies, and self-satisfaction.' *Personality and Social Psychology Bulletin*. 25, 915-925, 1999.

Hong, Y., M.W. Morris, C. Chiu, und V. Benet-Martinez. 'Multicultural minds: A dynamic constructivist approach to culture and cognition.' *American Psychologist*, 55, 709-720, 2000.

Jones, E.E., und V.A. Harris. 'The attribution of attitudes.' *Journal of Experimental Social Psychology* 3, 1-24, 1967.

Lindsay, D.S., D.L. Paulhus, und J.S. Nairne. *Psychology: The Adaptive Mind*. 3. Druck Thomson Nelson, 2007.

Miller, J.G. 'Culture and the development of everyday social explanation.' *Personality and Social Psychology Bulletin*. 20, 592-978 1984.

Norenzayan, A., I. Choi, und R.E. Nisbett. 'Cultural similarities and differences in social inference: Evidence from behavioral predictions and lay theories of behavior.' *Personality and Social Psychology Bulletin*. 28, 109-120, 2002.

Ross, L. 'The intuitive psychologist and his shortcomings: Distortions in the attribution process.' *Advances in Experimental Social Psychology*. Red Berkowitz, L.0, 173-220. New York: Academic Press, 1977.

Wason, P.C. 'Reasoning about a rule.' *Quarterly Journal of Experimental Psychology*, 20, 273-281, 1968.

Wason, P.C., und P.N. Johnson-Laird. 'A conflict between selecting and evaluating information in an inferential task.' *British Journal of Psychology*, 68, 325-331, 1970.

Cleary, Thomas. *The Essential Tao*. San Francisco: Harper, 1991.

Chuang Tzu. *Basic Writings*. Übersetzt von Watson, Burton. New York: Columbia University Press, 1964.
Burtt, E.A., Red. *The Teachings of the Compassionate Buddha*. New York: New American Library, 1955.

Radhakrishnan, S., und C.A. Moore, Red. *A Source Book in Indian Philosophy*. Princeton University Press, 1957.

Plato. *The Collected Dialogues of Plato*. Red. E. Hamilton und H. Cairns. Princeton University Press, 1980.

Smith, T. V., ed. *From Thales to Plato*. University of Chicago Press, 1956.

Descartes, R. *The Philosophical Writings of Descartes*, Tl. 1-2. Übersetzt von Cottingham, J., Stoothoff, R., und Murdoch, D. Cambridge University Press, 1985.

Gettier, Edmund L. 'Is Justified True Belief Knowledge?' *Analysis*, 23, 121-123, 1963.

Goldman, Alvin. 'A Causal Theory of Knowing,' *The Journal of Philosophy*. 64, 335-372, 1967.

Lehrer, K., und T. Paxson. 'Knowledge: Undefeated Justified True Belief.' *The Journal of Philosophy*, 66, 1-22, 1969.

Locke, John. *An Essay Concerning Human Understanding*. 1689.

Moore, G.E. 'Proof of an External World.' *Proceedings of the British Academy*, 25, 273-300, 1939.

Chomsky, Noam. *Knowledge of Language: Its nature, origin and use*. New York: Praeger, 1986.

Hume, David. *A Treatise of Human Nature*. ed. Selby-Bigge, L.A. 2. überarbeitete Ausgabe von Nidditch, P. H. Oxford: Clarendon Press, 1978. (Ursprüngliche Ausgabe 1739-1740).

Kapitel 2

Sartre, Jean-Paul. *Existentialism and Humanism*. übersetzt von Philip Mairet. London: Methuen, 1948.

Hardin, G. 'Tragedy of the Commons.' *Science*, 162. 1243-1248, 1968.

Hardin, G. 'Lifeboat Ethics: the Case Against Helping the Poor.' *Psychology Today*, 1974.

Aristotle. *The Complete Works of Aristotle*, Tl. 1-2. ed. Jonathan Barnes. Princeton University Press, 1984.
Kant, Immanuel. *Grounding for the Metaphysics of Morals*. Übersetzt von James W. Ellington, 3. Druck Indianapolis: Hackett, 1993. (Ursprüngliche Ausgabe 1785).

Mill, J.S. *Utilitarianism*, 2. Druck London: Longmans, 1861.

Williams, B. *Morality: An Introduction to Ethics*. New York: Harper and Row, 1972.

Williams, B. 'A Critique of Utilitarianism,' in *Utilitarianism: For and Against*. Cambridge University Press, 1973.

Gilligan, C. *In a Different Voice: Psychological Theory and Women's Development*. Cambridge: Harvard University Press, 1982.

Noddings, Nel. *Caring, a Feminine Approach to Ethics and Moral Education*. Berkeley: University of California Press, 1984.

Wing-Tsit Chan. *A Sourcebook in Chinese Philosophy*. Princeton University Press, 1963.

Narada Maha Thera. *A Manual of Abhidhamma*. 4. überarbeitete Ausgabe, Kuala Lumpur: Buddhist Missionary Society, 1979.

Kapitel 3

Galileo. *Discoveries and Opinions of Galileo*. Übersetzt von Stillman Drake. New York: Doubleday Anchor Books, 1957.

Kant, Immanuel. *Critique of Pure Reason*. Übersetzt von Kemp Smith, Norman, 3. Druck. New York: St. Martin's Press, 1965. (Ursprüngliche Ausgabe 1781-1787).

Kant, Immanuel. *Prolegomena to Any Future Metaphysics*. Übersetzt von Beck, L.W. Indianapolis: Bobbs-Merrill, 1950. (Ursprüngliche Ausgabe 1783).

Hume, David. *Enquiry Concerning Human Understanding*, ed. Selby-Bigge, L.A. 3. überarbeiteter Druck, ed. Nidditch, P. H. Oxford: Clarendon Press, 1975. (Ursprüngliche Ausgabe 1749).

Michotte, Albert. *The Perception of Causality*. Vertaald uit het Frans door T.R. Miles und E. Miles. New York: Basic Books, 1963.

Wegner, Daniel M. *The Illusion of Conscious Will*. Cambridge: The MIT Press, 2002.

Spalding, K.L., R.D. Bhardwaj, B.A. Buchholz, H. Druid, J. Frisen. 'Retrospective Birth Dating of Cells in Humans.' *Cell*, 122, (1), 133-143, 2005.

Wade, Nicolas. 'Your Body Is Younger Than You Think.' *New York Times Science*.
http://www.nytimes.com, August 2, 2005.

Fechner, Gustav. *Elemente der Psychophysik*. 1861.

La Mettrie, Julian. *L'Homme Machine*. 1749.

Huxley, Thomas Henry. 'On the Hypothesis that Animals Are Automata, and Its History.' 1874.

James, William. 'Does 'Consciousness' Exist?' *Journal of Philosophy, Psychology, and Scientific Methods*, 1, 477-491, 1904.

Spinoza, B. *The Ethics and Selected Letters*. Übersetzt von Samuel Shirley. Indianapolis: Hackett, 1682.
The Upanishads. Übersetzt von J. Mascaro. London: Penguin Books, 1965.

James, William. *The Will to Believe*. New World, 1896.

Carrithers, M. *The Buddha*. Oxford University Press, 1983.

Dhammapada: The Path of Perfection. Übersetzt von Mascaro, Juan. London: Penguin, 1973.

Kapitel 4

Sextus Empiricus: Selections from the Major Writings on Scepticism, Man, and God. Red. Philip P. Hallie. Indianapolis: Hackett, 1985.

Carrol, Lewis. *Symbolic Logic and The Game of Logic*. New York: Dover, 1958.

Wittgenstein, Ludwig. *Tractatus Logico-Philosophicus*. Übersetzt von Ogden und Richards. London: Routledge and Kegan Paul, 1922.

Wittgenstein, Ludwig. *Philosophical Investigations*. 2. Druck, übersetzt von G.E.M. Anscombe. Oxford: Basil Blackwell, 1958.

Frege, Gottlob. *Begriffsschrift und andere Aufsatze,* übersetzt als *Conceptual Notation, and Related Articles* door Bynum, T.W. Oxford: Clarendon. 1972. (Ursprüngliche Ausgabe 1879).

Frege, Gottlob. *Grundlagen der Arithmetik*, übersetzt als *The Foundations of Arithmetic: a Logico-mathematical Enquiry into the Concept of Number* von J.L. Austin. Oxford: Blackwell, 1953. (Ursprüngliche Ausgabe 1884).

Boolos, George. 'To Be is to be a Value of a Variable (or to be Some Values of Some Variables).' *Journal of Philosophy*. 81: 430-449, 1984.

Wang, Hao. *Reflections on Kurt Gödel*. Cambridge: The MIT Press, 1987.

Danksagung

Dieses Buch wäre beinahe nicht zustande gekommen. Es wurde spät und unter Zeitdruck geschrieben. Wenn ich es jetzt wieder lese, sehe ich im Geist meine Lehrer. Ich hoffe, dass sie sich auch selbst erkennen werden, wenn sie noch leben, und nicht enttäuscht sind.

Ich bin mir der Tatsache bewusst, dass ich anderen Forschern großen Dank schulde. Die Liste mit Verweisen am Ende des Buches ist aus Gründen der Lesbarkeit und des beschränkten Raumes stark gekürzt und ich konnte nicht alle Quellen nennen. Die Verantwortung für eventuelle Fehler liegt bei mir.

Besonders danken möchte ich Professor Verena Huber-Dyson und Professor Gary Miller, die beide Teile von Kapitel vier gelesen haben. Ein herzliches Dankeschön geht auch an Mon
a L. Haywood, die das Buch zum größten Teil gelesen und mir in verschiedenster Weise geholfen hat.

Den meisten Dank schulde ich jedoch Ian Whitelaw. Er hat mich für diese Aufgabe ausgewählt und mich um Hilfe gebeten, aber anschließend half er mir stattdessen selber! Er hat nicht nur alles gelesen, sondern mir bei manchen Kapiteln aktiv geholfen und eine erste Fassung erstellt (Gettier-Probleme, Probleme der Selbstverweisung; die ersten vier Abschnitte, Teile von Kapitel 2; Das ist kein Fahrrad; Die höchste Wahl; Trugschlüsse erkennen; Reduktion und Induktion). Auch half er mir sehr bei den Übungen und Beispielen. Er begeisterte mich ständig und spornte mich immer wieder an, weiterzumachen und weiter zu arbeiten. Währenddessen fischte er im Wildwasser, kämpfte mit Lamas und trotzte den Stürmen. Ich müsste öfter mal aus dem Haus …

Die Idee für dieses Buch stammt von Nigel Browning von Quid Publishing. James Evans zeigte eine angenehmere Kombination von Geduld und Druck als er selbst vermuten mag. Ich schulde ihm ein Bier im Last Chance Saloon.

Tony Seddon entwarf das Buch und ist verantwortlich für die brillanten Illustrationen. Ich hätte mir keinen besseren Designer wünschen können. Auch bin ich mir der Tatsache bewusst, dass zahllose Menschen mich beim Schreiben unterstützt haben. Allen will ich hiermit danken.

All das ist mehr, als ich hätte verlangen können. Allen meinen herzlichen Dank!

Gewidmet George und Jean, die dies leider nicht mehr miterleben durften.

Illustrationen